W0320106

GOLDMANN
Lesen erleben

Buch

Der neue Ernährungstrend heißt Clean Eating: Hier ist alles erlaubt, solange es natürlich und ohne Zusatzstoffe ist. So wird Essen wieder gesund, kochen macht wieder Spaß, und das Abnehmen fällt ganz leicht! Dörte und Jesko Wilke zeigen Schritt für Schritt, wie die dauerhafte Ernährungsumstellung gelingt. Mit vielen praktischen Tipps und leckeren Rezepten.

Autoren

Die Journalistin Dörte Wilke ist Expertin für gesunde Ernährung. Seit 1995 leitet sie das Ressort »Food« bei der Zeitschrift FIT FOR FUN. Bereits zweimal wurde sie mit dem renommierten Journalistenpreis der Deutschen Gesellschaft für Ernährung ausgezeichnet. Jesko Wilke ist freier Journalist und Autor mit dem thematischen Schwerpunkt Gesundheit und Ernährung. Zusammen schrieben sie schon zahlreiche Bücher, u. a. *Die neue Fit For FUN-Diät*. Sie leben gemeinsam in der Nähe von Hamburg.

Dörte und Jesko Wilke

Clean Eating

Der 21-Tages-Plan

GOLDMANN

Alle Ratschläge in diesem Buch wurden von den Autoren und vom Verlag sorgfältig erwogen und geprüft. Eine Garantie kann dennoch nicht übernommen werden. Eine Haftung der Autoren beziehungsweise des Verlags und seiner Beauftragten für Personen-, Sach- und Vermögensschäden ist daher ausgeschlossen.

Der Verlag weist ausdrücklich darauf hin, dass im Text enthaltene externe Links vom Verlag nur bis zum Zeitpunkt der Buchveröffentlichung eingesehen werden konnten. Auf spätere Veränderungen hat der Verlag keinerlei Einfluss. Eine Haftung des Verlags für externe Links ist stets ausgeschlossen.

MIX
Papier aus verantwortungsvollen Quellen
FSC® C014496
www.fsc.org

Verlagsgruppe Random House FSC® N001967

Dieses Buch ist auch als E-Book erhältlich.

1. Auflage
Originalausgabe April 2016
Wilhelm Goldmann Verlag, München,
in der Verlagsgruppe Random House GmbH

Umschlaggestaltung: Uno Werbeagentur, München
Umschlagillustration: FinePic®, München
Abbildungen: Alle Fotos von den Autoren
Redaktion: Birthe Katt
Satz: Uhl + Massopust, Aalen
Druck und Bindung: GGP Media GmbH, Pößneck
MZ · Herstellung: cb
Printed in Germany
ISBN 978-3-442-17618-2
www.goldmann-verlag.de

Besuchen Sie den Goldmann Verlag im Netz:

Inhalt

Vorwort

Clean Eating bedeutet, sich »sauber«, also von naturbelassenen Lebensmitteln, zu ernähren. Das Geniale an Clean Eating: Es ist konsequent, aber nicht dogmatisch. Ob du Veganer, Allesesser oder Flexitarier bist, spielt keine Rolle, denn beim Clean Eating kommt es allein auf die Qualität der Lebensmittel an. Das bedeutet: Produkte, die mit künstlichen Aromen, Konservierungs- und Farbstoffen oder anderen fragwürdigen Zusatzstoffen der Lebensmittelindustrie hergestellt wurden, sind beim Clean Eating tabu – so einfach ist das! Vor allem aber kann Clean Eating eine sinnvolle Hilfestellung sein, sich im heutigen Ernährungsdschungel besser zurechtzufinden. Denn viele sind verunsichert: Auf der einen Seite erfahren wir von ständig neuen Lebensmittelskandalen und hören beängstigende Meldungen über schädliche Stoffe in unserer Nahrung. Auf der anderen Seite locken immer neue Ernährungstrends mit ihren Versprechungen – oft auf Basis einseitiger, bedenklicher Regeln und komplizierter Theorien. Clean Eating hingegen ist die Besinnung auf eine einfache und naheliegende Formel:

Natürliche, unverarbeitete Lebensmittel + sieben Regeln, die jedem sofort einleuchten = gesündere Ernährung und schlankere Figur

Mit »sauber« ist hier nicht »keimfrei« gemeint, sondern »natürlich« und »unbelastet«. Wir sprechen also über Lebensmittel, die aus möglichst reiner Natur stammen und möglichst wenig weiterverarbeitet wurden. Klar, dass Bioprodukte für die Clean-Eating-Ernährung die beste Wahl sind. Doch aus eigener Erfahrung wissen wir, dass es viele kleine bäuerliche Betriebe gibt, für die eine

Biozertifizierung zu aufwendig und teuer ist und die trotzdem alles dafür tun, gesunde, unbelastete Produkte anzubauen. Auf der anderen Seite gibt es große Biobetriebe, für die der Ökotrend vor allem einen Wachstumsmarkt darstellt. Es ist also nicht ganz einfach, die optimalen Anbieter auszumachen – eine Herausforderung, die ein wenig Spürsinn erfordert. Werde selber aktiv, um die besten Quellen für deine gesunden, sauberen Lebensmittel zu finden.

Unser Tipp: Der perfekte Clean-Eating-Einkaufsbummel führt über den Wochenmarkt. Hier finden wir frisches Obst und Gemüse, oftmals sogar ungespritzt und ohne künstliche Düngemittel gezogen, also in Bioqualität. Wir kaufen direkt bei den Produzenten, was den Vorteil hat, dass wir ein kompetentes Gegenüber haben. Denn wer wirklich naturbelassene Lebensmittel bekommen möchte, sollte sich trauen, Fragen zu stellen. Zum Beispiel, ob die Äpfel aus der Region stammen, ob die Weintrauben gespritzt wurden und welche Art von Dünger die Kürbisse so groß werden ließ. So finden wir heraus, an welchen Ständen wir wirklich cleane Produkte bekommen, die nicht nur wohlschmeckend sind, sondern auch richtig gesund.

Mit Clean Eating befassen sich auch Menschen, die sich zuvor wenig für gesunde Ernährung interessiert haben. Vor allem in der jungen Zielgruppe kommt der Trend gut an. Wer sich nicht dem eher dogmatischen Vegantrend unterwerfen, sich aber dennoch ein besseres Gewissen erfuttern möchte, findet bei Clean Eating eine entspannte, gut nachvollziehbare Ernährungsform, die vor allem eines ist, nämlich alltagstauglich – ein Faktor, der uns als Ernährungsexperten besonders wichtig erscheint. Denn was nützen die besten Vorsätze, wenn wir es nicht schaffen, sie in unser Leben zu integrieren.

Ein weiterer positiver Punkt: Clean Eating kommt nicht mit pseudowissenschaftlichem Ansatz daher oder versucht, mit komplizierten Regeln den Anschein einer neuen Entdeckung zu erwecken. Stattdessen basiert Clean Eating auf dem gesunden Menschenverstand. Deshalb sind die Regeln auch einfach zu verstehen, leicht zu verinnerlichen und gut umzusetzen. Von dieser gesunden Basis aus kann jeder seinen Weg finden, sei es in Richtung moderner Mischkost mit wenig Fleisch und Fisch, in Richtung ovo-lakto-vegetarischer Kost mit Ei und Milchprodukten oder in Form der streng veganen Lebensweise, die grundsätzlich auf Produkte tierischer Herkunft verzichtet. Aber: Wohin der Weg auch führen mag, um die Küche kommst du nicht herum. Denn wer sich clean ernähren will, muss sich sein Essen selber zubereiten.

Ein weiteres Merkmal unseres hektischen Alltags: Es wird immer weniger Zeit für die Zubereitung von Nahrung aufgewendet. Stattdessen haben Mikrowellengeräte schon lange unsere Haushalte erobert. Lieferdienste boomen, und der schnelle Snack vom Bäcker lockt. Die Folge: Wir kochen immer weniger, während der Konsum von Fertiggerichten und Fast Food steigt. Doch gerade die so praktischen Fertiggerichte stecken voller künstlicher Zusatzstoffe wie Verdickungsmittel, Konservierungs- und Farbstoffe, während Vitamine und natürliche Aromen fehlen oder im Nachhinein wieder zugesetzt wurden. Aber die bewusst ausgesuchten Lebensmittel selbst zu verarbeiten und ihnen mit deinen Lieblingsgewürzen eine persönliche Note zu verleihen macht doch sowieso viel mehr Spaß! Frisch zubereitete Speisen sind der Dreh- und Angelpunkt dieser gesunden und genussvollen Ernährungsweise. Noch besser: Die Clean-Eating-Küche ist einfach, zeitsparend und lecker. Du arbeitest mit einer überschaubaren Anzahl von Zutaten, benötigst nur geringe Vorkenntnisse und profitierst von kurzen Zubereitungs- und Garzeiten.

Phantastischer Nebeneffekt: Wenn du dich clean ernährst, kannst du ganz nebenbei etwas für deine Figur tun. Einfach weil cleaner leichter, kalorienärmer und vitaminreicher bedeutet. »Dirty« Food ist meist kalorienüberfrachtet, fett- und zuckerreich und hält nicht lange vor. Außerdem: Wer seine Nahrung selbst zubereitet, isst leichter, bewusster, gesünder und nimmt automatisch weniger Kalorien zu sich, als wenn er nach dem Nächstbesten greift, sich beim Bäcker, Imbiss oder im Fast-Food-Restaurant versorgt. Und vor allem: Wer selber kocht, weiß genau, was drin ist! Weiterer Schlankmacher-Bonus beim Clean Eating: Naturbelassene Lebensmittel haben in der Regel eine hohe Nährstoffdichte bei niedrigem Kaloriengehalt. Das heißt, wir können viel davon essen, ohne dick zu werden, bekommen aber zur Belohnung reichlich Vitamine, Mineralstoffe und sekundäre Pflanzenstoffe. Nehmen wir zum Beispiel den guten alten Apfel: Ein durchschnittlicher Apfel wiegt 125 Gramm, enthält rund 60 Kalorien (kcal) und reichlich Vitamin C, Ballaststoffe, Kalium und Folsäure. Eine schnell mal eben beim Bäcker gekaufte Apfeltasche hingegen wiegt etwa 80 Gramm, enthält aber satte 220 Kalorien, gut 10 Gramm Fett und mindestens 20 Gramm Zucker. Ganz zu schweigen von einer ungewissen Zahl an Zusatzstoffen, deren Wirkung auf unseren Stoffwechsel wir letztlich nicht kennen.

Bei aller Kritik an künstlichen Aromen und Farbstoffen, Geschmacksverstärkern und Emulgatoren, Konservierungsstoffen und Stabilisatoren – eines möchten wir ganz deutlich sagen: Niemand braucht Angst zu haben, sich mit industriell gefertigter Nahrung zu vergiften! Unsere Lebensmittel wurden noch nie so gut überwacht, waren noch nie so sicher wie heute. Das gilt für Zusatzstoffe ebenso wie für die hygienischen Verhältnisse. Es besteht also kein Grund zur Panik. Und das ist gut so, denn als erfahrene Foodjournalisten wissen wir: Angst ist ein schlechter Ratgeber, wenn es um Fragen der Ernährung geht. Clean Eating steht für ein entspanntes Verhältnis zum Essen und für Vertrauen, das mit dem Wissen über gesunde Lebensmittel wächst. So entsteht die Basis dafür, mehr Verantwortung für die eigene Ernährung zu übernehmen. Dabei möchten wir dich unterstützen. Clean Eating bedeutet Freude am Essen – Freude an hochwertigen, gesunden und nachhaltigen Lebensmitteln.

Statistisch betrachtet werden wir immer älter. Hundertjährige werden bald nicht mehr die große Ausnahme, sondern die Regel sein. Doch mit zunehmendem Alter steigt auch das Risiko, an chronischen Leiden wie Rheuma, Diabetes, Bluthochdruck oder Fettleibigkeit zu erkranken – häufig bedingt durch eine einseitige Ernährung. Dass zu viel Fleisch, Zucker, Weißmehlprodukte, Fast Food und Fertiggerichte auf Dauer krank machen, ist bekannt und vielfach belegt. Umweltgifte, Stress und Hektik kommen hinzu und führen bereits bei jungen Menschen zu erheblichen gesundheitlichen Belastungen. Umso wichtiger ist Prävention. Die Ernährung nimmt dabei eine Schlüsselrolle ein. Clean Eating steht für naturbelassene, unverarbeitete Lebensmittel, die voller Vital- und Nährstoffe stecken, also alles enthalten, was ein starker, widerstandsfähiger Organismus braucht. Clean Eating verbessert nicht nur das Wohlbefinden, es bietet auch die Chance auf ein hohes Alter in bester Gesundheit. Wir finden, das ist ein erstrebenswertes Ziel. Und das Beste daran: Du hast es selbst in der Hand!

Dörte & Jesko Wilke

SO GEHT CLEAN EATING

Unsere sieben Clean-Eating-Basics

Als Journalisten im Bereich Ernährung und Fitness basieren unsere Empfehlungen auf der jahrzehntelangen intensiven Beschäftigung mit dem Thema gesunde Ernährung und dem ständigen Austausch mit führenden Experten aus der Ernährungswissenschaft.

Wir möchten dir mit unseren sieben Clean-Eating-Basics eine Orientierungshilfe im Ernährungslabyrinth an die Hand geben. Wobei jeder seinen individuellen Pfad gehen kann. Denn alle Basics, denen du folgst, bringen dich voran. Auch wenn du dich nur zu 50 Prozent oder an vier von sieben Tagen danach richtest, wirst du davon profitieren. Es geht also nicht darum, sich selbst unter Druck zu setzen – das führt nur zu Frustration und schlechter Stimmung. Lass dir Zeit, und gewinne mehr Vertrauen in deine gesunden Instinkte. Sie werden dich auf die richtige Fährte führen.

DIE SIEBEN CLEAN-EATING-BASICS AUF EINEN BLICK

1. Mehr Energie durch Gemüse und Obst

Pflanzenkost (Gemüse, Früchte, Kräuter, Salate, Öle, Nüsse, Getreide) ist der Hauptbestandteil der Clean-Eating-Küche. Fleisch, Fisch und Milchprodukte gibt's dazu in Maßen.

2. Als Lebensmittel-Detektiv auf Spurensuche

Kaufe möglichst wenig verarbeitete Produkte. Lerne, unerwünschte von akzeptablen Zusatzstoffen zu unterscheiden.

3. Die Entdeckung des puren Geschmacks

Iss weniger Salz und Zucker. Null Süßstoffe und Geschmacksverstärker. Das hilft dir, den ursprünglichen Geschmack der Speisen wiederzuerkennen und natürlicher zu essen.

4. Tschüss, leere Kalorien
Lieber Lebensmittel mit vielen Vitaminen und Mineralstoffen statt leerer (= vitaminfreier) Kalorien aus Zucker, Alkohol, Fett und Kohlenhydraten.
5. Entlastung für deinen Körper
Trinke viel Wasser, um deine Ausscheidungsorgane zu unterstützen. Reduziere Schadstoffe, um dein Verdauungssystem zu entlasten. Nimm dir Zeit beim Essen und kaue jeden Bissen gut durch, um deinem Magen Arbeit abzunehmen.
6. Essen, wann und wie es dir guttut
Versuche, einen langen Abstand zwischen der letzten Mahlzeit des Tages und der ersten des Folgetages einzuhalten. Finde deinen eigenen Weg zu einer optimalen Mahlzeitenaufteilung über den Tag hinweg.
7. Saisonal und regional
Bediene dich an dem, was die Jahreszeit und die Region hergeben. Dann fällt dir Clean Eating leicht, und du profitierst von frischen, ausgereiften Produkten mit vollem Vitamingehalt.

Basic Nr. 1: Mehr Energie durch Gemüse und Obst

Möglichst viel naturbelassene Nahrung steht auf dem Programm. An erster Stelle: Gemüse und Obst. Gemüse enthält weniger Fruchtzucker als Obst und bietet noch mehr Vielfalt. Versuche daher, bei jeder Mahlzeit etwas Gemüse unterzubringen, auch wenn es nur ein paar Tomatenscheiben sind. Zur Pflanzenkost gehören Kräuter, Pilze, Salate, Sprossen und Wildsalate wie Bärlauch, Wasabina oder Löwenzahn. Zur Ergänzung Nüsse, Öle und Gewürze, möglichst aus Bioproduktion, aber immer ohne Zusatzstoffe. Pflanzenkost sollte den größten Anteil an deiner täglichen Ernährung ausmachen. Wenn du es gut verträgst, iss sie öfter roh, aber auch gedünstet, gedämpft oder in wenig Wasser gekocht sind Gemüse und Obst empfehlenswert. Dazu abwechslungsreiche Getreidesorten, am besten in der Vollkornvariante. Wem Vollkornbrot zu schwer im Magen liegt, kommt sicher mit gekochten Getreideflocken, Grieß oder Pasta gut klar.

Auch Fleisch, Fisch, Ei und Milchprodukte sind Teil der Clean-Eating-Kost. Einmal pro Woche steht Fleisch (am besten aus einem Stück – wie Steak oder Hühnerbein) auf dem Speiseplan, ein- bis zweimal pro Woche Fisch oder Meeresfrüchte. Wurst oder Fleischzubereitungen wie Leberkäse etc. lässt du besser weg. Achte auf die Qualität: Fleisch von artgerecht gehaltenen Tieren enthält weniger unerwünschte Stoffe wie Antibiotikarückstände oder Masthilfen. Das Fleisch von Weidetieren enthält außerdem weniger gesättigte Fette und ist damit gesünder als das von Stalltieren aus Massenhaltung – ganz davon abgesehen, dass diese Haltung natürlich besser für Tiere und Umwelt ist. Bei Fisch bieten die Nachhaltigkeitssiegel oder der Fischratgeber von Greenpeace eine gute Orientierungshilfe. Sie helfen dir, nicht überfischte Meerestiere zu finden, die du guten Gewissens verzehren kannst. Vier bis fünf Bio-Eier pro Woche sind erlaubt und stellen eine reichhaltige, nährstoffreiche Proteinquelle dar. Milchprodukte sollten möglichst naturbelassen und wenig verarbeitet sein. Also am besten Bioweidemilch mit natürlichem Fettgehalt, Naturjoghurt, Sahnequark, Käse aus guter handwerklicher Herstellung in Maßen, wenig Butter.

Übrigens: Vegane oder vegetarische Lebensmittel sind keineswegs per se clean. Der Markt an veganen Produkten ist in den vergangenen Jahren gigantisch gewachsen und hat eine Menge fleischfreier Fertigkost in die Naturkostläden, Supermärkte oder

Vegan-Supermärkte geschwemmt. Veganer Fleischersatz aus Soja oder anderer pflanzlicher Basis enthält eine Vielzahl von Zusatzstoffen, um die fleischähnliche Konsistenz zu erreichen. Auch vegane Soßen, Fertiggerichte, Dressings oder Convenience-Produkte sind kein Stück cleaner als ihre herkömmlichen Gegenstücke – bis eben auf die Tatsache, dass sie frei von tierischen Zutaten sind.

IST DIE POSITIVE WIRKUNG WISSENSCHAFTLICH BELEGT?
Die gesundheitsförderliche Wirkung einzelner Aspekte der Clean-Eating-Ernährung, wie zum Beispiel der hohe Gemüseanteil mit vielen Ballaststoffen oder ein reduzierter Konsum von Fett, Zucker und Alkohol, wird durch eine Reihe anerkannter wissenschaftlicher Studien belegt. Ernährungsexperten bescheinigen dem Konzept darüber hinaus das Potenzial, für eine langfristige Gewichtsreduktion zu sorgen. Diese Wirkung gilt vor allem für Menschen, die zuvor nicht auf eine ausgewogene Vollwerternährung geachtet haben und viele Fertigprodukte sowie Fast Food konsumierten.

Basic Nr. 2: Als Lebensmittel-Detektiv auf Spurensuche

Überangebot im Supermarkt? Die Entscheidung, was in den Einkaufskorb kommt, ist eigentlich ganz einfach, denn der Großteil der Produkte ist schlicht überflüssig. Natürlich wirst du nicht darum herumkommen, das eine oder andere verarbeitete Produkt zu kaufen. Dann ist der Blick auf die Zutatenliste empfehlenswert. Auf die Zusatzstoffe gehen wir später noch ein (siehe Kapitel »Zusatzstoffe – nein danke!«). Aber die Grundregel lautet: Je länger die Zutatenliste, desto höher der Verarbeitungsgrad. Als Faustregel gilt: Okay sind Produkte, die aus drei bis fünf Zutaten bestehen. Ein No-Go sind allerdings Azofarbstoffe, synthetische Aromen und Transfettsäuren. Oft genug wird uns diese Detektivarbeit schwer gemacht – durch winzige Schriftgrößen auf dunklem Fond, gerne auch hinter einer Lasche oder auf der Unterseite des Produkts verborgen. Oder durch gänzliches Fehlen genauer Informationen. Wenn du Zweifel hast, die Angaben nicht lesen kannst oder sie fehlen, lass lieber die Finger davon!

Man kann sich ja einmal Folgendes vergegenwärtigen: Wir benötigen in der Regel nicht mehr als 1.800 bis 2.500 Kalorien täglich, um uns ausreichend mit Energie zu versorgen. Ausgenommen sind Menschen mit körperlich anstrengender Arbeit und Sportler – die brauchen mehr. Bei überwiegend sitzender Tätigkeit kommen Frauen allerdings schon mit weniger als 2.000 Kalorien aus. Diese Energiemenge ist schnell und mit wenigen Grundnahrungsmitteln erreicht. Doch daran kann die Lebensmittelindustrie natürlich nicht viel verdienen.

Also versucht sie, uns entweder diese Kalorien möglichst teuer zu verkaufen – mit Produkten, die uns einen vermeintlichen Zusatznutzen bieten, wie etwa Lightprodukte (weniger Fett, weniger Zucker, weniger Kalorien), angereicherte Produkte (mit Vitaminen, Omega-3-Fettsäuren, Jod, Folsäure) oder »Frei-von-Artikeln« (laktosefrei, glutenfrei, fruktosefrei). Sie alle sind deutlich teurer als die herkömmlichen Vergleichsprodukte. Doch sie bieten uns keinen wirklichen Vorteil, denn sie alle sind hoch verarbeitet und stecken voller Zusatzstoffe.

Die andere Möglichkeit, uns mehr Geld für Nahrung abzuknöpfen: Verlockungen schaffen. Durch Produkte mit viel Fett, Zucker, Aromen, Geschmacksverstärkern oder besonders vollmundiger

Konsistenz. Das ist mit jeder Menge unerwünschter Inhaltsstoffe verbunden, wir machen also gleich einen Bogen darum.

Basic Nr. 3: Die Entdeckung des puren Geschmacks

Entdecke den ursprünglichen Geschmack von Lebensmitteln wieder, und genieße seine Intensität und Vielfalt. Kannst du zum Beispiel etwas über den Geschmack einer Salatgurke sagen? Dieses wenig beachtete Gemüse wird meist irgendwo untergemischt und mit ordentlich Salz oder Sahnedressing überlagert. Eine frische, knackige Gurke hat aber durchaus einen tollen Eigengeschmack – etwas süßlich, grasig, frisch … Wer sich auf den eigentlichen Geschmack konzentriert, benötigt weniger Salz und Zucker. Versuche, Zucker ganz wegzulassen und meide Fertigprodukte mit Zucker in allen Erscheinungsformen.

ZUCKER – DIE VERSTECKTE SÜSSE IN UNSEREM ESSEN

Warum enthält ein Produkt 30 Prozent Zucker, obwohl in der Zutatenliste gar kein Zucker angegeben ist? Ganz einfach: Er versteckt sich hinter vielfältigen anderen Bezeichnungen. Die Verbraucherzentrale Niedersachsen hat bei einem Marktcheck 70 verschiedene Begriffe für süßende und zum Zuckergehalt beitragende Zutaten gefunden. Die Verbraucherschützer hatten 276 verarbeitete Lebensmittel unter die Lupe genommen. Das Irreführende: Auch Milch- und Fruchtzucker, Molkenerzeugnisse und Getreideauszüge tragen zur Süße bei. So taucht Zucker gar nicht oder weit hinten auf der Zutatenliste auf, und doch ist das Produkt stark gesüßt und enthält viel Zucker.

Achte auf folgende Bezeichnungen in der Zutatenliste. Hinter all diesen Begriffen steckt letztlich Zucker.

- Dextrose
- Gerstenmalz/Gerstenmalzextrakt
- Gezuckerte Kondensmilch
- Glukose-Fruktose-Sirup
- Glukosesirup
- Invertzuckersirup
- Isoglukose
- Karamellisierter Zucker
- Laktose
- Maissirup
- Magermilchpulver
- Maltodextrin
- Maltose/Malzextrakt
- Mannit
- Melasse
- Milchzucker
- Molkenerzeugnisse
- Natürliche Fruchtsüße
- Raffinose
- Saccharose
- Süßmolkenpulver
- Vollmilchpulver
- Traubensüße
- Zucker

Warum so viel Zucker?

Um diese Frage beantworten zu können, muss man wissen, welche Funktion Zucker in der Lebensmittelherstellung hat: Er wirkt nicht nur als Süßmittel, sondern auch strukturgebend, konservierend, volumengebend, wasserbindend und geschmacksverstärkend. Dabei ist er ausgesprochen preiswert und kann teurere Zutaten ersetzen – wie zum Beispiel Früchte in Joghurt, Marmelade oder Eiscreme. Die Weltgesundheitsorganisation (WHO) empfiehlt, pro Tag nicht mehr als 25 Gramm Zucker zu konsumieren. Bei den versteckten Mengen in Getränken, Gebäck oder süßen Riegeln kann diese Dosis sehr schnell überschritten werden. Außerdem: Selbst in pikanten Lebensmitteln steckt oftmals reichlich Zucker. Die Tester der Verbraucherzentralen fanden zum Beispiel in Krautsalat 12 und in Ketchup sogar 20 Prozent Zucker.

Verwende statt Zucker lieber natürlichere Süßmittel wie Honig oder tierfreie Alternativen wie Kokosblütenzucker, Agavendicksaft, Ahornsirup, Apfeldicksaft oder klein geschnittene getrocknete Datteln. Alles schön sparsam, denn es handelt sich immer noch um zuckerreiche Süße – mit dem Unterschied, dass sie aus natürlichen Zutaten besteht und zumindest geringe Mengen wertvoller Mineralstoffe oder Enzyme enthält. Auf künstliche Süßstoffe solltest du auf jeden Fall verzichten – auch auf Stevia. Bei Stevia handelt es sich keinesfalls um eine natürliche Süße, wie oft auf der Verpackung suggeriert wird. Steviolglykoside werden zwar aus einer Pflanze extrahiert. Das Endergebnis ist jedoch Produkt umfangreicher chemischer Prozesse. Auch Salz solltest du sparsam einsetzen. Nimm stattdessen lieber frische Kräuter und naturbelassene Biogewürze. Bei Gewürzmischungen hilft ein genauer Blick auf die Inhaltsstoffe. Hier sollten nur reine Würzzutaten aufgelistet sein, keine Geschmacksverstärker, Aromen oder andere Hilfsstoffe.

Basic Nr. 4: Tschüss, leere Kalorien

Wähle Nahrung mit niedriger Energiedichte und hoher Nährstoffdichte. Was bedeutet das genau? Mit dem Begriff Energiedichte umschreiben Ernährungswissenschaftler den Kaloriengehalt pro 100 Gramm eines Lebensmittels. Den höchsten Energiegehalt haben reine Pflanzenfette, zuckerreiche Lebensmittel und hochprozentige Getränke. Bei diesen Produkten genügt eine kleine Menge, um viele Kalorien aufzunehmen. Das heißt, man hat jede Menge Kalorien intus, ist aber nicht satt. Ganz ungünstig sind Lebensmittel, die dabei noch nicht einmal wichtige Nährstoffe enthalten, also nur so genannte leere Kalorien – wie etwa bei Zucker oder Alkohol. Auch Weißmehlprodukte enthalten reichlich Kalorien, aber wenig Nährstoffe. In Pflanzenölen oder Nüssen hingegen, auch in Bitterschokolade, stecken gesunde Inhaltsstoffe. Doch auch hier gilt: Weniger ist mehr.

Schon in kleinen Portionen verstecken sich viele Kalorien

Lebensmittel	kcal pro 100 g
Alle Pflanzenöle (Oliven-, Raps-,etc.)	900
Gänseschmalz	900
Kokosfett	900
Butter	752
Margarine	722
Pekannuss	703
Pinienkerne	689
Nussschokolade	528
Orangenlikör	344

Das genaue Gegenteil sind Lebensmittel mit niedriger Energiedichte und hoher Nährstoffdichte. Dazu zählen naturgemäß praktisch alle Gemüsesorten und die meisten Früchte – also wieder Pflanzenkost. Sie enthält viele Vitamine und Mineralstoffe pro 100 Gramm, aber wenig Kalorien. Durch den hohen Wasser- und Ballaststoffgehalt von Obst und Gemüse können wir viel davon essen, werden satt, tanken Vitamine und Mineralstoffe, ohne viele Kalorien zu verzehren.

Basic Nr. 5: Entlastung für deinen Körper

Alles, was wir zu uns nehmen, muss unser Körper irgendwie verarbeiten. Es wird dich vielleicht überraschen, aber das Verdauungssystem hat tatsächlich die größte Kontaktfläche mit der Außenwelt – viel größer als die Haut, wo wir es meist direkt bemerken, wenn uns etwas nicht guttut, etwa in Form einer Rötung oder Reizung. Auch die Lunge als nächstgrößeres Kontaktorgan meldet sich spürbar, wenn ihr etwas nicht passt, durch Husten, Reizung, Engegefühl beim Atmen. Die Schleimhäute in Mund und Darm sind jedoch flächenmäßig noch um ein Vielfaches größer und kommen ständig mit Außenstoffen, vor allem Nahrung, in Berührung. Wenn hier etwas schiefläuft, merken wir es meistens nicht direkt. Die Darmschleimhaut muss auch »entscheiden«, welche Stoffe sie als Nahrung und Energielieferant in die Zellen durchlässt. Ist dieser Vorgang gestört, werden wir über kurz oder lang krank. Mit Clean Eating mutest du deinem Verdauungssystem weniger Stress zu – indem du neue, unbekannte oder in ihrer Langzeitwirkung zu wenig erforschte Zusatzstoffe weglässt oder auf ein Minimum reduzierst.

Auch durch die Lebensmittelverpackung können problematische Stoffe in die Nahrung gelangen. Wie etwa Aluminium, wenn saure oder salzige Lebensmitteln darin verpackt werden, Weichmacher aus Kunststoffflaschen oder Deckeln von Gläsern oder Mineralöl aus Recycling-Pappschachteln. Je mehr naturbelassene, unverpackte Lebensmittel wir verzehren, desto geringer das Risiko.

Oft essen wir in Hektik, nehmen uns nicht die nötige Zeit. Nahrungsaufnahme wird zur Nebensache, während wir die Nachrichten verfolgen oder am PC sitzen. Wir essen schnell und kauen nicht gut genug. Die Folgen: Sodbrennen, Völlegefühl, Magenschmerzen und Blähungen. Zum Glück ist die Therapie ganz einfach: Nimm dir Zeit und genieße dein Essen! Kaue jeden Bissen gut durch. So nimmst du deinem Magen eine Menge Arbeit ab. Kaloriensparender Nebeneffekt: Wer langsam isst und gut kaut, wird schneller satt!

Zusätzlich können wir unseren Körper entlasten, indem wir die Verdauungsorgane unterstützen. Etwa die Nieren. Sie profitieren von 2–3 Litern stillem Wasser pro Tag. Faustregel: 30 Milliliter pro Kilogramm Körpergewicht. Eine 60 Kilogramm schwere Frau sollte also mindestens 1,8 Liter stilles Wasser täglich trinken, ein 85 Kilogramm schwerer Mann rund 2,6 Liter. Ein Teil davon kann durch naturbelassene Kräuter- oder Früchtetees ersetzt werden. Auch warmes, abgekochtes Wasser mit Zitrone oder Ingwer, ein ayurvedisches Rezept, ist zu empfehlen. Kohlensäurehaltiges Wasser belastet den Körper, denn wie der Name schon sagt, handelt es sich um eine Säure, die verstoffwechselt und wieder ausgeschieden werden muss.

Basic Nr. 6: Essen, wann und wie es dir guttut

Einige Clean-Eating-Vertreter erheben das Frühstück zur Pflicht und empfehlen sechs kleine Mahlzeiten täglich, um den Blutzuckerspiegel gleichmäßig zu halten und keinen Hunger aufkommen zu lassen. Diese Regel funktioniert aber nach unserer Überzeugung nicht für alle. Der Stoffwechselexperte Dr. Michael Boschmann von der Charité Berlin empfiehlt zumindest für den eher trägen Stoffwechseltypen, das Frühstück durchaus hinauszuzögern und lange Pausen zwischen den Mahlzeiten einzuhalten. Wer übergewichtig ist, verfügt morgens noch über genügend Reserven, um trotzdem leistungsfähig in den Tag zu starten. Mehr noch: Das spätere Frühstück verlängert die nahrungsfreie Zeit, in der der Körper sich Regenerationsaufgaben widmen kann und Kalorien verbraucht.

Boschmann als Stoffwechselexperte plädiert dafür, dem Körper auch einmal Gelegenheit zu bieten, Reserven zu verbrauchen. Er gibt zu bedenken, dass durch den Verzehr von Snacks zwischen den Mahlzeiten über den Tag verteilt bis in den späten Abend Leber, Muskel und Fettgewebe in einem permanenten Speicherzustand gehalten werden. Das heißt: Statt Energie zu verbrauchen und Reserven abzubauen, wird ständig neue Energie nachgeschoben. Langfristige Folge: Übergewicht. Je kürzer die nahrungsfreie Zeit vor und nach der Nachtruhe, desto ungünstiger. Zu kurze Schlafphasen führen nach Erkenntnis von Boschmann zu einer verminderten Ausschüttung von Wachstumshormon und zur Neubildung von Fettgewebe.

Unser Fazit: Lange Pausen, ein frühes Abendessen und ein spätes Frühstück entlasten den Körper und helfen dabei, Fettreserven abzubauen. Wer sich damit wohlfühlt, dem raten wir zu wenigen Mahlzeiten, die weit auseinandergezogen sind. Wer bei so langen Pausen unter Heißhunger leidet, kann allerdings kleine, kontrollierte Zwischenmahlzeiten einplanen. Das ist besser, als unkontrolliert nach dem nächstbesten Snack zu greifen und die gesamten Ziele aus dem Auge zu verlieren. Womit man besser zurechtkommt, sollte man individuell austesten. Grundsätzlich gilt für ALLE Mahlzeiten: Iss dich niemals pappsatt, sondern immer nur zu 80 Prozent. Das hilft beim Abnehmen und trainiert das natürliche Hunger-Sättigungs-Gefühl, das bei vielen von uns durch achtloses Essen überlagert ist.

Aus ernährungsphysiologischen Gründen empfehlen wir also eher nur drei Mahlzeiten pro Tag, bieten aber in unserer 21-Tage-Challenge je zwei kleine Zwischenmahlzeiten an. Die kann man einbauen, muss man aber nicht. Entscheide also selbst, ob du drei, vier oder fünf Mahlzeiten am Tag bevorzugst. Achte dabei auf dein Verhalten und wie es dir gelingt, den Plan umzusetzen. Vielleicht benötigst du in den ersten Tagen noch Zwischenmahlzeiten, kannst sie aber immer öfter weglassen.

Test: Welcher Mahlzeitentyp bin ich?

Mit diesem kleinen Test kannst du herausfinden, ob du eher der Drei-Mahlzeiten-Typ bist oder doch ein bis zwei Zwischenmahlzeiten benötigst. Prüfe, welche der folgenden Aussagen du mit »Ja« beantworten kannst, und notiere, welches Symbol dabei wie häufig vorkommt.

X ▲ Wenn ich aufgestanden bin, habe ich sofort Hunger und muss etwas frühstücken, sonst fühle ich mich nicht leistungsfähig.

■ Ich vergesse häufiger das Essen und werde dann vom Hunger überrascht.

▲ Auch wenn ich frühstücke, habe ich vormittags schon wieder Hunger und kann mich dann nicht konzentrieren.

▲ Wenn ich schon weiß, dass ich eine Diät machen muss, werde ich ganz nervös.

■ So ein leichtes Magenknurren fühlt sich eigentlich ganz gut an. Dann weiß man, dass man sich die nächste Mahlzeit verdient hat.

▲ Fast jeden Nachmittag bekomme ich Appetit auf Süßes.

■ Es fällt mir leichter, gar nichts zu essen, als wenig zu essen.

■ Morgens nach dem Aufstehen habe ich noch gar keinen richtigen Appetit.

■ Oft weiß ich abends nicht, was ich eigentlich alles gegessen habe, weil ich häufig zwischendurch nasche.

▲ Wenn ich länger nichts gegessen habe, bekomme ich manchmal Heißhunger und nasche dann unkontrolliert.

Auswertung
Eher Typ ▲:
Für dich sind mehrere kleine Mahlzeiten besser als nur drei Mahlzeiten. Es macht dich nervös, eine Diät zu machen und zu wissen, dass du eine Zeitlang weniger zu essen bekommst. Vormittags und/oder nachmittags fällst du in ein Leistungstief, wenn du nichts isst. Dann neigst du zu Heißhunger und greifst unkontrolliert zu Süßigkeiten oder Snacks mit hoher Energiedichte. Für dich

ist es deshalb wichtig, gesunde, nachhaltige Snacks wie Studentenfutter (Nuss-Trockenfrucht-Mix) zur Verfügung zu haben. Das beruhigt dich und hilft dir, eine Diät besser durchzuhalten.

Eher Typ ■:
Du kommst ganz gut damit klar, über längere Zeit nichts zu essen. Mehr noch – wenn du ständig zwischendurch naschst, fühlst du dich übersättigt und unwohl. Ein leichtes Hungergefühl stört dich nicht. Deshalb sind für dich wenige Mahlzeiten besser als viele. Achte aber darauf, diese Mahlzeiten regelmäßig einzuplanen. Sonst stellst du vielleicht plötzlich fest, dass du starken Hunger hast, und greifst zu Junkfood oder schnell verfügbarem Essen. Regelmäßige Mahlzeiten helfen dir auch dabei, die Regulation von Hunger und Sättigung wiederherzustellen und das natürliche Hungergefühl wieder stärker zu beachten.

Basic Nr. 7: Saisonal und regional

Wer viel Pflanzenkost isst, achtet automatisch auf regionale und saisonale Auswahl. Lebensmittel, die gerade Saison haben, sind meist voll ausgereift und enthalten mehr Vitamine und Mineralstoffe als solche, die unreif geerntet oder schon lange gelagert wurden. Ein kurzer Transport aus der Nähe – idealerweise im Hofladen aus eigener Ernte gekauft – sorgt dafür, dass Obst und Gemüse frisch und knackig auf unseren Teller kommen.

Einige Lebensmittel sind nur zu einer bestimmten Jahreszeit zu haben, wie Spargel oder Erdbeeren. Die Spargelzeit beginnt je nach Wetter und Region etwa Anfang Mai und endet definitiv am 24. Juni. Das ist der letzte Stichtag für das begehrte Gemüse, danach braucht die Spargelpflanze Regenerationszeit. Erdbeeren gibt es zwar etwas länger im Jahr, doch auch hier halten wir uns an die Sommermonate und freuen uns im Frühjahr schon auf den Beginn der nächsten Erdbeersaison. Wintererdbeeren aus Übersee kauft tatsächlich kaum jemand – und das ist gut so!

Dass auch der Apfel ein Saisonobst ist, ist dagegen weniger bekannt. Die Apfelernte beginnt mit einigen sehr frühen Sorten Ende August und endet etwa im November. Äpfel, die wir im Frühsommer essen, liegen entweder schon sehr lange im Kühlraum und tragen somit einen erheblichen CO2-Rucksack, oder sie stammen aus Übersee (China, Argentinien, Neuseeland). In diesem Fall haben sie eine lange Seereise hinter sich.

Mehr Infos findest du in unserem großen Saisonkalender.

Dein Vorratsschrank wird clean

Jetzt geht's los. Checke deinen Vorratsschrank, und schätze einmal selbst ein, wie clean du schon isst und was sich noch optimieren lässt. So viel vorab: Selbst wenn du dich schon viel mit dem Thema Ernährung beschäftigt hast, wirst du von nun an ganz bestimmt anders einkaufen. In einem durchschnittlichen Supermarkt finden sich um die 25.000 verschiedenen Produkte. Große Verbrauchermärkte oder sehr gut sortierte Supermärkte bringen es sogar auf bis zu 40.000 Artikel. Das Angebot hat sich seit den späten 80er Jahren fast verdreifacht. Tendenz steigend! Circa 90 Prozent der angebotenen Produkte brauchst du nicht und wirst sie als Clean Eater links liegen lassen – abgesehen davon, dass das Überangebot Stress verursacht und uns zu Impulskäufen verleitet.

Das gilt übrigens auch für Bio- oder Vegan-Supermärkte. Auch dort versucht man, uns möglichst viele verarbeitete Produkte zu verkaufen, denn an Äpfeln, Mineralwasser und 1 Liter Milch verdienen Lebensmittelindustrie und Handel wenig – mehr Geld einnehmen kann man mit glutenfreiem Apfelkuchen, Balance-Water, laktosefreier Milch und veganen Chickennuggets.

Am besten aufgehoben bist du auf dem Wochenmarkt oder im Hofladen. Dort findest du überwiegend saisonales und regionales Obst und Gemüse, jedoch keine Fertigprodukte. Aber Achtung: Manche Marktbeschicker kaufen auf dem Großmarkt ein und mischen unter ihre eigenen Produkte Importware aus Übersee. Also immer nachfragen: Wo kommt die Ware her, gibt es etwas aus eigenem Anbau? Dann wirst du schnell herausfinden, welche Stände die köstlichen, selbst gezogenen Lebensmittel anbieten. Übrigens: Wohltuend aufgeräumt sind die Discounter. In diesen Supermärkten umfasst das Sortiment nur rund 1.000 Produkte.

Hier werden vor allem Basics und Topseller angeboten. Nachteil: Das Angebot an Frischkost ist meist recht dürftig.

Der große Vorratscheck

Jetzt kannst du wahrscheinlich schon ganz gut einschätzen, wie clean deine derzeitige Lebensmittelauswahl ist. Hier kommen die frischen, gesunden und nahrhaften Alternativen zu Fertigprodukten.

Weg damit!	Warum raus?	Her damit!	Warum rein?
Aromatisierte Teemischungen	Aromazusätze sind unnötig, überlagern das natürliche Geschmacksempfinden	Reine Früchte- oder Kräutertees ohne Aromazusätze	Bieten willkommene Trinkabwechslung bei null Kalorien
Asia-Soße	Lange Zutatenliste (Beispiel: Wasser, Zucker, Chili, Knoblauch, Salz, modifizierte Maisstärke, Säuerungsmittel Essigsäure)	Knoblauch, Ingwer, Chili, Kurkuma, Koriander	Natürliche Würze für Gemüsepfannen, Suppen und Fleischgerichte
Barbecue-Soße	Lange Zutatenliste mit Aromen, Bindemitteln und Geschmacksverstärkern	Pure Chilisoße wie Tabasco	wenig Zutaten (Branntweinessig, Chilischoten, Salz), selbst mit Tomaten mischen

Weg damit!	Warum raus?	Her damit!	Warum rein?
Fertigdressing	Bequemlichkeit bezahlst du hier mit vielen Zusatzstoffen zur Konservierung, meist viel Zucker	Hochwertige Pflanzenöle, verschiedene Sorten Essig, Kräuter, Gewürze	Ein Dressing selber machen? Eine Sache von 5 Minuten!
Fertigmüsli	Brauchst du Schokolade im Müsli? Viele hochverarbeitete Bestandteile wie Flakes, viel Zucker, keine Kontrolle über mögliche Allergene	Selbst gemischtes Müsli aus Vollkorngetreide, Samen, Nüssen und Trockenfrüchten	Du weißt, was drin ist und sparst Süßungsmittel
Fix-Produkte	Topscorer bei der Länge der Zutatenliste, hat nichts mehr mit natürlicher Nahrung zu tun	Salz, Pfeffer, etwas Sahne	Mehr braucht es nicht, um jedes Gericht zu verfeinern!
Fruchtjoghurt	Mogelpackung mit minimalem Fruchtgehalt, wahlweise mit zu viel Zucker oder mit Süßstoff	Naturjoghurt, frisches Obst der Saison	Mehr Abwechslung, höherer Anteil an Pflanzenkost

Weg damit!	Warum raus?	Her damit!	Warum rein?
Gummibärchen	Glibberiges Naschwerk, zum Teil mit Schweinegelatine, synthetischen Farbstoffen und viel Zucker	Verschiedene Trockenfrüchte oder Mischungen, möglichst ungeschwefelt	Zucker ist zwar auch reichlich vorhanden, aber auch die Nährstoffe aus der Frucht in konzentrierter Form
Limonade	Not clean at all: viel Zucker, Farbstoffe, Aromen	Wasser, Zitronen- oder Limettensaft, Minze	Wenn Wasser zu langweilig wird, mit Zitrussaft, Schalen von Biozitrusfrüchten oder Kräutern aromatisieren
Pralinen	Lange Zutatenliste, die große Auswahl verleitet zum Weiternaschen	Zartbitterschokolade mit hohem Kakaoanteil	Reich an sekundären Pflanzenstoffen aus Kakao, schmeckt wunderbar, und man isst nicht so viel davon.

Weg damit!	**Warum raus?**	**Her damit!**	**Warum rein?**
Schoko-Hasel-nuss-Aufstrich	Zucker, pflanzliches Fett (Palmöl), Haselnüsse (13 %), fettarmer Kakao, Magermilchpulver (7,5 %), Emulgator Sojalecithin, Vanillin	Haselnussmus	Zutat: Haselnüsse, gemahlen (100 %)
Tiefkühlpizza	Viele unerwünschte Zusatzstoffe wie etwa Konservierungsmittel, Aromen, oft hoher Salz- und Fettgehalt	Selbst gemachter Hefeteig, auf Vorrat hergestellt und portionsweise tiefgefroren	Morgens auftauen, abends mit frischen Zutaten belegen, backen, fertig ist die cleane Pizza!
Tütensuppen	Gefriergetrocknete Zutaten, aufgepeppt mit allem, was der Chemiebaukasten hergibt	Dosentomaten oder püriertes Gemüse mit frischen Kräutern und Gewürzen	Einen Kürbis weich zu kochen und abzuschmecken dauert nicht länger als 15 Minuten!

Weg damit!	Warum raus?	Her damit!	Warum rein?
Worcestersoße	Wasser, Malzessig Zucker, Branntweinessig, Sojasoße, Mango-Chutney (Zucker, Mango, Gewürze, Salz, Säuerungsmittel Essigsäure), Salz, Likörwein, Tomatenmark, Gewürze, Johannisbeersirup (Glukose-Fruktose-Sirup, roter J-Saft, Zucker) Farbstoff E 150 c, Aroma, Rum	Natürlich gebraute Sojasoße	Wasser, Sojabohnen, Weizen, Salz

Welcher Ernährungstyp bist du?

Menschen sind verschieden – dem Himmel sei Dank. Das gilt selbstverständlich auch für die Art und Weise, wie sie mit dem Thema Ernährung umgehen. Manche machen kein großes Ding daraus, für andere ist es ein Riesenthema und ständiger Gesprächsstoff. Dem einen schmeckt fast alles, der Nächste ist eher wählerisch. Einige kennen sich total gut aus, andere interessieren sich herzlich wenig fürs Essen und Kochen.

Aus dieser Vielfalt ergeben sich interessante Aspekte. Wir haben uns selbst und unseren Freundes- und Bekanntenkreis unter die Lupe genommen und vier ganz unterschiedliche Ernährungstypen identifiziert. Wir nennen sie stellvertretend Iris, Constanze, Peter und Kerstin und versuchen, allen vier Typen sinnvolle Tipps zu geben, ihren Essalltag gesünder und gleichzeitig entspannter zu gestalten. Und wir zeigen, von welchen Aspekten des Clean-Eating-Konzepts welcher Typ am meisten profitiert.

Vielleicht findest du dich ja in einem dieser Typen wieder. Oder du entdeckst Parallelen bei dem einen und weitere Übereinstimmungen bei dem anderen Ernährungstyp. Möglicherweise erinnern dich Iris, Constanze, Peter und Kerstin auch an Personen aus deinem Freundeskreis. Unsere Erkenntnis: Clean Eating hat für jeden Typ etwas zu bieten. Hier erfährst du, was es dir ganz persönlich bringen kann.

Typ 1: Die trendige Genussesserin

Iris ist 37, hat kurze dunkle Haare und ist ein ziemlich sportlicher Typ. Iris hat gerade ihren hochwertigen Standmixer bei eBay zum Verkauf eingestellt, weil sie gemerkt hat, dass ihr die hippen Green Smoothies doch nicht so gut bekommen. Von dem Erlös will sie sich einen Thermomix kaufen. Den hat ihre beste Freundin sich geleistet und macht damit jetzt alles. Sogar Brot kann der backen. Das findet Iris großartig. Mit dem Thermomix will sie in Zukunft viel öfter selber backen und kochen, das spart schließlich auch Geld. Außerdem wird sie ganz auf Industriezucker verzichten. Sie hat nämlich Stevia entdeckt. 300-fache Süßkraft – das findet Iris echt genial. Das Problem ist nur, dass sie an keiner italienischen Eisdiele vorbeikommt, weil sie für ihr Leben gerne Eis ist …

Drei Fragen an Iris

1. Was hast du heute zu Mittag gegessen?

Ich probiere gerade was ganz Neues aus: Ich ernähre mich seit ein paar Tagen glutenfrei, weil ich glaube, dass ich das Klebereiweiß nicht vertrage. Ist 'ne ganz schöne Umstellung, weil Gluten in Brot, Pizza und Nudeln drin ist. Also hab ich mir einen Salat mit Mozzarella und Tomate gemacht.

2. Wie ist dir das bekommen?

Bin mir nicht ganz sicher. Vielleicht vertrage ich auch keine Laktose, das ist der Zucker, der in Milch drin ist. Dann hätte ich allerdings auch den Mozzarella weglassen müssen.

3. Welche Bedeutung hat das Thema Ernährung für dich?

Ich finde es superinteressant. Was es da alles zu entdecken gibt! Und dann die ganzen Studien. Wenn ich noch mal jung wäre, würde ich Ernährungswissenschaften studieren oder gleich Medizin oder noch besser: Erst mal eine Lehre als Köchin machen.

Stärke: Iris ist am Thema Ernährung sehr interessiert. Sie ist offen für alles Neue, experimentierfreudig und begeisterungsfähig.

Schwäche: Iris ist impulsiv, handelt und isst instinkt- und lustbetont und verhält sich entsprechend inkonsequent und sprunghaft. Kaum hat sie sich etwas vorgenommen, verwirft sie es auch schon wieder und macht dann genau das Gegenteil. Außerdem lässt sie sich leicht beeinflussen und begeistern. Das größte Problem ist ihr geringes Durchhaltevermögen. Das hat zur Folge, dass sie teilweise ziemlich ungesund isst. Da sie sich leicht beeinflussen lässt, weiß sie selbst nicht, was gut für sie ist und was ihr eher nicht bekommt.

Tipp: Liebe Iris, schalte mal einen Gang zurück. Bevor du dich auf den nächsten Trend stürzt, halte inne, und frage dich: Passt das zu mir, halte ich es durch, und ist es überhaupt sinnvoll? Du möchtest abnehmen und dich gesünder ernähren? Definiere auf dem Weg dahin realistische Teilziele, die du nach und nach erreichen kannst – du weißt ja, kleine Schritte führen zum Erfolg. Einen guten Anfang findest du im Kapitel »Dein Vorratsschrank wird clean«. Lerne, mehr auf deinen Körper zu hören, statt jeden neuen Ernährungstrend mitzumachen.

Was bringt ihr Clean Eating? Das Konzept kann etwas Ruhe in das Ernährungsverhalten von Iris bringen. Es fordert sie zwar heraus, weil es konsequentes Handeln verlangt. Jedoch sind die Regeln ziemlich einfach, und das Ganze ist auf keinen Fall dogmatisch. Auf lange Sicht wird Clean Eating Iris helfen, sich gesünder zu ernähren und nicht mehr auf jeden Zug aufzuspringen. Mit der Clean-Eating-Experience im zweiten Teil dieses Buches kann Iris sich neu sortieren und zu einer dauerhaft besseren Ernährungsform finden.

Typ 2: Die sensible Dauer-Diäterin

Constanze, 42, ist Teamleiterin in einem Medienunternehmen und beruflich sehr engagiert. Die ehemalige Leistungssportlerin ist extrem schlank und achtet auf ihr Äußeres. Constanze hat kürzlich ein aufrüttelndes Buch zum Thema Fleischkonsum gelesen und anschließend beschlossen, darauf zu verzichten. Bis dahin hat sie gern Fleisch gegessen, vor allem gegrilltes Geflügel. Aber jetzt ist Schluss damit, die Bedingungen der Massentierhaltungen findet sie einfach nicht akzeptabel. Constanze ist streng mit sich selbst, wenn sie sich etwas vorgenommen hat, zieht sie das auch durch. Sie nimmt das Thema Ernährung sehr genau, vor allem der Gesundheit und der Figur wegen. Sie isst sehr kontrolliert. Kochen ist nicht gerade ihre Leidenschaft, sie hat sich dennoch vorgenommen, mehr Zeit in die Zubereitung ihres Essens zu investieren.

Drei Fragen an Constanze

Was hast du heute zu Mittag gegessen?

Ich war mit einer Freundin beim Italiener um die Ecke. Ich habe die Penne mit Kirschtomaten und Hähnchenstreifen genommen, allerdings ohne das Huhn, weil ich kein Fleisch mehr essen möchte.

Wie ist dir das bekommen?

Ganz gut. Ich habe allerdings die Hälfte stehen lassen, weil es so viel war, und mir anschließend einen Cappuccino bestellt.

Welche Bedeutung hat das Thema Ernährung für dich?

Schwierig. Unglaublich, was die Leute alles in sich hineinschaufeln. Dabei weiß man heute doch genau, dass dieses ganze Fast Food ungesund ist. Und dann ständig diese Lebensmittelskandale. Ich weiß manchmal echt nicht, was ich noch essen soll.

Stärke: Constanze kennt sich gut aus und macht sich viele Gedanken zum Thema Ernährung. Sie zieht ihre Ziele konsequent durch und ist ehrlich zu sich selbst.

Schwäche: Constanze misstraut dem Essen. Es ist für sie belastet und problembeladen. Sie mäkelt an allem rum, äußert gern Sonderwünsche. Sie hat Schwierigkeiten, einfach zu genießen.

Tipp: Liebe Constanze, für dich kommt es darauf an, ein positives Verhältnis zum Essen zu entwickeln. Ein Anfang könnte darin bestehen, mit allen Sinnen zu genießen: riechen, fühlen, schmecken. Versuche, dich dem Thema Ernährung unverkrampft zu nähern – und schalte deinen Verstand für einen Moment ab. Sei ruhig mal ein bisschen nachsichtig mit dir. Du musst nicht perfekt sein. Jeder Mensch hat kleine Fehler, und es ist eine Stärke, diese Schwächen zu akzeptieren. Vielleicht sind unsere Clean-Living-Tipps in Teil zwei des Buches eine Hilfe für dich.

Was bringt ihr Clean Eating? Es kann Constanze Sicherheit in Bezug auf ihre Ernährung vermitteln und Ängste nehmen. Cleane Lebensmittel sind vertrauenswürdig. Häufiger selber einzukaufen und zu kochen hilft Constanze, ihre Skepsis zu überwinden. Mit Clean Eating kann sie den Spaß am Kochen und die Lust am Essen für sich entdecken.

Typ 3: Der unkomplizierte Allesesser

Peter, 30 Jahre, ist Webdesigner. In den letzten Jahren hat er ein paar zusätzliche Kilos angesammelt – kein Wunder, schließlich sitzt er täglich stundenlang vor dem Computer. Und am Abend fehlt ihm die Motivation, zum Sport zu gehen. Lieber bleibt er zuhause, schaut einen Film und lässt sich eine Pizza kommen. Peter versteht nicht, warum Ernährung ständig überall Thema ist.

Er kennt keine Probleme mit Unverträglichkeiten oder mit der Verdauung. Und mit diesen ganzen Ernährungstrends kann er auch nicht viel anfangen. Selbst die regelmäßig auftretenden Lebensmittelskandale lassen ihn ziemlich kalt – ist vermutlich alles maßlos übertrieben. Peter legt auch keinen besonderen Wert auf Abwechslung. Nudeln, Pizza und ein paar klassische Gerichte mit Fleisch – mehr muss es gar nicht sein. Kulinarischen Experimenten gegenüber ist Peter eher skeptisch. Deshalb probiert er auch nicht so gerne neue Restaurants aus – vor allem nicht diese teuren Läden mit den riesengroßen Tellern, auf denen man das Essen suchen muss.

Drei Fragen an Peter

Was hast du heute zu Mittag gegessen?

Das war in der Kantine, ich habe mich für Spaghetti bolognese entschieden. Und einen kleinen Salat dazu.

Wie ist dir das bekommen?

Prima.

Welche Bedeutung hat das Thema Ernährung für dich?

Essen gehört halt zum Leben. Hauptsache, es schmeckt, und man wird satt. Aber das ist in meiner Firma kein Problem. In unserer kleinen Kantine kann man sich nämlich Nachschlag holen.

Stärke: Peter geht ohne Vorurteile an das Thema Ernährung heran. Sein Verhältnis zum Essen ist eher unkompliziert und pragmatisch. Da er sich nicht besonders mit dem Thema auskennt, ist er entspannt und unvoreingenommen.

Schwäche: Peters Ernährungsstil ist nicht besonders gesund. Er neigt dazu, die Signale seines Körpers zu missachten, und hat eine Tendenz zur Maßlosigkeit. Peter ist eher unkritisch, was die Qualität der Speisen betrifft, und konsumiert regelmäßig Fast Food.

Tipp: Lieber Peter, sei bereit, etwas über gesunde Ernährung zu lernen! Versuche, Kontakt zu deinem Körper aufzunehmen, hineinzuspüren und zu erkennen, was dir guttut. Es verlangt zum Beispiel niemand von dir, dass du alles aufisst. Achte auf den Moment, an dem die Sättigung einsetzt, lege das Besteck aus der Hand, und warte einen Augenblick. Ist der Hunger vielleicht schon gestillt? Dann solltest du die Mahlzeit auch beenden. Gib dir einen Ruck, und probiere mal etwas Neues aus. Anregungen findest du im Kapitel »Clean Basics«.

Was bringt ihm Clean Eating? Mit Clean Eating kann Peter seinen Horizont erweitern und neue Lebensmittel kennenlernen. Es hilft ihm, sich gesünder zu ernähren und vom Fast Food wegzukommen. Mit cleanen Sportarten (siehe Kapitel »Clean Sports«) kann er zusätzlich sein Gewicht in den Griff kriegen.

Typ 4: Die diätgeplagte Frustesserin

Kerstin, 34, ist Sachbearbeiterin in einem Versicherungskonzern. Gut essen und trinken ist ein zentrales Thema in ihrem Leben. Wenn irgendwo ein neues Restaurant aufmacht, muss sie hin und sich eine Meinung bilden. Aber auch zuhause wird gern und aufwendig gekocht. Meist kauft sie dann viel zu viel ein – die Augen sind halt größer als der Magen. Kerstin leidet sehr unter ihrem Übergewicht. Mindestens einmal im Jahr probiert sie eine neue Diät aus. Zuletzt mit so einem Eiweißpulver aus der Werbung, das den Hunger stillen soll. Ein paar Wochen lang hat das auch funktioniert. Aber dann kam eine schwierige Phase mit Stress und Frust im Job, und sie konnte sich einfach nicht mehr beherrschen. Die fünf Kilo waren nach zwei Wochen wieder drauf.

Drei Fragen an Kerstin

Was hast du heute zu Mittag gegessen?

Ich war gestern Abend bei Freunden eingeladen. Die können super kochen. Entsprechend gut habe ich zugelangt und es ziemlich übertrieben. Deshalb hab ich heute Mittag nur einen grünen Salat gegessen. Doch nach einer Stunde war der Hunger so groß, dass ich zurück in die Kantine bin und mir ein Stückchen Torte genehmigt habe.

Wie ist dir das bekommen?

Gar nicht gut. Fühle mich total müde, obwohl ich schon die dritte Tasse Kaffee getrunken habe.

Welche Bedeutung hat das Thema Ernährung für dich?

Mein halbes Leben dreht sich um das Thema. Ich habe schon so viele Diäten ausprobiert. Zum Teil mit anfänglichem Erfolg. Aber über die Jahre hinweg habe ich dennoch ständig zugenommen.

Stärke: Kerstin weiß Qualität zu schätzen, ist sehr genießerisch und sinnenfreudig.

Schwäche: Kerstin hat Mühe, sich Grenzen zu setzen, und leidet unter dem dadurch entstandenen Übergewicht. Wird sie durch Stress oder belastende Erlebnisse aus dem Gleichgewicht gebracht, neigt sie dazu, diese negativen Gefühle durch Essen zu kompensieren, und verliert dann leicht die Kontrolle. In solchen Phasen läuft sie Gefahr, in einen Teufelskreis aus Frustration und Maßlosigkeit zu geraten.

Tipp: Liebe Kerstin, lerne, das richtige Maß zu finden. Wenn der Genuss zu sehr im Mittelpunkt steht, kann er Suchtcharakter annehmen. Versuche, die Befriedigung in einfachen, aber schmackhaften Zubereitungen zu entdecken und deine innere Mitte zu finden. Auf Dauer solltest du deine Ernährung langfristig umstellen. Versuche, Frust und Stress und Unzufriedenheit nicht mit Essen auszugleichen, sondern dich diesen Gefühlen zu stellen und sie auf andere Art zu bewältigen. Sorge dafür, dass du genug Zeit für dich selbst hast, versuche, Konflikte zu lösen, statt den Ärger runterzuschlucken.

Was bringt ihr Clean Eating? Die dreiwöchige Clean-Eating-Experience im zweiten Teil des Buches ist ein prima Einstieg in einen neuen Ernährungsstil – den Kerstin dann natürlich dauerhaft beibehalten sollte. Das Gute an dem Konzept ist die niedrige Schwelle, die es zu überwinden gilt. Auch wenn Kerstin sich nur zum Teil an die Clean-Eating-Regeln hält, kann sie davon profitieren. Kleine Sünden gefährden nicht das Ganze. Jede einzelne Mahlzeit, die cleaner ist, kann Kerstin als kleinen Erfolg verzeichnen. So kommt es nicht zu Frust und zum Hinwerfen des ganzen Versuchs, und Kerstin kann durch Clean Eating dauerhaft ihr Gewicht in den Griff bekommen. Ideal wäre es, wenn Kerstin sich begleitend für eine oder zwei der Clean-Sports-Varianten entscheiden würde.

Zusatzstoffe – nein danke!

Wer sich die Mühe macht, das Kleingedruckte auf den Verpackungen von Lebensmitteln zu lesen, gewinnt den Eindruck, dass unsere Nahrung direkt aus dem Chemielabor kommt. Besonders in Fertiggerichten, aber auch bei Chips und Süßigkeiten wimmelt es nur so von Zusatzstoffen, deren Funktion und Wirkung für Laien weitgehend im Dunkeln bleiben.

Also: Was kann in unserem Essen alles drin sein, und was muss ich darüber wissen? Die erste Wahl bei der Ernährung nach dem Clean-Eating-Prinzip sind Lebensmittel in ihrem natürlichen Zustand. Zum Beispiel frisch geerntete Früchte und Gemüse – so wie sie die Natur hervorgebracht hat. Denn sobald wir es mit Zubereitungen zu tun haben, in denen verschiedene Ausgangsstoffe zu einem fertigen Produkt verarbeitet wurden, ist es besser, genauer hinzuschauen. Was genau ist drin? Welche Stoffe wurden zugesetzt, um es haltbar, optisch attraktiv und besonders aromatisch zu machen oder ihm eine spezielle Konsistenz zu geben? Hier beantworten wir die wichtigsten Fragen zum Thema Zusatzstoffe.

Was ist das eigentlich – ein Zusatzstoff?

Die EU-Lebensmittelinformationsverordnung (LMIV) vom 13. Dezember 2014 regelt die Kennzeichnung von Lebensmitteln. Darin wird auch der wichtige Bereich der Lebensmittelzusatzstoffe behandelt. Wir haben uns das Gesetzeswerk genau angeschaut. Was ist ein Lebensmittelzusatzstoff? Definition nach Artikel 3 der europäischen Verordnung Nr. 1333/2008: Ein Lebensmittelzusatzstoff ist »ein Stoff mit oder ohne Nährwert, der in der Regel weder selbst als Lebensmittel verzehrt noch als charakteristische Lebensmittelzutat verwendet wird und einem Lebensmittel aus technologischen Gründen bei der Herstellung, Verarbeitung, Zubereitung, Behandlung, Verpackung, Beförderung oder Lagerung zugesetzt wird, wodurch er selbst oder seine Nebenprodukte mittelbar oder unmittelbar zu einem Bestandteil des Lebensmittels werden oder werden können«. Das klingt zunächst einmal sehr fachlich, aber zwischen den Zeilen kann man lesen, dass diese Stoffe zugesetzt werden, um den Herstellungsprozess zu vereinfachen, einen bestimmten gewünschten Effekt zu erzielen oder die Haltbarkeit zu verbessern. Alles Ziele, die nicht in erster Linie uns Essern dienen, sondern eher den Herstellern und Verkäufern von Lebensmitteln. Das sollte uns prinzipiell skeptisch machen.

Wozu werden Zusatzstoffe benötigt und eingesetzt?

Lebensmittelzusatzstoffe werden je nach Einsatzgebiet in die folgenden Funktionsklassen gegliedert:

Antioxidationsmittel schützen vor Oxidation (also Reaktion mit Sauerstoff = Verderb), damit Farbe und Geschmack länger erhalten bleiben und das Lebensmittel länger verzehrt werden kann.

Backtriebmittel sorgen dafür, dass Teige beim Backen aufgehen und so an Volumen gewinnen. Hefen und Sauerteige gehören nicht zu den Zusatzstoffen, sondern werden als Zutat aufgeführt.

Emulgatoren sorgen für eine gleichmäßige Vermischung von Wasser und Fetten bzw. Ölen.

Farbstoffe sind sowohl als natürliche als auch als künstliche Variante zugelassen. Oft werden Gewürze oder Lebensmittel eingesetzt, die selbst stark färbend sind. Solche färbenden Lebensmittel müssen nicht als Farbstoff gekennzeichnet werden, sie sind in der Zutatenliste aufgeführt.

Festigungsmittel sorgen für eine höhere und länger anhaltende Festigkeit zum Beispiel von frischem Obst, das in Spalten aufgeschnitten im Supermarkt angeboten wird.

Feuchthaltemittel verhindern das Austrocknen von Nahrungsmitteln. Werden häufig Backwaren und Süßigkeiten zugesetzt, um das Auskristallisieren von Zucker zu verhindern.

Füllstoffe täuschen ein größeres Volumen vor, ohne nennenswert zum Energiegehalt beizutragen. Werden daher gern in kalorienreduzierten Produkten eingesetzt.

Geliermittel geben wasserhaltigen Produkten Form und Stabilität, ohne den Energiegehalt zu erhöhen. Werden daher gern in kalorienreduzierten Produkten eingesetzt.

Geschmacksverstärker intensivieren selbst schwache Aromen sowohl süßer als auch pikanter Natur. Sie erlauben Herstellern so den sparsamen Einsatz hochwertiger Zutaten.

Komplexbildner werden meist in Kombination mit Konservierungsstoffen eingesetzt, um die Haltbarkeit von Nahrungsmitteln, die reich an ungesättigten (schnell verderblichen) Fettsäuren sind, zu verbessern.

Konservierungsstoffe schützen Nahrungsmittel vor dem Verderb durch Mikroorganismen wie Bakterien und Schimmelpilze. Um so viele Keime wie möglich abzutöten, wird häufig eine Kombination verschiedener Stoffe eingesetzt. Essig, Zucker und Salz wirken ebenfalls antimikrobiell. Sie gelten jedoch nicht als Zusatzstoffe, sondern werden als gewöhnliche Zutaten genannt.

Mehlbehandlungsmittel werden eingesetzt, um Teige besser knet- und formbar zu machen und beim Backen eine gleichmäßige Porenbildung zu erreichen.

Modifizierte Stärke, also Stärke in chemisch modifizierter Form (mit Hilfe von Säuren oder Laugen), wird zum Andicken und Binden eingesetzt. Im Gegensatz zu natürlicher Stärke (zum Beispiel aus Getreide und Kartoffeln) bleiben diese Eigenschaften bei der modifizierten Form auch bei großer Hitze oder Kälte erhalten.

Packgas verhindert in gasdichten Verpackungen, zum Beispiel bei abgepacktem Frischfleisch, dass die Ware mit Sauerstoff in Verbindung kommt und so schneller verdirbt. Häufig wird Kohlendioxid eingesetzt. Vermittelt optisch trotz langer Lagerung noch einen frischen Eindruck.

Säuerungsmittel erzeugen einen säuerlichen Geschmack und erhöhen gleichzeitig die Haltbarkeit von Nahrungsmitteln, da Säure das Wachstum vieler Mikroorganismen hemmt.

Säureregulatoren helfen den Säuregrad in bestimmten Nahrungsmitteln länger konstant zu halten und unterstützen so die Wirkung von Konservierungsstoffen, die häufig nur bei bestimmten pH-Werten optimal wirken.

Schaummittel sorgen dafür, dass zum Beispiel Schaumcremes aus Sahne oder Pudding über einen längeren Zeitraum stabil bleiben und ihren Geschmack behalten.

Schaumverhüter verhindern unerwünschte Schaumbildung, der zum Beispiel beim Kochen von Konfitüren oder beim Abfüllen schäumender Nahrungsmittel entsteht.

Schmelzsalze werden zur Produktion von Schmelzkäse aus verschiedenen, zerkleinerten Käsesorten und weiteren Zutaten hergestellt und sorgen für eine homogene Käsemasse.

Stabilisatoren sorgen bei einer riesigen Zahl von Lebensmitteln dafür, dass Farbe, Struktur, Aroma und Konsistenz über einen langen Zeitraum erhalten bleiben. Dazu gehören Shakes, Suppen, Soßen, Süßigkeiten, Brot und Aufstriche.

Süßungsmittel sind alle Stoffe, die ein Lebensmittel süß machen. Dazu gehören Zucker und Zuckerarten sowie Süßstoffe und

Zuckeraustauschstoffe. Süßstoffe besitzen eine um ein Vielfaches höhere Süßkraft als Zucker und sind in der Regel kalorienfrei oder nahezu kalorienfrei. Zuckeraustauschstoffe entsprechen in etwa dem Zucker in ihrer Süßkraft, haben aber weniger Kalorien.

Trägerstoffe sorgen für eine gleichmäßige Verteilung anderer Zusatzstoffe wie Aromen, Farbstoffe oder Vitamine. Da sie im Endprodukt keine Wirkung entfalten, gelten sie als technische Hilfsstoffe und müssen in der Zutatenliste nicht gekennzeichnet werden.

Treibgas sorgt zum Beispiel dafür, dass Sahne fix und fertig aus einer Dose gesprüht werden kann.

Trennmittel sorgen dafür, dass zum Beispiel Salz und Puderzucker über längere Zeit streufähig bleiben oder dass Gummibärchen nicht zu einem Block zusammenkleben.

Überzugsmittel halten die Feuchtigkeit zum Beispiel in Käse, Würsten oder Orangen und schützen zusätzlich gegen den Verlust von Aroma und Qualität. Die Wachse und Harze werden durch Sprühen oder Eintauchen auf die Lebensmittel aufgebracht.

Nicht alle Überzugsmittel sind zum Verzehr geeignet. Dann muss auf der Verpackung ein entsprechender Hinweis vorhanden sein.

Verdickungsmittel ist lediglich ein Überbegriff für die bereits behandelten Zusatzstoffe »modifizierte Stärke« und »Geliermittel«. Verdickungsmittel machen Suppen, Soßen und Desserts dickflüssig. Sie werden häufig in kalorienreduzierten Produkten eingesetzt.

Wie sicher sind unsere Zusatzstoffe?

Jeder Lebensmittelzusatzstoff, der bei der Herstellung eines Nahrungsmittels eingesetzt werden soll, muss eine Zulassung durch die Europäische Behörde für Lebensmittelsicherheit (EFSA) erhalten. Im Rahmen dieses Prozesses muss der Antragsteller nachweisen, dass der Zusatzstoff

- technologisch notwendig ist,
- gesundheitlich unbedenklich ist und
- den Verbraucher nicht täuscht.

Die gesundheitliche Unbedenklichkeit wird durch Fütterungsversuche an Tieren geprüft. Dabei geht es darum, die Dosis zu ermitteln, bei der auch nach langfristiger Fütterung keine negativen Folgen für die Gesundheit der Tiere eintreten. Aus Sicherheitsgründen wird der so ermittelte Wert dann durch 100 geteilt. Für Menschen ist also nur 1 Prozent der Menge zugelassen, die im Tierversuch ungefährlich war. Die so ermittelte Menge wird als ADI-Wert bezeichnet. ADI steht für »acceptable daily intake«, also die akzeptable tägliche Aufnahme.

Kritiker merken an, dass bei einseitiger Ernährung der ADI-Wert für bestimmte Stoffe schnell überschritten werden kann. Ein berechtigter Einwand, wenn man bedenkt, dass wir aus Gewohnheit und Bequemlichkeit oft über Jahrzehnte regelmäßig bestimmte Produkte konsumieren. Hinzu kommt, dass mögliche Wechselwirkungen verschiedener Zusatzstoffe im menschlichen Organismus bei der Zulassungsprüfung nicht untersucht werden. Wir finden, man sollte darüber hinaus bedenken, dass jeder neu zugelassene Lebensmittelzusatzstoff umfangreiche Tierversuche nach sich zieht.

Wie ist es mit der Allergiegefahr?

Allergiker müssen beim Einkauf besonders auf die genaue Zusammensetzung der Lebensmittel achten. Dabei hilft die so genannte Allergen-Kennzeichnungspflicht, bei der die Zutaten, die zu den häufigsten Allergenen gehören, auf der Packung genannt werden müssen. Etwa 90 Prozent aller allergischen Reaktionen und Lebensmittelunverträglichkeiten gehen auf die folgenden 14 Zutaten zurück. Zur besseren Erkennbarkeit müssen sie auf der Lebensmittelverpackung durch Fettdruck hervorgehoben werden.

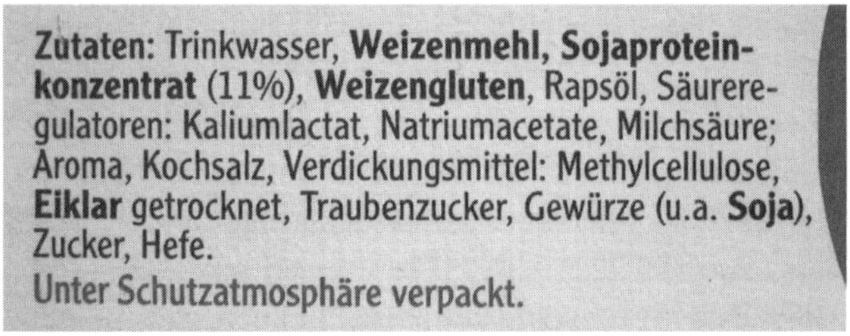

Zutatenliste eines vegetarischen Fleischersatzes

- **Eier**
- **Erdnüsse**
- **Fisch**
- **Glutenhaltiges Getreide** (Weizen, Roggen, Gerste, Hafer, Dinkel, Kamut oder Hybridstämme davon)
- **Krebstiere**
- **Lupinen**
- **Milch und Milchprodukte** (einschließlich Laktose)
- **Schalenfrüchte** (Mandel, Haselnuss, Walnuss, Cashew, Pekannuss, Paranuss, Pistazie, Macadamianuss und Queenslandnuss)
- **Schwefeldioxid und Sulfite** in einer Konzentration von mehr als 10 mg/kg oder 10 mg/l
- **Sellerie**
- **Senf**
- **Sesamsamen**

- **Soja**
- **Weichtiere** (z. B. Muscheln)

Wie erkenne ich Gentechnik in Lebensmitteln?

Lebensmittel, die gentechnisch veränderte Zutaten enthalten, unterliegen in der Europäischen Union einer Kennzeichnungspflicht. Eine sinnvolle Regelung, schließlich lehnt die Mehrzahl der Verbraucher Gentechnik in der Nahrung ab. Die entsprechenden Zutaten müssen in der Zutatenliste deklariert werden. Doch die Sache hat einen Haken: Milch oder Fleisch von Tieren, die gentechnisch verändertes Futter bekommen haben, müssen nicht gekennzeichnet werden. Das gleiche Prinzip gilt für Zusatzstoffe, Enzyme, Vitamine und Aromen, die mit Hilfe von gentechnisch veränderten Mikroorganismen hergestellt wurden: Sie müssen ebenfalls nicht deklariert werden. Wer auch diesen Umweg ausschließen will, über den Gentechnik in die Nahrung gelangt, sollte auf das Siegel »Ohne Gentechnik« achten.

Das seit 2009 existierende Logo weist Lebensmittel aus, deren Herstellung ohne den Einsatz von Gentechnik erfolgt. Nicht erlaubt sind dann Zutaten aus gentechnisch veränderten Pflanzen und Zusatzstoffe, Vitamine, Aminosäuren, Aromen oder Enzyme, die mit Hilfe von gentechnisch veränderten Mikroorganismen hergestellt werden. Für Lebensmittel tierischen Ursprungs wie Milch, Eier und Fleisch gelten Sonderregelungen: Die Tiere müssen gentechnikfrei gefüttert werden bzw. einen bestimmten Zeitraum vor der Schlachtung gentechnikfrei gefüttert werden. Lediglich Futtermittelzusätze und Medikamente, die mit Hilfe gentechnisch veränderter Mikroorganismen hergestellt wurden, sind erlaubt.

Was ist mit Produkten für Kinder?

Kinder lieben Süßigkeiten. Je bunter, desto besser. Außerdem im Trend bei Kinderprodukten: intensive Aromen, eine weiche, schaumige Konsistenz und ein extrem süßer Geschmack. Der Haken an der Sache: Hier tobt sich die Lebensmittelchemie so richtig aus. Künstliche Aromen und Farbstoffe, Stabilisatoren und Säuerungsmittel werden zu immer gewagteren Kombinationen vermengt, die mit Lebensmitteln nichts mehr zu tun haben und gerade für junge Menschen vollkommen ungeeignet sind. Kinder befinden sich noch im Wachstum, durch ihr geringes Gewicht entfalten Zusatzstoffe eine stärkere Wirkung in ihrem Organismus. Außerdem führen die künstlichen Aromen zu einer verfremdeten Wahrnehmung, die natürliche, gesunde Früchte wie Kirschen, Erdbeeren und Äpfel »alt« aussehen lassen.

Tipp: Einige Hersteller setzen bei den farb- und aromagebenden Zusätzen inzwischen auf Frucht- und Pflanzenkonzentrate und kennzeichnen ihre Produkte entsprechend.

Sind Süßstoffe eine sinnvolle Alternative?

Zu viel Zucker ist ungesund, das haben uns Mediziner und Ernährungswissenschaftler immer wieder erklärt. Denn der übermäßige Konsum führt bekanntermaßen zu Übergewicht, fördert Karies, Diabetes, Bluthochdruck und Herz-Kreislauf-Erkrankungen. Das stetige Warnen führte zum Erfolg: Der Zuckerkonsum ist seit Jahren rückläufig, allerdings zugunsten von künstlichen Süßstoffen, die vor allem eines versprechen: eine deutliche Kalorienersparnis und dadurch Schutz vor Übergewicht. Entsprechende Kampagnen der Industrie hatten Erfolg, der Verzehr von kalorienreduzierten Produkten wie Lightgetränken steigt stetig an. Doch der darin enthaltene Zuckerersatz hat einer aktuellen Studie zufolge negative Auswirkungen auf unsere Gesundheit. Aspartam, Saccharin und Co. haben offenbar einen unerwünschten Effekt. Israelische Wissenschaftler vom Weizmann Institute of Science in Rehovot konnten kürzlich belegen, dass Süßstoffe die Darmflora verändern, den Blutzuckerspiegel anheben und so Diabetes fördern – nicht gerade das, was uns Konsumenten versprochen wurde.

Tipp: Süßmittel grundsätzlich sparsam einsetzen. Natürliche Quellen wie Agavendicksaft, Honig oder Ahornsirup zum Süßen verwenden.

Und was ist mit der Verpackung?

Nicht nur das Lebensmittel selbst kann problematische Stoffe beinhalten. Sie können auch über die Verpackung im Lebensmittel landen. Beispiel PET-Flasche: Sie besteht aus Polyethylenterephthalat. Das macht sie leicht und unzerbrechlich, zwei entscheidende Vorteile gegenüber der Glasflasche, die – isoliert betrachtet – sogar der Umwelt zugutekommen, denn das deutlich geringere Gewicht spart Treibstoff beim Transport. Doch die weit verbreiteten Behältnisse aus thermoplastischem Kunststoff haben gegenüber Glas einen entscheidenden Nachteil: Es können keine heißen Flüssigkeiten eingefüllt werden, das Material würde schmelzen. Die Folge: Softdrinks und Saftschorlen, die einen großen Anteil unseres Getränkevolumens ausmachen, müssen ohne Erhitzung entkeimt werden. Doch die Industrie fand eine Lösung: Bei der so genannten Kaltentkeimung wird ein Zusatzstoff mit dem chemischen Namen Dimethyldicarbonat (E 242) eingesetzt. Diese farblose, leicht stechend riechende Flüssigkeit muss von Lebensmitteln getrennt gelagert werden, da sie ätzend, leicht entflammbar und giftig ist. Dennoch ist Dimethyldicarbonat als deklarationsfreies Kaltentkeimungsmittel zugelassen, da es im Wasser innerhalb kürzester Zeit zerfällt und nach dem Öffnen der PET-Flaschen nicht mehr nachweisbar ist – auch wenn keine unmittelbare Gefahr besteht, ein ungutes Gefühl bleibt.

Ein weiteres Problem bei PET-Flaschen ist, dass sie eine hormonähnliche Wirkung entfalten können, wie Forscher der Frankfurter Universität in einem Experiment mit Schnecken herausgefunden haben. Sie ließen die Weichtiere acht Wochen lang in Glas- bzw. PET-Flaschen leben, die mit Wasser gleicher Herkunft gefüllt waren. Anschließend zählten die Forscher die Nachkommen in den Bruttaschen der Tiere. Es zeigte sich, dass die Schnecken aus den PET-Flaschen eine deutlich höhere Reproduktionsrate hatten, was für eine hormonelle Belastung der Umgebung spricht. Die Experten schlossen daraus, dass entsprechende Substanzen aus der Verpackung in das Wasser übergegangen sein mussten.

An der Universität Würzburg erforscht Prof. Gilbert Schönfelder den Einfluss von Chemikalien mit hormonähnlicher Wirkung. Mögliche Folgen sind nach Angaben des Experten unter anderem Veränderungen der Spermienqualität (bis hin zur Unfruchtbarkeit), Vergrößerung der Prostata, ein gehäuftes Auftreten von Diabetes oder Fettstoffwechselstörungen. Zu der Belastung kommt es, da PET-Flaschen nur augenscheinlich dicht sind. Tatsächlich ist der Kunststoff porös, Kohlensäure kann entweichen. Dabei können unerwünschte Substanzen gelöst werden und ins Wasser gelangen.

Tipp: Auf Glasflaschen umstellen. Wenn PET zum Einsatz kommt, zum Beispiel während einer längeren Autofahrt, dann

Flaschen kühl und dunkel lagern und zügig verbrauchen. Besser nicht für längere Zeit dem Sonnenlicht aussetzen, denn durch Hitze und UV-Strahlung würden sich noch mehr Stoffe aus dem Kunststoff lösen.

Sind »natürliche« Aromen gut?

Was bedeutet die Aufschrift »mit Vanillearoma« oder »Aroma (Vanille)«? Im Prinzip das Gleiche. In beiden Fällen handelt es sich jedoch nicht um natürliches Aroma. Denn wenn ergänzend zur Angabe »Aroma« eine Frucht oder ein anderes Lebensmittel genannt wird, so sagt das lediglich aus, wonach das Aroma schmeckt und riecht – nicht, woraus es besteht! Es kann also vollständig synthetischen Ursprungs sein.

Auch die Bezeichnung »natürliches Aroma (Vanille)« bringt uns der Vanilleschote nicht näher, denn »natürlich« heißt nur, dass der Ursprung pflanzlicher oder tierischer Art sein muss. Das können aber beispielsweise auch Sägespäne, Schimmelpilze oder Schlachtabfälle sein, die biotechnologisch aufbereitet werden. Im Fall der Vanille kann es sich zum Beispiel um Erdöl, Pfeffer oder Reiskleie handeln. Nur bei der Bezeichnung »natürliches Vanillearoma« müssen mindestens 95 Prozent des Aromas aus der Vanilleschote stammen. Leider öffnen die verbleibenden 5 Prozent auch hier die Tür zu den Labors der Lebensmittelchemiker. So können minderwertige Ausgangsprodukte mit Hilfe der gewaltigen Intensität künstlich erzeugter Aromen leicht aufgepeppt werden.

Tipp: Nur wenn auf der Zutatenliste »echte Vanille« oder »Bourbon-Vanille« auftaucht und nicht (»natürliches«) Vanillearoma, ist wirklich echte Vanille der Geschmacksgeber.

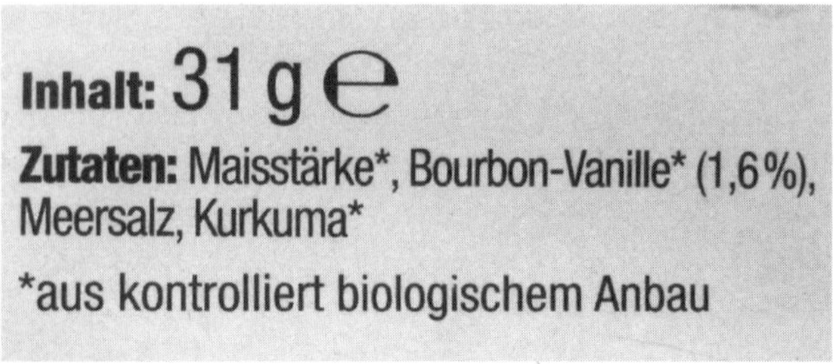

Zutatenliste einer Vanillesoße

Wie gewährleisten Markenprodukte einen gleichbleibenden Geschmack?

Markenprodukte, zum Beispiel bei Artikeln wie Tiefkühlpizzen, Dosensuppen, Schokoriegeln, Fruchtjoghurts oder Kartoffelchips, könnte es ohne die Hilfe von Aromastoffen gar nicht geben. Denn erst ihre charakteristische Kombination sorgt für den wiedererkennbaren, gleichbleibenden Geschmack und Geruch dieser industriell erzeugten Nahrungsmittel. Etwa 2.100 Aromastoffe sind EU-weit zum Einsatz in Lebensmitteln erlaubt. Und weil der Kunde »natürliche« Aromastoffe bevorzugt, werden viele davon heute mit Hilfe von Bakterien und Schimmelpilzen erzeugt. Doch erst eine Mixtur aus zahlreichen dieser Bestandteile ergibt zum Beispiel Erdbeeraroma. Das kann zum Beispiel dazu führen, dass Kinder den echten Erdbeergeschmack gar nicht mehr mögen, weil sie vollständig an den von der Lebensmittelindustrie definierten gewöhnt sind.

Wie entschlüssele ich die Zutatenliste?

Nach der Lebensmittel-Kennzeichnungsverordnung müssen Fertigpackungen ein Verzeichnis der im Produkt verarbeiteten Zutaten aufweisen. Die Reihenfolge der aufgeführten Zutaten gibt Aufschluss über die Rezeptur. Die Inhaltsstoffe sind nämlich nicht alphabetisch angeordnet, sondern ihrem Gewichtsanteil entsprechend.

Bei Zutaten, die im Namen des Nahrungsmittels hervorgehoben werden (z. B. »mit echter Vanille«), muss hinter der jeweiligen Zutat zusätzlich der Anteil in Gewichtsprozent an der Gesamtmasse aufgeführt werden, zum Beispiel »echte Vanille (4 %)«. Diese Besonderheit geht auf die so genannte QUID-Regel zurück (siehe unten). Zusatzstoffe wie Farbstoffe, Konservierungsmittel, Emulgatoren usw. können durch ihre Kürzel, die so genannten E-Nummern, aufgelistet werden. Aber: Für Gewürz- und Kräutermischungen unter 2 Prozent müssen Zutaten nicht angegeben werden – ein weiteres Schlupfloch, durch das Zusatzstoffe wie Konservierungsmittel oder Farbstoffe in die Nahrung gelangen können. Ausnahme von der Ausnahme: Allergieauslösende Stoffe wie Erdnüsse müssen auf jeden Fall genannt werden. Auch wenn diese lediglich in Spuren vorhanden sein könnten. Fettgedruckte Inhaltsstoffe weisen auf potenziell allergieauslösende Zutaten hin (siehe »Allergen-Kennzeichnungspflicht«).

Nehmen wir mal das Beispiel »Brot« und schauen uns die Zutatenliste von abgepacktem Brot genauer an. Für Brot sind allein an die 200 Zusatzstoffe zugelassen. Neben verschiedenen Getreidearten, Sauerteig und Salz finden sich häufig Zutaten, deren Funktionen für Laien undurchsichtig bleiben, wie das folgende Beispiel zeigt. Es handelt sich um die Zutatenliste eines abgepackten, geschnittenen Mehrkornbrotes der Harry Brot GmbH. Darin werden aufgeführt: Weizenmehl, Wasser, Natursauerteig (Wasser, Roggenvollkornmehl, Roggenmehl), Roggenmehl, Gerstenflocken (4,3 %), Leinsamen (4,3 %), Sonnenblumenkerne (3,5 %), Haferflocken, Salz, Hefe, Invertzuckersirup, Emulgator Mono- und Diglyceride von Speisefettsäuren, Verdickungsmittel Guarkernmehl, Säureregulator Natriumdiacetat.

Doch es geht auch anders. Das abgepackte Mehrkornbrot der Firma Lieken Urkorn beinhaltet: Natursauerteig (Wasser, Roggenmehl), Weizenmehl, Wasser, Roggenmehl, Roggenkörner, Haferflocken, Sonnenblumenkerne, Leinsamen, Salz, Hefe. Der Vergleich lohnt sich also! Denn es funktioniert auch ohne Zusatzstoffe.

Übrigens: Enzyme, die den Teig besser aufgehen lassen und die Kruste knuspriger machen, müssen im fertigen Brot nicht deklariert werden, da sie im Endprodukt keine Wirkung mehr haben. Wer sichergehen will, dass in seinem Brot keine Enzyme eingesetzt wurden, sollte Bioware kaufen! Die ökologischen Bäcker verzichten außerdem auf Proteasen, die den Teig elastischer machen, synthetische Ascorbinsäure, die die Backeigenschaften von Weizen verbessert, Phosphate und Glyceride für eine schönere Krume und Konservierungsstoffe wie Kaliumsorbat.

Warum steht eigentlich bei manchen Zutaten eine Prozentzahl, bei anderen nicht? Dahinter steht die so genannte QUID-Regel. QUID steht für Quantitative Ingredients Declaration (Deutsch: Mengenkennzeichnung von Lebensmitteln). Nach der Lebensmittel-Kennzeichnungsverordnung (§ 8 LMKV) muss die Menge einer Zutat auf der Verpackung in Gewichtsprozent angegeben werden, wenn

- die Zutat in der Verkehrsbezeichnung genannt wird (z. B. **Erdbeer**quark, **Butter**kekse, Ravioli mit **Fleisch**füllung),
- die betreffende Zutat von wesentlicher Bedeutung für die Charakterisierung eines Lebensmittels ist (z. B. bei Edelmarzipan: Mengenanteil von **Mandeln**),

– die Zutat auf dem Etikett durch Worte, Bilder oder graphische Darstellungen hervorgehoben ist (so genannte wertgebende Bestandteile, z. B. »Grünkohl **mit Rauchspeck** verfeinert« oder ein Foto auf der Verpackung, das z. B. Erdbeeren zeigt).

Mit Hilfe der QUID-Regel soll der Kunde in die Lage versetzt werden, die Qualität von Lebensmitteln besser zu vergleichen.

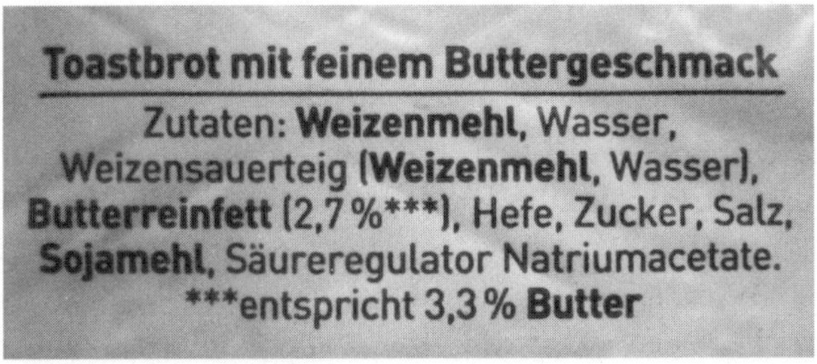

Gibt es sonst noch etwas, das man wissen sollte?

Das Lebensmittelrecht hat sich in den letzten Jahren zugunsten der Konsumenten verbessert. Dennoch bietet die Lebensmittelinformationsverordnung weiterhin Lücken, die eine regelrechte Verschleierung einiger Zusätze ermöglicht. Dies trifft insbesondere auf Aromen, Enzyme und Nanoteilchen zu, denn sie müssen zum Teil gar nicht deklariert werden.

Trojanisches Pferd Aromen: Lebensmittelrechtlich betrachtet zählen Aromen nicht zu den Zusatzstoffen. Die Konsequenz: In Aromen enthaltene Zusatzstoffe, die eigentlich deklariert werden müssten, bleiben für die Verbraucher im Dunkeln. Über dieses Trojanische Pferd gelangen Lösungsmittel, Streckmittel, Antioxidantien und Konservierungsmittel unentdeckt in unsere

Nahrung. Nach der neuesten EU-Verordnung wird nicht mehr zwischen natürlichen, naturidentischen und künstlichen Aromastoffen unterschieden. Der Begriff »Aroma« auf der Zutatenliste reicht aus und sollte jedem Kunden verdächtig erscheinen, denn nur wenn »ohne Zusatz von Aromen« draufsteht, stammt der Geschmack tatsächlich von den aufgeführten Zutaten.

Alleskönner Enzyme: Enzyme sind die Alleskönner unter den Lebensmittelzusatzstoffen. Sie modifizieren Stärke, optimieren Fette und Eiweiße, geben Cremes und Schäumen Stabilität oder verkleben tierische Fasern zu Formfleisch. Enzyme steuern Reifeprozesse, machen die Milch für die Käseherstellung dick und klären Apfelsäfte. Sie werden häufig unter Anwendung von gentechnisch veränderten Schimmelpilzen und Bakterien hergestellt. Auf der Zutatenliste tauchen sie nicht auf, da sie laut Hersteller beim Erhitzen inaktiv werden. Das stimmt jedoch nicht immer, da auch hitzebeständige Enzyme eingesetzt werden.

Winzig kleine Nanoteilchen: Sie sind nur einen millionstel Millimeter groß und lassen selbst winzige Bakterien vergleichsweise riesig aussehen. Diese Eigenschaft eröffnet der Lebensmittelchemie ganz neue Dimensionen, denn Nanoteilchen reagieren chemisch und physikalisch oft deutlich stärker als größere Strukturen derselben Substanzen. Das Problem: Die Wissenschaftler wissen noch viel zu wenig darüber, wie derart kleine Teilchen in unserem Organismus wirken. Sicher ist bisher nur, dass diese Partikel natürliche Schutzbarrieren wie die Blut-Hirn-Schranke oder die Plazenta durchdringen. Was dann passiert, weiß niemand. Zu Recht warnt das Bundesinstitut für Risikobewertung (BfR) daher vor Nanoprodukten, bis man mögliche Gefahren besser erforscht hat. Die Umweltschutzorganisation BUND fordert eine Kennzeichnungspflicht. Derzeit werden Nanoteilchen zum Beispiel in Ketchup zum Andicken eingesetzt und als Beschichtung in PET-Flaschen.

Was ändert sich in Zukunft?

Ab dem 15. Dezember 2016 müssen europaweit sämtliche Nahrungsmittel, also auch lose Ware, mit einer Nährwertinformation versehen werden (Verordnung [EU] Nr. 1169/2011). Unter der so genannten Nährwertkennzeichnung versteht man die Angabe des durchschnittlichen Nährwerts eines Lebensmittels auf Basis der »Big-Seven-Regel«. Sie muss der Übersichtlichkeit halber grundsätzlich in Tabellenform dargestellt werden und folgende Big-Seven-Nährwerte aufweisen:

- Brennwert/Energiegehalt
- Fett
- Gesättigte Fettsäuren
- Kohlenhydrate
- Zucker
- Eiweiß
- Salz

Alle Angaben müssen sich auf 100 Gramm oder 100 Milliliter eines Lebensmittels beziehen.

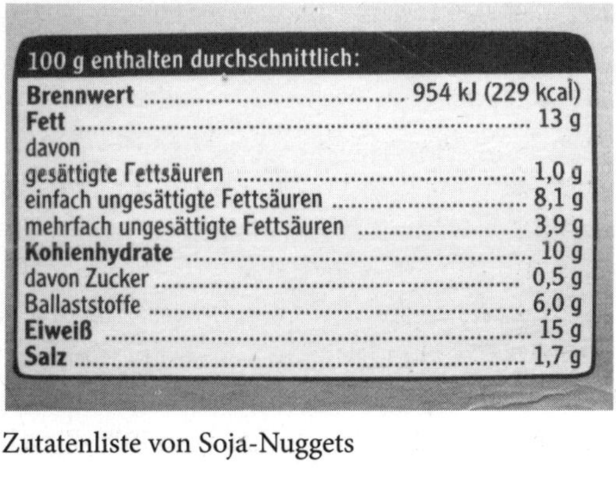

100 g enthalten durchschnittlich:	
Brennwert	954 kJ (229 kcal)
Fett	13 g
davon	
gesättigte Fettsäuren	1,0 g
einfach ungesättigte Fettsäuren	8,1 g
mehrfach ungesättigte Fettsäuren	3,9 g
Kohlenhydrate	10 g
davon Zucker	0,5 g
Ballaststoffe	6,0 g
Eiweiß	15 g
Salz	1,7 g

Zutatenliste von Soja-Nuggets

Informationen zu Vitaminen und Mineralstoffen dürfen nur erfolgen, wenn diese in bestimmten Mengen enthalten sind, nämlich mindestens 15 Prozent der empfohlenen Tageszufuhr. Zusätzlich muss der prozentuale Anteil der Vitamine und Mineralstoffe an der empfohlenen Tageszufuhr angegeben werden.

Zusätzlich dürfen auch bei den Big Seven die prozentualen Anteile von Energie und Nährstoffen an Referenzmengen dargestellt werden.

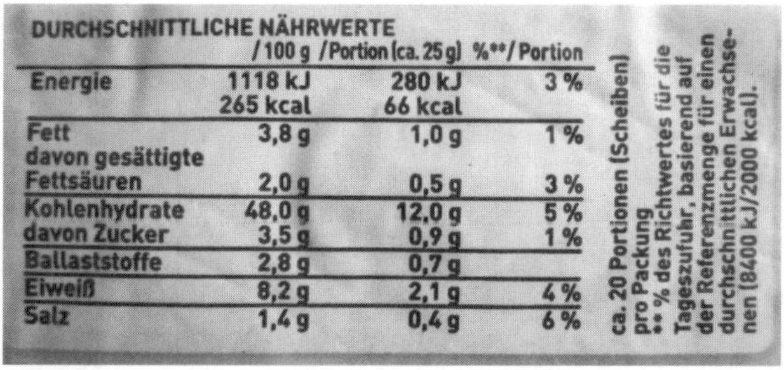

DURCHSCHNITTLICHE NÄHRWERTE

	/100 g	/Portion (ca. 25 g)	%**/Portion
Energie	1118 kJ 265 kcal	280 kJ 66 kcal	3 %
Fett	3,8 g	1,0 g	1 %
davon gesättigte Fettsäuren	2,0 g	0,5 g	3 %
Kohlenhydrate	48,0 g	12,0 g	5 %
davon Zucker	3,5 g	0,9 g	1 %
Ballaststoffe	2,8 g	0,7 g	
Eiweiß	8,2 g	2,1 g	4 %
Salz	1,4 g	0,4 g	6 %

ca. 20 Portionen (Scheiben) pro Packung

** % des Richtwertes für die Tageszufuhr, basierend auf der Referenzmenge für einen durchschnittlichen Erwachsenen (8400 kJ/2000 kcal).

Dann ist die Erklärung »Referenzmenge für einen durchschnittlichen Erwachsenen (8.400 kJ/2.000 kcal)« zu ergänzen. Man findet all diese Angaben schon heute auf den meisten Packungen, da die Hersteller der neuen Gesetzesvorgabe bereits freiwillig nachkommen.

ZEHN GRÜNDE, WARUM ES SICH LOHNT, WENIGER ZUSATZSTOFFE ZU ESSEN

1. Sie entfremden uns vom ursprünglichen Geschmack und der natürlichen Beschaffenheit gesunder Nahrung.
2. Sie dienen nicht uns Konsumenten, sondern den großen Herstellern von Lebensmitteln zur technischen Verbesserung der Produkte oder zum Ausmerzen von Schwächen, zum Beispiel im Geschmack oder in der Haltbarkeit.
3. Sie können Allergien und Unverträglichkeiten auslösen.
4. Sie sind wahrscheinlich mitverantwortlich für Übergewicht und dessen Folgekrankheiten.
5. Sie sind zum Teil nicht ausreichend erforscht, oder es fehlt an unabhängiger Forschung.
6. Niemand hat je die Akkumulationseffekte erforscht (was bewirkt die Summe aller Zusatzstoffe?).
7. Lebensmittel mit Zusatzstoffen enthalten zusätzlich meist viel Zucker und/oder Fett.
8. Wenn wir zu viele Fertigprodukte konsumieren, verlernen wir womöglich irgendwann das Kochen.
9. Lebensmittel mit Zusatzstoffen tragen nicht zu unserer Vitamin- und Mineralstoffversorgung bei (zugesetzte Vitamine bewerten wir kritisch und eher als Nachteil).
10. Einfache, regionale und saisonale Gemüse und Früchte sind meist preiswerter als stark verarbeitete Fertigprodukte – vor allem Spezialartikel wie »Light-« oder »Frei-von-Produkte«.

Glossar: Zehn kritische Zusatzstoffe

Jetzt haben wir die wichtigsten Basisinformationen zu den Zusätzen in unserer Nahrung aufgeführt. Herauszufinden, was wirklich drin ist, erfordert einen gewissen Spürsinn. Grundsätzlich ist klar: Je weniger Zusatzstoffe enthalten sind, desto besser. Nun geht es weiter ins Detail. Von den über 300 Zusatzstoffen, die in der Europäischen Union für Lebensmittel zugelassen sind, gelten die meisten als unbedenklich, wenn sie in der vorgeschriebenen Dosierung eingesetzt werden. Doch eine Reihe von Substanzen gerät immer wieder in die Kritik. Wir haben eine Auswahl dieser »kritischen« Lebensmittelzusatzstoffe unter die Lupe genommen.

1. Azofarbstoffe, z. B. Tartrazin (E 102), Chinolingelb (E 104), Gelborange S (E 110), Azorubin (E 122), Cochenillerot A (E 124A), Allurarot AC (E 129)

Wo drin? Vor allem in Süßwaren. Aber auch in Desserts, Gebäck, Knabberartikeln, Schmelzkäse, Softdrinks, Sirup, Spirituosen oder Kaviar.

Risiken: Diese Gruppe chemisch verwandter, synthetischer Farbstoffe steht im Verdacht, bei Kindern zu Hyperaktivität und Aufmerksamkeitsstörungen zu führen. Die EU-Verordnung über Lebensmittelzusatzstoffe schreibt daher folgenden Warnhinweis für alle Lebensmittel mit Azofarbstoffen vor: »Kann Aktivität und Aufmerksamkeit bei Kindern beeinträchtigen.« Außerdem können diese Farbstoffe bei entsprechender Veranlagung so genannte Pseudoallergien auslösen. Das sind Unverträglichkeitsreaktionen mit ähnlichen Symptomen, wie sie bei echten Allergien auftreten (Nesselsucht, Asthma und Hautödeme). Da sie zum Beispiel auch bei Kleidung eingesetzt werden können, muss man Akkumulationseffekte berücksichtigen. Absurd: Tartrazin etwa, der knallgelbe Azofarbstoff, war in Deutschland bereits verboten. Dieses Verbot wurde im Zuge der EU-Vereinheitlichung wieder aufgehoben. Seit 2010 ist deshalb der oben stehende Warnhinweis Pflicht. Bei bunten Likören wie Campari oder Aperol jedoch nicht. Hier steht lediglich »enthält Farbstoff« auf der Flasche. Bei allen knallig-bunten Lebensmitteln ist Zurückhaltung angebracht. Natürliche Farbstoffe fallen wesentlich dezenter aus.

Alternativen: Inzwischen gibt es immer mehr Produkte wie Gummibärchen, die mit harmlosen Frucht- und Pflanzenextrakten gefärbt sind. Zum Einsatz kommen zum Beispiel Carotinoide, Kurkuma, Rote Bete und Spinatextrakt.

2. Schwefel, z. B. Schwefeldioxid (E 220) und diverse Sulfite wie Natriumsulfit (E 221) und Kaliumdisulfit (E 224)

Wo drin? Vor allem in Rot- und Weißwein. Aber auch in Trockenobst und Meerrettich.

Risiken: Diese Gruppe von Schwefelverbindungen hemmt die Aktivität von Bakterien, Hefen und Pilzen. Bei empfindlichen Personen können Übelkeit, Magen-Darm-Störungen, Kopfschmerzen, Asthma und Allergien auftreten.

Alternativen: Bei Biowein darf deutlich weniger Schwefel zugesetzt werden. Ungeschwefelte Trockenfrüchte sind also zu bevorzugen.

3. Pflanzenschutzmittel Orthophenylphenol (E 231) und Natriumorthophenylphenol (E 232)

Wo drin? Zitrusfrüchte werden damit über ein Tauchbad haltbarer gemacht.

Risiken: Die Wirkstoffe gegen Schimmelpilze und Bakterien gelten als gesundheitsschädlich. Sie können beim Schälen der Früchte auf die Haut gelangen und dort allergische Reaktionen auslösen. Spuren geraten dabei auch auf das Fruchtfleisch. Im Tierversuch fördern diese Pflanzenschutzmittel, die oftmals in weit höheren Dosen während der Wachstumsphase in den Plantagen als Spritzmittel eingesetzt werden, Blasenkrebs.

Alternativen: Zitrusfrüchte in Bioqualität.

4. Natamycin (E 235)

Wo drin? Das Antimykotikum ist aus der Humanmedizin bekannt, wo es gegen Fußpilz, Mundfäule und Genitalinfekte eingesetzt wird. Doch auch Käserinde und Wurst werden mit dem Wirkstoff besprüht und so gegen Schimmelbefall geschützt.

Risiken: Die Verwendung in Lebensmitteln fördert die Bildung resistenter Krankheitserreger.

Alternativen: Natamycin ist für Bioprodukte nicht zugelassen.

Tipp: Das Bundesinstitut für Risikobewertung rät, Käserinde etwa einen halben Zentimeter dick abzuschneiden.

5. Dimethyldicarbonat (E 242)

Wo drin? Das Kaltentkeimungsmittel kommt beim Abfüllen von Getränken in PET-Flaschen zum Einsatz. Es ist in Erfrischungsgetränken wie Apfelschorle, Eistee, Limonade enthalten.

Risiken: Dimethyldicarbonat ist ätzend, leicht entflammbar und giftig. Dennoch ist der Wirkstoff als deklarationsfreies Kaltentkeimungsmittel zugelassen, da er im Wasser schnell zerfällt und nach dem Öffnen der Flaschen nicht mehr nachweisbar ist. Dennoch wäre eine Kennzeichnungspflicht bei einem so kritischen Zusatzstoff dringend anzuraten.

Alternativen: Getränke in Glasflaschen.

6. Nitritpökelsalz (E 249 bis 252)

Wo drin? Gepökelte Fleisch- und Wurstwaren, Hart- und Schnittkäse, Fischkonserven.

Risiken: Über die gesundheitlichen Risiken von Nitrat, Nitrit und die daraus gebildeten Nitrosamine ist in den letzten Jahren viel geforscht und diskutiert worden. Ein erhöhtes Krebsrisiko hat sich offenbar nicht bestätigt. Neuerdings werden sogar positive Effekte auf Blutdruck, Immunabwehr, Nervensystem und Wundheilung beobachtet. **Aber:** Nitrit blockiert bei Kleinkindern den Sauerstofftransport im Blut und wirkt so toxisch.

Alternativen: Kaliumnitrit (E 249) und Natriumnitrat (E 251) sind für Bioprodukte nicht zugelassen. Natriumnitrit (E 250) und Kaliumnitrat (E 252) sind jedoch auch für Biolebensmittel erlaubt.

7. Salze der Phosphorsäuren wie Natriumphosphate (E 339), Kaliumphosphate (E 340) und Magnesiumphosphate (E 343)

Wo drin? Die stark ätzenden Salze, die auch als Reinigungs- und Desinfektionsmittel zum Einsatz kommen, sind als Säuerungsmittel, Komplexbildner und Schmelzsalz zum Beispiel in Erfrischungsgetränken, Sahneerzeugnissen und Schmelzkäse zu finden.

Risiken: Steht im Verdacht, an der so genannten Aufmerksamkeitsdefizit-/Hyperaktivitätsstörung (ADHS) bei Kindern beteiligt zu sein. In hoher Dosierung kann die Aufnahme von Mineralstoffen wie Kalzium, Magnesium und Eisen gestört werden.

Alternativen: Ist in biologisch erzeugten Lebensmitteln verboten.

8. Carrageen (E 407)

Wo drin? Der Bestandteil verschiedener Rotalgenarten wird als Verdickungsmittel oder Stabilisator zum Beispiel Desserts, Eiscreme, Ketchup, Fertigsoßen oder Sahne zugesetzt.

Risiken: Steht im Verdacht, bei Menschen mit empfindlichem Darm zu Entzündungen zu führen.

Alternativen: Obwohl Carrageen für Bioprodukte zugelassen ist, verzichten die meisten biologisch arbeitenden Hersteller (zum Beispiel bei Sahne) auf diesen Zusatz. Hier hilft nur, die Zutatenliste aufmerksam zu lesen.

9. Emulgatoren Polysorbat 80 (E 433) und Carboxymethylcellulose (E 466)

Wo drin? Emulgatoren sorgen für die gleichmäßige Vermischung von Wasser und Fett und werden zum Beispiel in Margarine, Eiscreme, Mayonnaisen und Soßen eingesetzt.

Risiken: Aktuelle Forschungsergebnisse der Georgia State Universität in Atlanta zeigten im Tierversuch, dass bestimmte Emulgatoren die Darmflora ungünstig beeinflussen. Den Versuchstieren wurden die Emulgatoren Polysorbat 80 und Carboxymethylcellulose in einer Konzentration verabreicht, die auch für Lebensmittel erlaubt ist. Bei den so gefütterten Mäusen änderten sich die Zusammensetzung der Darmflora sowie die Dicke der Darmwandschleimschicht, die für ein intaktes Immunsystem verantwortlich ist. Folgeerscheinungen können multiple Entzündungen, Fettleibigkeit und ein erhöhtes Diabetesrisiko sein. Die Forscher vermuten, dass der in den letzten 50 Jahren stark angestiegene Konsum von Lebensmitteln mit Emulgatoren mitverantwortlich für die weltweite Übergewichtsepidemie sein könnte. Sie wollen nun auch andere Emulgatoren testen.

Alternativen: Eigelb ist das beste Bindemittel in der eigenen Küche, kann aber auch in der Industrie eingesetzt werden. Lecithine (E 233) sowie Mono- und Diglyceride von Speisefettsäuren (E 471) gelten als unbedenklich.

10. Glutamat, zum Beispiel Glutaminsäure (E 620), Mononatriumglutamat (E 621) oder Magnesiumdiglutamat (E 625)

Wo drin? Dieser weit verbreitete Geschmacksverstärker wird mit Hilfe gentechnisch veränderter Bakterien hergestellt. Man findet ihn unter anderem in Asia-Produkten, Fertiggerichten, Fleischprodukten, Soßen, Suppen, Würzmischungen, Knabbergebäck.

Risiken: Ob es das »China-Restaurant-Syndrom« mit Symptomen wie Herzklopfen, Kopfschmerzen, Schwächegefühl und Taubheitsgefühl wirklich gibt, ist umstritten. Doch Glutamat wirkt appetitanregend und kann so Übergewicht fördern. Und es ist ein Mogelzusatzstoff, denn es verhilft selbst schwach aromatischen Speisen zur regelrechten Geschmacksexplosion.

Alternativen: Selbst wenn die Verpackung Hinweise wie »ohne geschmacksverstärkende Zusatzstoffe« oder »ohne Geschmacksverstärker« aufweist, ist Vorsicht geboten. Oft wurde Glutamat schlicht durch Hefeextrakt ersetzt, der ebenfalls Glutamat enthält.

Clean mit den richtigen Labels und Siegeln

Wer sich clean ernähren möchte, ist auf zuverlässige Informationen der Hersteller angewiesen. Gütesiegel können dabei eine Hilfe sein. Doch die Anzahl solcher Qualitätsmarken steigt ständig. Wir haben uns umgeschaut und erläutern, was hinter den wichtigsten Lebensmittelsiegeln und -labels steht.

Was ist drin, wenn »ohne« draufsteht?

Neben anerkannten Gütesiegeln tummeln sich zahlreiche so genannte »Clean Labels« auf den Verpackungen der Produkte. Attribute wie »ohne Aromazusätze«, »ohne Zusatzstoff Geschmacksverstärker« oder »ohne Farbstoffe« entsprechen dem Bedürfnis vieler Verbraucher nach »sauberen« Nahrungsmitteln. Doch diese Versprechen sollten eher als Marketingmaßnahmen betrachtet werden denn als seriöse Information. Laut einer Erhebung der Deutschen Verbraucherzentrale schaffen Clean Labels wenig Klarheit. Denn der Gebrauch dieser Etiketten ist gesetzlich nicht geregelt. Sie werden weder einheitlich gestaltet noch herstellerübergreifend eingesetzt. Jeder Anbieter bedruckt seine Etiketten nach eigenem Marketingkonzept. Oftmals sind die Zutatenlisten dieser Produkte nämlich gar nicht so sauber, wie die Hersteller vorgeben. Mal verbergen sich alternative Substanzen mit ähnlicher Wirkung in den Zutatenlisten (zum Beispiel Hefeextrakte an Stelle von Glutamat oder färbende Lebensmittel anstelle von Farbstoffen mit E-Nummern), mal gibt das »ohne« die Abwesenheit eines Zusatzstoffes an, der ohnehin nicht in dieser Produktart vorkommt. Weltweit zählen die Verbraucherzentralen etwa 20.000 Lebensmittel, die auf solche Weise deklariert und geschönt werden. In Deutschland sind es mehr als 1.600, Tendenz steigend.

Wann dürfen Lebensmittel als »gesund« beworben werden?

Der Etikettenschwindel hat Grenzen: Sobald Werbeaussagen für Lebensmittel nährwert- oder gesundheitsbezogene Angaben enthalten, fallen sie unter die europaweit gültige Health-Claims-Verordnung (Gesundheitsbehauptungen-Verordnung) von 2006. Deren Ziel: Verbraucher sollen vor irreführenden, wissenschaftlich nicht belegten Angaben zu gesundheitsfördernden Eigenschaften von Lebensmitteln geschützt werden. Die Konsequenz: Aussagen wie »stärkt die Abwehrkräfte« oder »cholesterinsenkend« sind danach nur zulässig, wenn sie als »Claim« in einem Gemeinschaftsregister aufgeführt und damit für ein Lebensmittel oder eine Lebensmittelzutat zugelassen sind. Zugelassen werden außerdem nur Aussagen, deren Wahrheitsgehalt durch wissenschaftliche Erkenntnisse nachgewiesen ist.

Tipp: Auf der Internetseite www.lebensmittelklarheit.de können Verbraucher unzureichende oder irreführende Kennzeichnungen auf Lebensmitteln melden und überprüfen lassen.

Was bedeutet »unter Schutzatmosphäre verpackt«?

Beim so genannten Modified Atmosphere Packaging (MAP) wird ein Gemisch aus Sauerstoff, Kohlendioxid und Stickstoff in die Verpackung geleitet, um das jeweilige Nahrungsmittel länger haltbar zu machen und Verfärbungen zu minimieren. Schutzgase gelten als Zusatzstoffe und sind zum Teil auch für Bioprodukte zugelassen. Die Verwendung muss auf der Verpackung mit dem Hinweis »Unter Schutzatmosphäre verpackt« kenntlich gemacht werden.

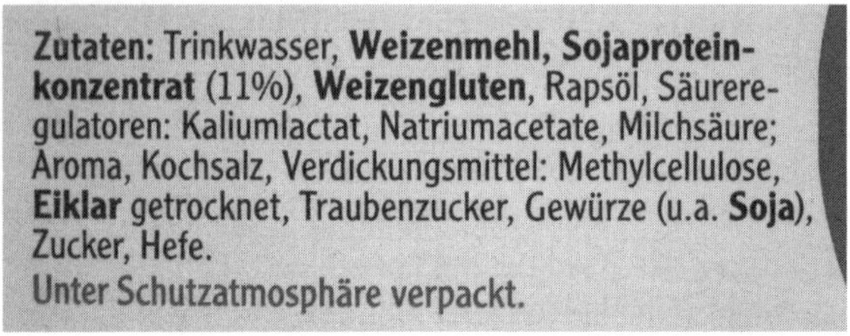

Bei einigen Verfahren wird mit Sauerstoffreduzierung und einem Überschuss an Stickstoff und Kohlendioxid gearbeitet, um der Oxidation entgegenzuwirken. Bei anderen ist in dem Gasgemisch mehr Sauerstoff enthalten als in unserer natürlichen Atemluft. Diese Verfahren werden als »High O2-MAP« bezeichnet und vornehmlich bei der Verpackung von Rind- und Schweinefleisch eingesetzt. Hier setzt die Kritik der Verbraucherzentralen an: Die Verbraucherschützer bemängeln, dass Fleisch bei der Behandlung mit Schutzgasen eine längere Haltbarkeit vortäuschen kann. Denn der hohe Sauerstoffgehalt bewirkt vor allem, dass es länger rot und damit frisch *aussieht*. Gleichzeitig kann sich die Qualität jedoch verschlechtern. Fette zum Beispiel können oxidieren und ranzig werden. Der Einsatz sauerstoffreicher Gasgemische, die zur Schönung des Fleisches dienen, täuscht Frische vor und sollte zum Schutz vor Irreführung verboten werden, so die berechtigte Forderung der Verbraucherzentralen.

Worin unterscheiden sich Mindesthaltbarkeitsdatum und Verbrauchsdatum?

Das auf jedem verpackten Lebensmittel aufgedruckte Mindesthaltbarkeitsdatum (MHD) zeigt an, bis zu welchem Datum das jeweilige Produkt mindestens haltbar, das heißt zum Verzehr geeignet ist.

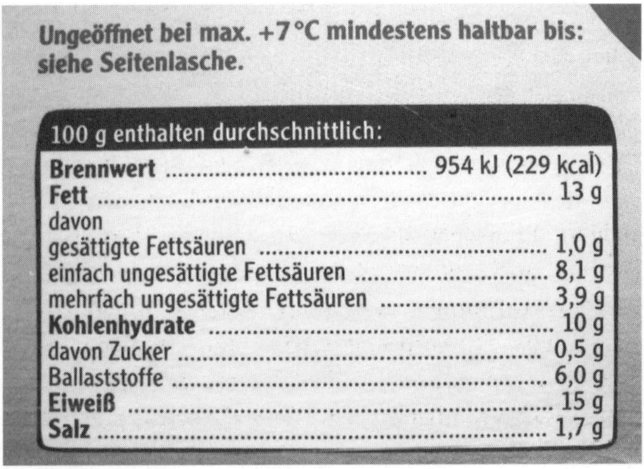

Hier liegt die Betonung auf **mindestens**! Denn die meisten Nahrungsmittel überstehen dieses Datum unbeschadet – sachgemäße Lagerung vorausgesetzt. Leider ist dieser Hinweis zum Teil schwer zu finden, überklebt oder kaum lesbar. Oftmals bemerken Kunden die kurze Haltbarkeit eines Lebensmittels auch erst nach dem Kauf. Leider glauben viele, sobald das MHD überschritten ist, sei die Ware verdorben oder mindestens ungenießbar und werfen »abgelaufene« Produkte in den Müll. Unnötige Verschwendung wertvoller Ressourcen, sagen die Verbraucherzentralen und bemühen sich um Aufklärung. Sie raten dazu, die entsprechende Ware zunächst sorgfältig zu prüfen. Nur bei untypischem Aussehen, fehlerhaftem Geruch und Geschmack oder auffälliger Konsistenz sollte das Produkt weggeworfen werden. Was viele nicht wissen: Produkte mit abgelaufenem MHD dürfen weiter im Handel bleiben, sofern sich der Anbieter davon überzeugt, dass das betreffende Lebensmittel einwandfrei ist. Auch der Preis muss nicht reduziert werden, auch wenn das in der Praxis häufig der Fall ist. Ganz anders sieht es bei dem so genannten **Verbrauchsdatum** aus! Dieses Datum finden wir auf leicht verderblichen Lebensmitteln wie abgepacktem Geflügel in Form folgenden Hinweises: »zu verbrauchen bis …«. Solche Produkte müssen nach Ablauf des Verbrauchsdatums aus dem Handel genommen werden. Sie dürfen nicht mehr verkauft werden, auch nicht als Sonderangebot, sondern müssen fachgerecht entsorgt werden.

Annähernd einhundert verschiedene Lebensmittelsiegel werben um unser Vertrauen. Doch taugen die vermeintlichen Gütezeichen als Wegweiser zu cleanen Lebensmitteln? Die folgende Übersicht hilft dir bei der Entscheidung.

Allgemeine Lebensmittelsiegel

Viele Hersteller schließen sich zu Verbänden zusammen, um die Vermarktung ihrer Produkte zu fördern. Ein beliebtes Medium dazu sind Qualitätssiegel, die unsere Aufmerksamkeit auf bestimmte Eigenschaften lenken, wie die folgenden Beispiele zeigen.

»Bewusst wählen auf Basis internationaler Ernährungsempfehlungen«

Wird vom Verein Bewusst Wählen e. V. an seine Mitglieder vergeben und kennzeichnet so genannte nährstoffoptimierte Lebensmittel, die für eine ausgewogene Ernährung sorgen sollen. Dahinter stehen Lebensmittelkonzerne wie Unilever und Campina.

Fazit: Wenig sinnvoll. Da die Konzerne sich das Label selbst verleihen, erscheint es wenig glaubwürdig.

Web: www.bewusst-waehlen.com

DLG-Siegel in Gold, Silber und Bronze

Die Tester der Deutschen Landwirtschafts-Gesellschaft e.V. (DLG) prüfen Aussehen, Geschmack und Geruch der von der Lebensmittelindustrie eingereichten Proben. Anschließend vergeben sie aufgrund ihres subjektiven, sensorischen Eindrucks Bronze, Silber oder Gold. Eine Analyse der Inhaltsstoffe findet nicht statt.

Fazit: Wenig sinnvoll. Das Siegel berücksichtigt nur den Geschmack.

Web: www.dlg-verbraucher.info/de

Europäisches Vegetarismus-Label

Das Vegi-V gibt es in zwei Varianten. Es wird von der Europäischen Vegetarier Union e. V. sowohl für vegetarische als auch für vegane Lebensmittel vergeben, die die Kriterien zur Herstellung dieser Lebensmittelgruppen erfüllen. Kunden sollen so auf einen Blick erkennen können, dass in einem Produkt kein Fleisch bzw. keine Bestandteile tierischer Herkunft verarbeitet wurden.

Fazit: Einigermaßen sinnvoll. Das Label sagt zwar nichts über die Qualität aus, hilft aber Vegetariern bei einer schnellen Orientierung.

Web: www.v-label.info/de

Fairtrade-Siegel

Mit diesem Label werden Lebensmittel aus fairem Handel gekennzeichnet. Fairtrade (Verein zur Förderung des Fairen Handels in der Einen Welt) sorgt für eine Verbesserung von Lebens- und Arbeitsbedingungen in Entwicklungsländern. Der faire Handel etwa von Bananen, Schokolade, Tee und Zucker verschafft den Kleinbauernfamilien existenzsichernde Preise sowie lohnabhängigen Beschäftigten auf Plantagen, Blumenfarmen oder Teegärten bessere Arbeitsbedingungen. Außerdem wird auf Umwelt- und Naturschutz geachtet. Gentechnisch veränderte Organismen sind grundsätzlich verboten.

Fazit: Einigermaßen sinnvoll. Deckt jedoch nur den Bereich Fairness und bestimmte Umweltaspekte ab.

Web: www.fairtrade-deutschland.de

»Ohne Gentechnik«

Das Gütesiegel des Verbandes Lebensmittel ohne Gentechnik e. V. erlaubt nur gentechnikfreie Zutaten, zum Beispiel bei pflanzlichen Lebensmitteln wie Mais oder Soja. In Futtermitteln für Masttiere dürfen jedoch Aminosäuren und Vitamine vorkommen, die mit Hilfe gentechnisch veränderter Mikroorganismen hergestellt wurden. Futtermittel müssen lediglich in den letzten Wochen (bei Legehennen) oder Monaten (bei Tieren, die geschlachtet werden) gentechnikfrei gewesen sein.

Fazit: Einigermaßen sinnvoll. Gibt jedoch keine 100-prozentige Sicherheit.

Web: www.ohnegentechnik.org

»Rainforest Alliance«

Das Rainforest-Label der internationalen Umweltschutzorganisation mit Sitz in New York City basiert auf den drei Säulen, die eine nachhaltige Produktion in den Regenwäldern gewährleisten sollen: Umweltschutz, soziale Gerechtigkeit und Wirtschaftlichkeit. Produziert werden zum Beispiel Kaffee, Schokolade, Tee und Früchte.

Fazit: Einigermaßen sinnvoll. Deckt jedoch nur den Bereich Fairness und bestimmte Umweltaspekte ab.

Web: www.rainforest-alliance.org/de

Slow-Food-Siegel

Der weltweit operierende Verein setzt sich dafür ein, dass Nahrungsmittel geschmacklich und gesundheitlich einwandfrei sind und auf saubere Art hergestellt werden. Schaden an Mensch, Natur und Tier sind zu vermeiden. Außerdem sollen Lebensmittelerzeuger eine faire Entlohnung für ihre Produkte und ihre Arbeit erhalten.

Fazit: Sinnvoll. Das Siegel hilft weiter auf der Suche nach Clean Food!

Web: www.slowfood.de

»Unsere Heimat – echt & gut«/»BIO Unsere Heimat – echt & gut«

Lebensmittel, die dieses Label der Handelskette Edeka tragen, kommen aus der Region und sind daher oftmals erntefrisch. Kurze Transportwege schonen die Umwelt, und die lokalen Erzeuger werden unterstützt. Seit 2014 kooperiert Edeka Nord mit Bioland e. V., um auch die nachhaltige Land- und Ernährungswirtschaft in der Region zu stärken. Hier kommt das Label »BIO Unsere Heimat – echt & gut« zum Einsatz.

Fazit: Vor allem die Biovariante ist für Clean Eater einigermaßen sinnvoll. Hersteller- und Handelslabels sind jedoch generell mit Skepsis zu bewerten. Die angebliche Regionalität ist häufig kritisch zu beurteilen. Also lieber noch mal nachchecken.

Web: www.unsereheimat.de

Fleischsiegel

Der Handel hat natürlich längst erkannt, dass wir Konsumenten lieber gutes Fleisch aus artgerechter Haltung kaufen wollen. Hübsche Abbildungen mit glücklichen Tieren auf grüner Wiese und diverse Gütesiegel und Werbeaussagen sollen uns das Gefühl vermitteln, mit gutem Gewissen Fleisch essen zu dürfen. Doch nicht jedes Siegel hält, was es verspricht. Die folgende Übersicht hilft dir, cleaneres Fleisch zu finden. Hinter den meisten dieser Siegel stehen Bioverbände, die über Fleisch hinaus das gesamte Spektrum an Nahrungsmitteln abdecken.

Bioland-Siegel

Mit ca. 6.000 Betrieben ist Bioland der führende Bio-Anbauverband in Deutschland. Die Tiere werden ausschließlich biologisch ernährt und artgerecht gehalten. Dabei sind die Richtlinien größtenteils strenger als die der EU-Öko-Verordnung. So darf Futter nur vom eigenen Hof oder von anderen Biohöfen stammen. Transporte dürfen nicht länger als 4 Stunden dauern.

Fazit: Verlässliches Biosiegel, das für artgerechte Tierhaltung steht und cleanes Fleisch garantiert.

Web: www.bioland.de

Demeter-Siegel

Demeter-Betriebe arbeiten nach der anthroposophischen Landbaumethode Rudolf Steiners. Die biodynamische Landwirtschaft beruht auf dem Gedanken der Ganzheitlichkeit. Daher ist zum Beispiel Tierhaltung auf Demeter-Höfen Pflicht, und bei der Aussaat werden die Mondphasen berücksichtigt. Die Behandlung der Tiere erfolgt nach dem Grundsatz, dass Angst, Stress und Schmerz vermieden werden.

Fazit: Das strengste aller Biosiegel, große Verlässlichkeit und viel Idealismus. Clean, aber hoher Preis.

Web: www.demeter.de

Deutsches Bio-Siegel, EU-Bio-Siegel

Hinter dem seit 2001 staatlich anerkannten Deutschen Bio-Siegel steht die EG-Öko-Verordnung. Beide Siegel werden parallel verwendet, dabei ist das EU-Siegel mittlerweile verpflichtend, das Sechseck ist aufgrund seiner Bekanntheit jedoch nicht wegzudenken. Für Fleisch bedeuten sie: artgerechte Tierhaltung gemäß der EG-Öko-Verordnung.

Fazit: Besser als konventionell, lässt aber noch viel Spielraum nach oben.

Web: www.oekolandbau.de/bio-siegel

»Gutfleisch Edeka Nord«

Eigenmarke von Edeka für Fleisch aus konventioneller Erzeugung. Edeka garantiert, dass die Tiere ausschließlich aus deutschen Betrieben stammen. Nach Medikamentengaben erfolgt die Schlachtung nach definierten Fristen. Bei den Futtermitteln wird grundsätzlich auf gentechnisch veränderte Produkte verzichtet. Das Gutfleisch-Programm zielt auf eine hohe Transparenz bei der Qualitätssicherung.

Fazit: Steht nicht für artgerechte Haltung, das Siegel stand wegen Kontrolldefiziten in der Vergangenheit in der Kritik der Verbraucherschützer.

Web: www.edeka.de/nord/frisches-aus-dem-norden/unsere-regionalmarken/gutfleisch/gutfleisch

»Natur Pur«

Wie Gutfleisch eine Eigenmarke der Handelskette Edeka, aber bio. Gelabelt werden Kalb-, Lamm-, Rind-, Schweine- und Geflügelfleisch. Grundlage bilden die Biopark-Richtlinien. Biopark wurde 1991 in Mecklenburg-Vorpommern gegründet. Mit 700 Betrieben ist er eher ein kleinerer Bio-Anbauverband, dafür von der Fläche her der zweitgrößte Verband für Ökolandbau in Deutschland. Das Futter kommt vom eigenen Hof oder anderen Biopark-Höfen.

Fazit: Gutes Biosiegel, das über die Anforderungen des EU-Siegels hinausgeht.

Web: www.edeka.de

»Neuland«

Kein Biosiegel, jedoch vorbildlich bezüglich artgerechter Haltung. Zum Beispiel werden Bestandsobergrenzen eingehalten, die Tiere nicht auf Spaltenböden gehalten, keine Tierverstümmelung durchgeführt (Kürzen der Schwänze, Ferkelkastration ohne Betäubung), kein Genfutter und keine Antibiotika verabreicht. Die Mutterkühe ziehen ihre Kälber im natürlichen Herdenverband mit Muttermilch auf. Es wird auf schonende Tiertransporte geachtet. Von »Öko-Test« als empfehlenswert erachtet. In der Vergangenheit hat es allerdings Probleme mit der Einhaltung der Richtlinien bei einzelnen Produzenten gegeben. Das Siegel geriet unter Kritik und muss sich seine Glaubwürdigkeit erst wieder erkämpfen.

Fazit: Von der Definition her ein super Siegel für cleanes, artgerechtes Fleisch. Aber mit einem Glaubwürdigkeitsproblem.

Web: www.neuland-fleisch.de

QS-Prüfsiegel

Das Siegel »Qualität und Sicherheit« wird von der QS Qualität und Sicherheit GmbH, einem Konsortium von fünf großen Verbänden der Ernährungswirtschaft, vergeben. Es wurde nach der BSE-Krise ins Leben gerufen und unterscheidet sich nur geringfügig von den gesetzlichen Anforderungen. Die Verbraucherorganisation Foodwatch kritisiert das Siegel als wertlos und verbrauchertäuschend und die im Vorfeld angekündigten Kontrollen als zu selten und zu wenig effizient.

Fazit: Ein Siegel, das eher dem Imagegewinn der Branche dient, als sich ernsthaft um eine artgerechte, nachhaltige Fleischproduktion zu kümmern.

Web: www.q-s.de

Zweistufiges Tierwohl-Label

Das Label des Deutschen Tierschutzbundes wird an Produkte von Mastschweinen und Masthühnern vergeben, die klar definierte Tierschutzstandards einhalten. In der »Einstiegsstufe« müssen die Ställe zum Beispiel Strukturierung, mehr Platz und Beschäftigungsmöglichkeiten bieten. Das Kupieren der Schwänze und das betäubungslose Kastrieren bei Schweinen sind verboten. Strenge Anforderungen regeln Transport und Schlachtung. In der »Premiumstufe«, zu erkennen an dem zweiten gelben Stern, kommen Auslauf in Außenklimabereichen oder Freilandhaltung hinzu, und der Einsatz gentechnisch veränderter Futtermittel ist verboten. Sämtliche Anforderungen werden von unabhängigen Zertifizierungsorganisationen regelmäßig kontrolliert.

Fazit: Sinnvolle Initiative des Deutschen Tierschutzbundes, die konventionellen Mastbetrieben den Einstieg in artgerechte Tierhaltung ermöglicht.

Web: www.tierschutzlabel.info

IST ES CLEAN, FLEISCH ZU ESSEN?

Sich clean zu ernähren bedeutet nicht unbedingt, Vegetarier oder Veganer zu werden. Fleisch und Fisch sind besonders hochwertige Eiweißquellen, die man jedoch besser sparsam einsetzt. Schließlich müssen Tiere ihr Leben lassen, damit wir uns diesen Luxus leisten können. Aus Clean-Living-Sicht kommt es beim Fleischkonsum vor allem auf zwei Dinge an:

1. **Ist das Fleisch clean?** Damit ist die Qualität des Nahrungsmittels gemeint. Skandale der Vergangenheit von BSE (Rinderwahnsinn) bis Ekelfleisch (vergammeltes Fleisch aus Dönerbuden) zeigen, dass bei der Fleischherstellung und -zubereitung nicht selten massive Hygienemängel bestehen. Hormon- und Antibiotikaspuren in Geflügel- und Schweinefleisch stellen ein weiteres Problem dar.
2. **Sind die Lebensbedingungen der Masttiere clean?** Wir finden, dass zum Clean Living auch gehört, Verantwortung für unsere Mitgeschöpfe und die Umwelt zu übernehmen. Wie es in der Massentierhaltung zugeht, wissen wir aus zahlreichen aufrüttelnden Medienberichten. Besonders betroffen: Geflügel und Schweine. Überbesetzte Stallanlagen ohne Tageslicht, lange Transportwege in überhitzten Lastkraftwagen und alarmierende Zustände in den Schlachtfabriken gehören zu den größten Problemen. Außerdem verbraucht die Erzeugung von Fleisch wesentlich mehr Energie als die Kultivierung pflanzlicher Nahrung. Solange Menschen Hunger leiden, sollten wir keine Nahrungsmittel wie Soja und Mais importieren, um sie an Schweine zu verfüttern.

Hieraus sollte jeder selbst seine Schlüsse ziehen und entscheiden, welches und wie viel Fleisch er verzehren möchte.

Fischsiegel

Wer sich beim Fischkauf ökologisch korrekt verhalten möchte, hat es nicht leicht. Zu komplex und undurchsichtig sind die Regeln des Fischfangs und des Handels mit der begehrten Eiweißquelle. 85 Prozent der Bestände werden nach Angaben der Vereinten Nationen bis an die Grenze genutzt oder überfischt. Die EU geht davon aus, dass sich die Lage in den vergangenen zehn Jahren verschlechtert hat: Die Fischbestände seien kleiner geworden, immer weniger Menschen fänden Arbeit in der Branche. Deshalb sind wir gerade bei Fisch besonders auf Siegel angewiesen. Sie geben uns eine gewisse Sicherheit, dass auf unserem Teller keine überfischte Art landet oder die Fangmethoden inakzeptabel sind.

ASC-Siegel

Das Schwestersiegel des MSC (siehe unten), jedoch für Produkte aus Aquakultur. Das ASC-Siegel (Aquaculture Stewardship Council) soll in erster Linie die durch Aquakultur entstehenden Umweltschäden eindämmen. So ist zum Beispiel ein Abwassermanagement vorgeschrieben und der vorbeugende Einsatz von Antibiotika verboten.

Fazit: Das Siegel regelt soziale und ökologische Standards, hat jedoch Lücken. So wird zwar die Wasserqualität und Besatzdichte geregelt, jedoch ist Gensoja als Futtermittel erlaubt.

Web: www.asc-aqua.org

»Dolphin Safe«

Das Label wird ausschließlich an Thunfisch-Fischereien vergeben. Durch das Verbot von Treibnetzen soll das sinnlose Delfinsterben beim Thunfischfang verhindert werden. Auch Haie werden durch das Siegel geschützt. Aber Delfine sind nicht der einzige unerwünschte

Beifang, andere Fische landen nach wie vor ungewollt an Bord. Den zum Teil gefährdeten Thunfisch selbst schützt das Siegel auch nicht.

Fazit: Bei dem Siegel handelt es sich um eine ungeschützte Kennzeichnung, die ohne weitere Prüfungen verwendet werden kann. Es wird unter anderem nicht garantiert, dass der Thunfisch aus nachhaltiger Fischerei stammt.

Web: www.earthisland.org/dolphinSafeTuna

EU-Bio-Siegel für Fisch

Die EU-Bio-Verordnung gibt verbindliche Richtlinien für die Fischzucht aus Aquakultur vor. Ihr Ziel ist es, europaweit vergleichbare Standards zu etablieren. Das Siegel tragen zum Beispiel Lachs, Forellen, Seebarsch, Karpfen, Schalentiere, Muscheln und Algen aus Süß- und Salzwasserkulturen. Geregelt sind etwa der Höchstbesatz und das Tierfutter. Allerdings ist Fütterung aus (nachhaltigem) Fischmehl erlaubt, und die Besatzdichte darf doppelt so hoch sein wie etwa bei Naturland.

Fazit: Bietet eine gewisse Basis für Nachhaltigkeit. Bei den echten Bioverbänden geht es allerdings besser.

Web: ec.europa.eu

»Followfish«

Unter dieser Marke wird nachhaltig gefangener Fisch oder Fisch aus Bio-Aquakultur vertrieben, dessen Herkunft sich auf jeder Packung genau nachvollziehen lässt. Jedes Produkt kann mit Hilfe eines Tracking-Codes bis ins Wasser zurückverfolgt werden, da Followfish alle Lieferanten und Beschaffungswege offenlegt. Besonderer Stolz der Firma: handgeangelter Thunfisch aus der Dose. Das Unternehmen zertifiziert jedoch nicht selbst, sondern kauft nur gezielt ein.

Fazit: Eine brauchbare Orientierung beim Fischkauf.

Web: www.followfish.de

»Friend of the Sea«

Das Siegel der unabhängigen, gemeinnützigen Organisation zeichnet sowohl Produkte aus Aquakultur als auch aus Meeresfischerei aus. Die Standards erfüllen die Richtlinien für die Ökokennzeichnung von Fisch und Fischereiprodukten aus mariner Fischerei der FAO (Food and Agriculture Organization of the United Nations). Zum Beispiel dürfen maximal 8 Prozent Beifang zurück über Bord gehen.

Fazit: Gutes Siegel, aber laut Greenpeace ist die Transparenz noch ausbaufähig.

Web: www.friendofthesea.org

MSC-Siegel

Das MSC-Siegel (Marine Stewardship Council) ist eines der ersten und wichtigsten Labels für Fisch und Meeresprodukte, es wird bereits seit 15 Jahren eingesetzt. Das Siegel hat ein Bewusstsein für verantwortungsvollen Fischfang in weiten Gesellschaftsschichten geschaffen. Es darf nur so viel gefangen werden, dass eine Überfischung vermieden wird, die Fangmethoden sind reglementiert. In Deutschland sind über 5.000 Produkte mit MSC-Siegel erhältlich.

Fazit: Als erste Orientierung beim Einkauf akzeptabel. Es gibt jedoch auch Kritik. Greenpeace zum Beispiel betrachtet die Anforderungen als zu locker.

Web: www.msc.org

Naturland

Naturland ist einer der großen Bioverbände Deutschlands, der das gesamte Lebensmittelspektrum abdeckt. Mit Naturland wird Wildfang zertifiziert, was sonst nur für Aquakultur üblich ist. Reglementiert werden zum Beispiel Fanggeräte und Fangpraxis sowie soziale Rahmenbedingungen.

Fazit: Der NABU (Naturschutzbund Deutschland) nennt das Projekt sehr engagiert, fordert aber Nachbesserungen bei den Fangmethoden.

Web: www.naturland.de

»Pro Planet«

Das Siegel der Rewe Handelsgruppe wird bei Fisch nur für bereits MSC-zertifizierte Produkte verliehen, nachdem sie zusätzlich nach einer hauseigenen »Orientierungsliste« bewertet wurden.

Fazit: Reines Händlerlabel, dessen Kriterien nicht sehr transparent sind. Das Label ist auf diversen Produktgruppen, auch auf Non-Food-Artikeln, zu finden und daher eher als Marketinginstrument zu betrachten.

Web: www.proplanet-label.com

Der Clean-Eating-Lebensmittel-Check

Die Ziele der Lebensmittelindustrie

Die Lebensmittelindustrie ist einer der größten und mächtigsten Industriezweige weltweit. Global agierende Firmen wie Nestlé, Kraft, Unilever und Coca Cola kämpfen um Marktanteile und Gewinne. Mit diesem Ziel vor Augen bringen sie täglich neue Produkte auf den Markt. Ihre Strategie ist einfach: Die Lebensmittelindustrie lebt davon, Grundnahrungsmittel zu komplexeren Produkten zu kombinieren, die uns Konsumenten einen zusätzlichen Nutzen versprechen. Oft geht es dabei darum, Zeit zu sparen. Und weil Zeit bekanntlich Geld ist, müssen wir dafür einen Aufpreis hinnehmen. Mit der Weiterverarbeitung stellen sich ein paar gravierende Probleme ein, doch die Industrie hat für jedes davon eine Lösung zur Hand. Vereinfacht sieht die Situation so aus:

Problem	Lösung
Geringe Haltbarkeit	Konservierungsmittel
Mangelhafte Konsistenz	Stabilisatoren und Verdickungsmittel
Blasse Farben	Synthetische Farbstoffe
Fader Geschmack	Künstliche Aromastoffe

GENAU HINSCHAUEN LOHNT SICH!

Wenn man genau hinschaut, entdeckt man Erstaunliches: Viele Produkte haben eine erfreulich kurze Zutatenliste und sind damit clean. Doch die Unterschiede sind groß. So fallen selbst die Rezepturen bei Produkten der gleichen Gattung höchst unterschiedlich aus, wie das Beispiel Kartoffelchips zeigt:

1. Lorenz Crunchips Salted

Zutaten: Kartoffeln, Sonnenblumenöl, Salz, Meersalz

2. Lorenz Naturals mit Meersalz & Pfeffer

Zutaten: Kartoffeln, Sonnenblumenöl, Salz, Meersalz, Pfeffer, natürliche Aromastoffe, Aromaextrakte, Hefeextrakt, Süßmolkenpulver.

Ausgerechnet das Produkt mit der Bezeichnung »Naturals«, also »die Natürlichen«, enthalten wesentlich mehr Zusatzstoffe.

Tipp: Immer genau hinschauen und die Zutatenliste entziffern!

Problem Hygiene und Haltbarkeit

Frische Lebensmittel sind nun mal empfindlich. Mit jeder Stunde, die nach der Ernte von Obst und Gemüse vergeht, schwindet die Qualität. Manche ihrer Schöpfungen, wie Bananen und Orangen, hat die Natur mit einem hervorragenden Schutz ausgestattet, andere, wie Kopfsalat und Weintrauben, verderben schnell.

Fertige Salatmischung: so empfindlich wie Hackfleisch

Die verschiedenen Salatsorten, zum Beispiel Friséesalat, Endivie, Eisbergsalat und Rauke, werden von Hand geputzt, mehrfach gewaschen und vor dem Verpacken zerkleinert, gemischt und geschleudert. Bei dieser Prozedur wird die Blattstruktur stark beschädigt, so dass Keime an den verletzten Stellen beste Bedingungen für ihre Vermehrung vorfinden. Um dem entgegenzuwirken, wird so genanntes Schutzgas, eine Mischung aus Sauerstoff, Kohlendioxid und Stickstoff, in die Klarsichtverpackung gepumpt. Ein Gasgemisch, das für den Konsumenten angeblich ungefährlich ist. Weitgehend wirkungslos ist es jedenfalls, wenn es um den Schutz gegen Verkeimung geht, das fand die Stiftung Warentest heraus.

Von den 19 getesteten Salatmischungen war keine einzige am letzten empfohlenen Verzehrtag noch von guter mikrobiologischer Qualität. Die Tester fanden vor allem Hefen und Schimmelpilze im Salat. Und Pestizide, zum Teil sogar über den zulässigen Grenzwerten. Hobbygärtner unter uns wissen es: Salat zu kultivieren ist nicht so leicht. Schnecken, Läuse und Erdraupen finden das zarte Grün nämlich ebenfalls sehr lecker. Kein Wunder, dass im konventionellen Landbau reichlich Pflanzenschutzmittel zum Einsatz kommen.

Von Salatmischungen mit gekochtem Ei, Hähnchenfleisch und Käsewürfeln, denen ein fertiges Dressing beigepackt ist, sollte man aus den oben genannten Gründen erst recht die Finger lassen. Redakteure der WDR-Sendung »Servicezeit« untersuchten acht dieser Fertigsalate.

Fazit: Drei Proben zeigten Richtwertüberschreitungen bei der Gesamtkeimzahl von Hefebakterien oder Escherichia coli, und der Vitamin-C-Gehalt war bei allen Proben gleich null. Kein Wunder: Durch die vielen Schnittkanten am Salat dringt Sauerstoff ein, das Tageslicht gibt den Vitaminen den Rest. Beim Geschmackstest das gleiche Desaster: Keiner der Salate wurde als wohlschmeckend bewertet. Hauptkritikpunkte: Unappetitlich verfärbte Schnittränder und fader Geschmack. Bequemlichkeit ist leider nicht clean! Also lieber selber schnippeln!

Kurzcheck: Salat aus der Tüte
Vorteil: Du musst nicht vier verschiedene Salatsorten einkaufen, zuhause putzen, waschen, zerkleinern und zu einer bunten Salatmischung verarbeiten. Für manchen Singlehaushalt ist das tatsächlich ein Problem.
Nachteil: Salatschnipsel werden an den Schnittkanten braun, kleinere Blätter sind oft matschig. Vertraue deiner Nase: Wenn die Salatmischung säuerlich oder muffig riecht, weg damit. Oder zurück ins Geschäft ...

Risiko Verpackungen

Industriell hergestellte Nahrungsmittel benötigen in der Regel eine Verpackung, um in den Vertrieb gelangen zu können. Hier heißt es für den Clean Eater wieder mitdenken und bewusst auswählen.

Kunststoff: PET-Verpackungen bestehen aus Polyethylenterephthalat. Problematisch ist bei PET-Mehrwegflaschen, wie schon im Kapitel »Zusatzstoffe – nein danke« ausführlicher geschildert, deren Kaltentkeimung mit dem giftigen Zusatzstoff Dimethyldicarbonat (E 242). Dazu kommt die Weichmacherproblematik, die natürlich nicht nur Flaschen, sondern alle Kunststoffverpackungen sowie die Beschichtung von Dosen betrifft. Weichmachern wie Bisphenol A oder DEHP wird eine hormonähnliche Wirkung zugeschrieben. Einige Experten werfen den Stoffen auch vor, Ursache für Übergewicht und Diabetes zu sein. Die Beweislage ist jedoch schwierig.

Glas: Hier steckt das Problem in den Verschlüssen. Die Dichtungen in den Deckeln und Verschlüssen enthalten häufig Weichmacher, der in Spuren in den Inhalt übergehen kann. PVC-freie Dichtungen sind blau gefärbt und damit leicht zu erkennen – allerdings erst wenn es zu spät ist, denn dein Einzelhändler wird sicher kein Verständnis dafür aufbringen, wenn du das bereits in seinem Laden herausfinden willst, indem du das Glas mit den sauren Gurken vor Ort öffnest …

Pappe: Lebensmittel wie Reis, Couscous und Mehl, die ohne weitere Umverpackung in bunt bedruckte Pappkartons oder Papiertüten abgefüllt werden, können Mineralölrückstände aus den verwendeten Druckfarben aufnehmen.

Aluminium: Das Metall ist sehr energieaufwendig in der Herstellung und ist als Verpackungsmaterial für Lebensmittel äußerst umstritten. Salzige und säurehaltige Lebensmittel, die mit Aluminium in Berührung kommen, lösen Spuren des Metalls aus den oberen Schichten. Je größer die Kontaktfläche, desto stärker der Effekt. Diese Tatsache ist den Herstellern von Getränkedosen und Joghurtbecherdeckeln seit langem bekannt. Sie beschichten ihre Verpackungen daher auf der Innenseite mit Polyethylen, um einen Übergang von Aluminium auf das Lebensmittel zu verhindern. Doch was ist mit der in nahezu jedem Haushalt anzutreffenden Alufolie? Die wird doch gerade zum Einwickeln oder Abdecken solcher Speisen benutzt. Sei es die übrig gebliebene Grillwurst (salzig) oder die Schnittfläche einer Melone (Fruchtsäure). Inzwischen haben die Hersteller solcher Folien reagiert. Doch kaum jemand nimmt den folgenden Warnhinweis wahr: »Aluminiumfolien nicht zum Abdecken von feuchten, säure- oder salzhaltigen Lebensmitteln, auf Servierplatten oder Schalen aus Metall verwenden. Folien können sich infolge Lokalelementbildung auflösen. (…) An Lebensmittel abgegebene Aluminiumbestandteile sind jedoch nicht gesundheitsschädlich.« Oder wusstest du das schon?

> **Hinweis:** Aluminiumfolie nicht in Verbindung mit in Salzwasser gekochten, stark säure- oder salzhaltigen Lebensmitteln benutzen. Folie kann sich infolge von Lokalelementbildung auflösen. Die an Lebensmittel abgegebenen Aluminiumbestandteile sind nicht gesundheitsschädlich.

Packungsaufdruck einer Aluminiumdose

Pestizidrückstände in Obst und Gemüse

Nach Informationen von Greenpeace enthalten 80 Prozent des konventionell angebauten Obstes und über 55 Prozent des Gemüses, das in Deutschland in den Handel kommt, Pestizidrückstände. Das ergab die Auswertung von 22.000 Proben der deutschen Lebensmittelüberwachung aus den Jahren 2009 und 2010. Insgesamt wurden 351 Wirkstoffe nachgewiesen, besonders häufig Boscalid und Cyprodinil, zwei Mittel gegen Pilzbefall. Fazit Greenpeace: Obst und Gemüse aus biologischem Anbau sind nahezu uneingeschränkt empfehlenswert.

Greenpeace warnt zu Recht vor der unkalkulierbaren Mehrfachbelastung, die zwangsweise eintritt, weil wir über die Nahrung zahlreiche Produkte zu uns nehmen, die mit verschiedenen Spritzmittelrückständen belastet sein können. Hinzu kommen die Weichmacher aus Kunststoffverpackungen von Lebensmitteln. Die Kombination verschiedener Chemikalien, die sich in unserem Organismus anreichern, kann über Jahre und Jahrzehnte zu chronischen Beschwerden führen.

Tipp: Den Greenpeace-Einkaufsratgeber *Essen ohne Pestizide* findest du kostenlos zum Download auf www.greenpeace.de.

Bio? Ja bitte! Diese Lebensmittel besser in bio kaufen

Obst und Gemüse essen wir ja vor allem, weil es gesund ist und weil wir uns mehr Fitness erhoffen. Doch einige dieser Naturprodukte können so voller Pestizide stecken, dass sie eher Gefahr für Leib und Leben darstellen. Deshalb sollte man diese 14 unbedingt immer in Bioqualität kaufen. Sie fallen seit Jahren wiederholt durch überhöhte Pestizidgehalte auf:

- Äpfel
- Erdbeeren
- Weintrauben
- Gurken
- Kartoffeln
- Kirschtomaten
- Nektarinen/Pfirsiche (Importware)
- Paprika
- Pfefferschoten
- Sellerie
- Spinat
- Kopfsalat
- Zuckerschoten

PS: Grundsätzlich weniger problematisch sind Früchte und Gemüsesorten, die nicht so empfindlich sind oder eine schützende Schale haben wie Avocados, Bananen, Mangos, Süßkartoffeln. Bedenke aber: Für die Umwelt und die Menschen, die sie ernten, sind sie dennoch problematisch, wenn sie nicht biologisch angebaut werden.

Veganer aufgepasst!

Fleischfreie Ernährung gilt nicht nur als Zeichen eines besonders hohen Verantwortungsbewusstseins gegenüber unserer Umwelt, sondern auch als gesund. Besonders die vegane Lebensweise, bei der auf jegliche Bestandteile tierischen Ursprungs verzichtet wird, ist derzeit im Trend. Doch wer glaubt, vegane Lebensmittel seien automatisch gesund, liegt leider falsch, wie ein Marktcheck der Verbraucherzentrale Hamburg jüngst ergab. Von 20 getesteten Produkten wiesen vier Lebensmittel zu viel Fett auf, fünf hatten einen zu hohen Anteil an potenziell ungesunden gesättigten Fettsäuren, und weitere fünf schnitten wegen ihres überhöhten Salzgehalts schlecht ab. Auch bezüglich der zugesetzten Aromen und Zusatzstoffe unterscheiden sich viele der untersuchten Produkte nicht von herkömmlichen.

Diese Untersuchung zeigt, dass die Hersteller veganer Produkte offenbar nicht die gleichen ethischen Ansprüche verfolgen wie ihre Kunden. Vegan lebende Menschen sollten sich klarmachen, dass viele vegane Fertigprodukte weder naturrein, also clean, noch ethisch vorbildlich sind. So fanden die Verbraucherschützer einen »Cereal Drink«, auf dem eine Alpenkulisse mit dem Schweizer Matterhorn die Herkunft aus gesunder Berglandschaft suggeriert, obwohl die Rohstoffe aus verschiedenen Ländern Europas kommen. Ein anderer Hersteller bildet große Walnüsse auf der Verpackung seines Brotaufstrichs ab, obwohl darin nur 2 Prozent Walnussöl enthalten sind. Und gerade vegane Ersatzprodukte für Fleisch oder Käse stecken voller Zusatzstoffe. Es erfordert schließlich einen großen technologischen Aufwand, aus pflanzlichen Rohstoffen fleisch- oder käseähnliche Substanzen zu gewinnen. Der ist oft noch höher und mit mehr unerwünschten Zusatzstoffen verbunden als das Original.

ZUTATEN:

Sojazubereitung (Wasser, **Sojaschnetzel*** [teilentfettetes **Sojamehl***, extrudiert], Zwiebeln*, **Weizengluten***, **Sellerie***, Reismehl*, **Weizenstärke***, **Senf*** [Wasser, **Senfsaat***, Branntweinessig*, Rohrzucker*, Meersalz, Obstessig*, Gewürze*], Hefeextrakt*, Meersalz, Festigungsmittel: Calciumchlorid; Verdickungsmittel: Natriumalginat), 20 % Panade (Wasser, Meersalz, Cornflakes* [Mais*, Meersalz], **Weizenstärke***), Sonnenblumenöl*.
*aus kontrolliert ökologischer Landwirtschaft

Der Clean Check – 111 Lebensmittel von A bis Z

Bei vielen Lebensmitteln fragst du dich vielleicht: Wie clean ist das eigentlich? Klar, dass eine Orange oder ein Kopfsalat clean sind, aber wie ist es zum Beispiel mit Milch oder Sojasoße? Und: Auch bei Obst und Gemüse gibt es Unterschiede und viele wissenswerte Details. Wir haben 111 gängige Lebensmittel unter die Lupe genommen und auf ihre Reinheit gecheckt. Hier findest du die genaue Erklärung, warum was wie clean ist! Neben jedem Lebensmittel findest du ein Smiley. Dahinter verbirgt sich Folgendes:

☺ Hier kannst du bedenkenlos zugreifen.
😐 Nicht ganz clean, aber in Maßen o.k.
☹ Diese Lebensmittel solltest du meiden.

☺ **1. Agavendicksaft:** Das Naturprodukt aus dem Saft der Agaven besteht zu etwa 90 Prozent aus Fruktose und hat einen niedrigeren glykämischen Index als Zucker, was bedeutet, dass nach Verzehr der Blutzuckerspiegel nicht so hoch ansteigt, was wiederum eine geringere Insulinausschüttung zur Folge hat. (Insulin reguliert den Blutzuckerspiegel.) Agavendicksaft hat eine höhere Süßkraft als

Industriezucker und kann entsprechend sparsam eingesetzt werden. Nicht ganz so clean ist die Herkunft aus weit entfernten Ländern. Vitamine und Mineralstoffe sind auch nur in Spuren enthalten. Also wie jedes andere Süßmittel sparsam einsetzen.

Praxistipp: Eine Tasse Früchte- oder Chai-Tee mit einem kleinen Teelöffel Agavendicksaft süßen – schmeckt herrlich und stillt die Lust aufs Naschen.

2. Ahornsirup: Wird aus dem Saft des nordamerikanischen Zuckerahorns hergestellt. Ahornsirup ist beliebt wegen seines karamellartigen Geschmacks und eignet sich gut als alternatives Süßmittel, speziell für Backwaren, Waffeln und Pfannkuchen. Neben Saccharose enthält der Saft wenige Mineralstoffe und Fruktose.

3. Alcopops: Die fertigen Mischungen aus Spirituosen und süßen Limonaden oder Fruchtsäften sind besonders bei Jugendlichen angesagt. Das Problem: Die Süße überlagert den Alkoholgeschmack, was die Gefahr birgt, dass man die durch Zucker und Kohlensäure noch verstärkte Wirkung der Getränke unterschätzt. Außerdem fördern sie die Alkoholgewöhnung. Ganz davon abgesehen stecken sie voller unerwünschter Zusatzstoffe wie Aromen und synthetischer Farbstoffe.

4. Apfel: An apple a day keeps the doctor away: »Ein Apfel pro Tag«, sagen die Engländer, »hält den Arzt fern«, und das mit Recht, denn das Kernobst steckt voller gesund erhaltender Inhaltsstoffe. Über 30 Vitamine und Spurenelemente finden sich darin. Darunter wertvolle Mineralstoffe wie Kalium, Kalzium und Magnesium. Der hohe Gehalt an Trauben- und Fruchtzucker liefert bei Bedarf schnelle Energie. Äpfel bieten zudem Gefäßschutz, denn das enthaltene Pektin senkt den Cholesterinspiegel und reguliert die

Darmtätigkeit auf natürliche Weise. Clean ist der Apfel besonders dann, wenn er bio ist, in seiner Saison gegessen wird und aus der Region stammt. Auch wenn Äpfel das ganze Jahr über im Supermarkt angeboten werden, sind sie doch eine Saisonfrucht. Die Ernte beginnt Mitte/Ende August mit sehr frühen Sorten wie dem Klarapfel und endet Ende Oktober/Mitte November mit späten Sorten wie Boskoop oder dem Finkenwerder Herbstprinz. Heimische Äpfel werden dann gelagert und sind bis ins frühe Frühjahr empfehlenswert. Doch in den Sommermonaten kommen die meisten Exporte aus Übersee. Also aus Ländern wie Neuseeland, China oder Argentinien. Frage dich selbst, ob du dann nicht lieber andere Früchte wie Kirschen oder Beeren bevorzugen solltest.

Mit oder ohne Schale? Ein großer Teil der gesundheitswirksamen Biostoffe befindet sich in der Schale (das gilt natürlich nur für ungespritzte Bioware). Wird sie entfernt, gehen diese wertvollen Bestandteile verloren. Allerdings ist es nicht für alle ratsam, die Schale mitzuessen. Allergiker vertragen Äpfel oft besser geschält. Außerdem verträgt nicht jeder das natürlich auf der Schale vorhandene Fruchtwachs.

Tipp: Ein Apfel ist ideal für die Zahnreinigung zwischendurch. Denn seine Fruchtsäuren und Ballaststoffe haben einen reinigenden und massierenden Effekt für Zähne und Zahnfleisch.

☹ **5. Aufschnitt:** Zubereitungen wie Streichwurst, Fleischwurst, Mettwurst, Jagdwurst und Mortadella können minderwertige und besonders fetthaltige Fleischbestandteile sowie Zusatzstoffe wie Nitritpökelsalz enthalten. Die cleanere Wahl ist Aufschnitt von ganzen, naturgewachsenen Fleischstücken, die gekocht, geräuchert oder luftgetrocknet wurden. Zum Beispiel gekochter oder luftgetrockneter Schinken sowie luftgetrocknete Spezialitäten vom Rind wie Bündner Fleisch.

☺ **6. Avocado:** Sie gehört zur Familie der Lorbeergewächse und stammt aus Südamerika. Die eierförmigen Früchte enthalten etwa 15 Prozent Fett, das meiste davon in ungesättigter, also gesunder Form. Außerdem sind viele Mineralstoffe und Vitamine enthalten. Das Dilemma: Nur reif schmecken sie richtig gut! Häufig sind sie jedoch noch steinhart und damit ungenießbar. Neuerdings sind so genannte »Ready to eat«-Varianten im Handel. Hier stehen die Chancen besser, eine schmackhafte Frucht zu erwischen, man muss jedoch aufpassen, keine überreife auszuwählen. Wer sichergehen will, sollte lieber die noch etwas festeren kaufen und den Reifezustand zuhause überwachen.

☺ **7. Banane:** Leicht verdaulich, wohlschmeckend, nahrhaft und ressourcenschonend verpackt – so kommt der ideale Snack daher. Außerdem drin: wertvolle Mineralstoffe wie Kalium für die Muskeln und Magnesium für die Nerven.

Tipp: Biobananen wählen. Die Früchte sind nicht viel teurer, enthalten weniger Rückstände, schonen die Umwelt und die Gesundheit der Arbeiter in den Bananenplantagen der Ursprungsländer.

☹ **8. Bier:** Statistisch konsumieren wir Deutschen 110 Liter pro Jahr. Doch Männer trinken viermal so viel wie Frauen. Also liegt Bier bei den Herren mit etwa 180 Litern noch vor dem Spitzenreiter Kaffee (ca. 148 Liter). Aufgrund des legendären deutschen Reinheitsgebots – Hopfen, Malz, Hefe und Wasser sind »clean« – ist gegen den Gerstensaft eigentlich nichts auszusetzen. Wäre da nicht der Alkohol. Neben der Suchtgefahr ist der relativ hohe Kaloriengehalt anzuführen, der bei übermäßigem Konsum zum Bierbauch führt. Und Übergewicht ist leider auch nicht clean.

Achtung: Biere, die nicht nach dem Reinheitsgebot gebraut wurden, können eine Vielzahl von Zusatzstoffen enthalten.

9. Brokkoli: Das Kohlgemüse ist reich an sekundären Pflanzenstoffen mit antioxidativer, also zellschützender Wirkung. Sein hoher Ballaststoffanteil sorgt für eine gute Verdauung. Außerdem enthalten: reichlich Vitamin C.

Praxistipp: Brokkoli öfter mal als Beilage einsetzen. Einfach in kleine Röschen zerteilen und 10 bis 15 Minuten dünsten.

10. Brot: Fast 200 Zusatzstoffe dürfen hierzulande bei der Herstellung von Brot eingesetzt werden. Dazu gehören zum Beispiel Emulgatoren, Verdickungsmittel, Säuerungsmittel und gentechnisch veränderte Backtriebmittel wie Hefe. Am häufigsten wird E 472 e (Diacetylweinsäureester/DAWE) verwendet. Dieser Emulgator bewirkt, dass sich Fett und Wasser im Teig besser mischen und dieser dadurch weniger klebt, was für die Verarbeitung auf industriellen Backstraßen unerlässlich ist. Abgepacktes Brot darf mit Konservierungsstoffen wie Propionsäure und Sorbinsäure haltbar gemacht werden.

Tipp: Biobrot kaufen. Die Zutaten stammen aus biologischem Anbau, was die Umwelt schont. Zusatzstoffe sind nur in sehr begrenztem Umfang erlaubt.

11. Butter: Sie wird aus pasteurisierter, also kurzzeitig erhitzter Sahne hergestellt. Dazu wird die Milch zunächst mit Hilfe von Zentrifugen entrahmt und dann für etwa 20 Stunden stehen gelassen. Anschließend wird der Rahm zu Butter geschlagen. Für 1 Kilogramm Butter müssen gut 20 Liter Milch verarbeitet werden. Als Zusatzstoff kommt häufig Betacarotin zum Einsatz, damit die Butter schön gelb aussieht. Eine Analyse der Universität Gießen hat gezeigt, dass Weidemilch die beste Fettzusammensetzung und den höchsten Gehalt an den Vitaminen A und E aufweist. Kühe von der Weide fressen hauptsächlich Gras und Heu, das für die typisch goldene Farbe der Butter verantwortlich ist. Und auch ihr Omega-3-Fettsäuren-Gehalt ist doppelt so hoch wie bei Tieren aus Stallhaltung. Hier wird kein Carotinzusatz benötigt. Also: Am besten Butter aus Weidemilch kaufen. Aber als tierisches Fett möglichst sparsam verwenden.

12. Chilisoße: Die pikante Würzsoße gewinnt ihre typische Schärfe aus Chilifrüchten verschiedener Herkunft und Intensität. Wirksam darin ist das so genannte Capsaicin, dem zahlreiche Studien eine gefäßschützende Wirkung attestieren. Im Angebot ist eine Vielzahl von Produkten. Ein Blick auf die Zutatenliste lohnt sich. Wenig clean sind meist die süß-scharfen Varianten. Sie enthalten Zucker im Übermaß.

Tipp: Eine rühmliche Ausnahme mit cleaner Zutatenliste findet man zum Beispiel bei Tabasco: Branntweinessig, Chilischoten, Salz.

13. Chips: Bei Kartoffelchips kommt es, wie wir bereits gezeigt haben, auf die Zutatenliste an. Einige Produkte enthalten lediglich Kartoffeln, Pflanzenöl und Salz. Andere sind mit Geschmacksverstärkern, Milchprodukten und Zucker »verunreinigt«.

Achtung: Der Kaloriengehalt ist mit 500 bis 600 kcal pro 100 Gramm sehr hoch. Diese Menge deckt bereits mehr als ein Viertel des Tagesbedarfs (!), und die Gefahr, mehr davon zu essen, als der Figur guttut, ist groß. Jeder, der schon einmal mit einer Tüte Chips vor dem Fernseher gesessen hat, kennt das Phänomen. Kürzlich entdeckten Wissenschaftler den Grund: die so genannte Naschformel. Gemeint ist das Verhältnis von 50 Prozent Kohlenhydraten und 35 Prozent Fett – was tatsächlich bei Kartoffelchips, Erdnussflips und Schokolade der Fall ist! Eine aktuelle Studie von Lebensmitteltechnikern der Universität Erlangen-Nürnberg an

Laborratten ergab, dass diese Formel zum hemmungslosen Verzehr verleitet. Ein Grund könnte darin bestehen, dass das Verhältnis instinktiv als besonders nahrhaft empfunden wird.

14. Cornflakes: Gekochter, gewalzter Maisbrei wird getrocknet bzw. geröstet und mit reichlich Zucker, Gerstenmalz, Salz und weiteren Zutaten vermengt. Die Flocken bestehen zum größten Teil aus Kohlenhydraten.

Tipp: Lieber verschiedene Vollkorn-Getreideflocken wie Hafer, Dinkel, Reis etc. verwenden. Sie enthalten zwar auch viele Kohlenhydrate, schmecken aber noch nach Getreide und halten länger satt. Wer es gerne knusprig mag, sollte mal Reisflocken probieren. Sie haben einen kräftigen Biss.

15. Eier: Bei diesem hochwertigen Naturprodukt kommt es vor allem auf die Herkunft an, denn die Lebensbedingungen und die Fütterung der Legehennen bestimmen die Qualität des Eis. Von Produkten aus der Massentierhaltung ist nicht nur aus Tierschutzgründen abzuraten. Bei der Intensivhaltung kommen häufig Antibiotika und andere Medikamente zum Einsatz, die sich im Ei wiederfinden können. Außerdem birgt die Fütterung mit genverändertem Soja und Mais unbekannte Risiken.

Tipp: In ländlichen Regionen findet man noch immer Bauern, deren Hühner frei laufen und die ihren Überschuss an Eiern zum Verkauf anbieten, oder Bio-Eier aus kleineren Betrieben kaufen.

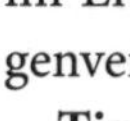

16. Eingelegte Gurken und andere Gemüsesorten: Der Inhalt der Gläser wurde mit kochendem Gewürz-Kräuter-Sud abgefüllt, pasteurisiert und so haltbar gemacht. Hier lohnt sich ein Blick auf die Zutatenliste. Häufig ist viel Zucker drin. Außerdem können Farb- und Süßstoffe zugeführt sein. Es gibt jedoch auch pure Produkte, die ohne diese Zusatzstoffe auskommen.

17. Energydrinks: Die anregenden Softdrinks für eine junge Zielgruppe erfreuen sich großer Beliebtheit, was die stetig wachsenden Verkaufszahlen belegen. Hauptinhaltsstoffe sind Wasser und Zucker. Die belebende Wirkung soll durch Zugabe von Koffein und Taurin erreicht werden. Ob Taurin tatsächlich anregend wirkt, konnte bisher nicht eindeutig geklärt werden. Der Koffeingehalt entspricht jedoch etwa dem einer Tasse Kaffee, so dass eine entsprechende Wirkung gegeben ist. Auf Partys werden Energydrinks gern mit Wodka, Gin oder anderen Spirituosen gemischt. Das führt zur kritischen Überlagerung der Wirkung von Alkohol und anregenden Substanzen.

Das Bundesinstitut für Risikobewertung warnt vor gesundheitlichen Gefahren und fordert Warnhinweise auf den Dosen, insbesondere vor dem Verzehr großer Mengen. Die scheinbar harmlosen Muntermacher können zu Herz-Rhythmus-Störungen, Krämpfen und Nierenversagen führen. Auch zur Steigerung sportlicher Leistung bewerten Experten Energydrinks als kritisch. Allein der Gehalt an Zusatzstoffen ist aber Argument genug, auf diese quietschbunten Drinks zu verzichten.

Als Beispiel die Zutatenliste von Red Bull: Wasser, Saccharose, Glucose, Säureregulator (Natriumcitrate, Magnesiumcarbonat), Kohlensäure, Säuerungsmittel Zitronensäure, Taurin (0,4 %), Koffein (0,03 %), Glucuronolacton, Inosit, Vitamine (Niacin, Pantothensäure, B_6, B_{12}), Aroma, Farbstoffe (einfache Zuckerkulör, Riboflavin). Zuckerkulör etwa ist umstritten und gilt als potenziell krebserregend.

18. Erbsen, tiefgekühlt: Junge Erbsen, Möhren, Bohnen usw. werden ohne weitere Zusätze schockgefroren und verpackt. Vitamine und Mineralstoffe bleiben weitgehend erhalten.

Achtung: TK-Gemüse werden gern in Kombination mit einer Würzzugabe angeboten, die wiederum diverse Zusatzstoffe enthalten kann. Daher lieber das pure Gemüse kaufen und bei der Zubereitung selber abschmecken.

19. Erdbeeren, tiefgekühlt: Gilt auch für andere Beerenfrüchte wie Himbeeren, Johannisbeeren und Blaubeeren – die Früchte werden nach der Ernte gesäubert und schockgefroren. Vitamine und Mineralstoffe bleiben weitgehend erhalten.

Fazit: Fast so clean wie frisches Obst.

20. Erdnusslocken: Die federleichten Locken sind mit fast 25 Prozent Fettgehalt ein echtes Schwergewicht. Ihr Kaloriengehalt liegt bei knapp 500 kcal/100 g. Häufige Zusammensetzung: Maisgrieß, Erdnusskerne, Sonnenblumenöl, Salz, Aromen, Hefeextrakt und der Geschmacksverstärker Mononatriumglutamat. Außerdem ist häufig E 471 drin. Diese Mono- und Diglyceride werden aus Glycerin und pflanzlichen oder tierischen Speisefettsäuren hergestellt und sorgen als Emulgator in Backwaren dafür, dass diese länger frisch bleiben.

21. Feldsalat: Sehr clean, weil die kleinen Blättchen frostfest sind und auch im Winter bei uns wachsen. Die schmackhaften Blättchen übertreffen die Salat-Konkurrenz (z. B. Endivien-, Eisberg- oder Kopfsalat) beim Gehalt an Betacarotin und Vitamin C um ein Vielfaches. Problematisch: Kommt er aus dem Treibhaus, kann er viel Nitrat anreichern.

Praxistipp: Bio-Freiland-Qualität bevorzugen.

☹ **22. Fertigsoße und Tütensuppe:** Ganze Regalschluchten sind mit Produkten bestückt, in denen pulverisierte Nahrung in Tüten abgefüllt auf Käufer wartet. Neben Salz, Zucker, Stärke und Gemüse befinden sich darin auch tierische Produkte. Namensgebende Zutaten liegen meist nur als Aroma vor. Weniger clean geht's kaum.

☹ **23. Fertigsuppe:** Bohnen-, Gulasch- und Tomatensuppen kommen verzehrfertig in Dosen, neuerdings vermehrt in Standbeuteln (Hersteller nennen sie gern Frischepack), in den Handel. So oder so ist die Zutatenliste lang. Etwas besser sind Bioprodukte.

😐 **24. Fischkonserven:** Zum Beispiel Heringe, Makrelen, Sardinen und Thunfisch werden mit Pflanzenöl oder Wasser und Salz in Dosen abgepackt. Omega-3-Fettsäuren bleiben bei der Konservierung erhalten. Die meisten Produkte sind frei von Zusatzstoffen wie Konservierungsmitteln.

Umwelttipp: Thunfisch gibt es seit kurzem aus ressourcenschonendem, beifangarmem Angelrutenfang (mehr über nachhaltige Siegel beim Fisch findest du im Kapitel »Clean mit den richtigen Labels und Siegeln«), einer umweltfreundlichen Alternative zur weit verbreiteten Ringwadenfischerei, die mit ihren bis zu 2.000 Meter langen und bis in eine Tiefe von 200 Metern reichenden, ringförmigen Netzen zur weltweiten Überfischung der Meere beiträgt.

☹ **25. Fischstäbchen:** Die Zutatenliste hält sich noch einigermaßen in Grenzen: Alaska Seelachsfilet (65 %), Weizenpaniermehl, pflanzliches Öl, Weizenmehl, Kartoffelstärke, Salz, Gewürze. Doch: Alaska Seelachs gilt zum Teil als überfischt. Außerdem: Bei der industriellen Herstellung werden Fischfilets quer durch die ganze Welt transportiert und häufig mit Wasser geimpft, um ein höheres Produktgewicht zu erreichen. Nicht nachhaltig und deshalb auch nicht clean!

26. Fruchtsaft: Er muss nach der Fruchtsaft- und Erfrischungsgetränkeverordnung einen Fruchtgehalt von 100 Prozent aufweisen. Im Handel finden sich »Direktsaft« und Produkte, die aus Fruchtsaftkonzentrat bestehen, dem anschließend wieder Wasser zugesetzt wurde. Das Wasser wird den reifen Früchten bereits im Erzeugerland entzogen, was Gewicht und damit Transportkosten spart. Außerdem ist das Konzentrat länger haltbar. Farb- und Konservierungsstoffe sind verboten, hinzugefügte Vitamine müssen gekennzeichnet werden.

Sonderfall Fruchtnektar und Fruchtsaftgetränke: Ihr geringerer Saftanteil wird durch Zugabe von Wasser und Zucker kompensiert. Fruchtsaftgetränken dürfen sogar Aromastoffe zugesetzt werden. Hier springt die Ampel auf Rot!

Tipp: Egal, nach welcher Methode Säfte hergestellt werden, ein Großteil der Vitamine und Ballaststoffe geht dabei verloren. Deshalb ist der Genuss erntereifer, ganzer Früchte jedem Saft vorzuziehen. Und wegen des hohen Fruchtzucker- und Kaloriengehalts Fruchtsäfte lieber immer als Schorle trinken.

27. Frühlingsrollen, tiefgekühlt: Die Zutatenliste ist zwar lang, doch sie enthält weder Konservierungsstoffe noch Farbstoffe. Zum Teil sind künstliche Aromen drin, außerdem Verdickungs- und Säuerungsmittel. Finger weg von nichtvegetarischen Varianten. Das Fleisch stammt aus trauriger Herkunft.

28. Garnelen: Die wohlschmeckenden Meerestiere könnten theoretisch clean sein, wären sie nicht aus ökologischer

Sicht problematisch. Garnelen aus Wildfang haben den höchsten Beifang aller Arten. Bei Garnelen aus Aquakultur kommt es sehr auf die konkrete Herkunft an. Der Boom des ehemaligen Luxusprodukts hat dazu geführt, dass in vielen Ländern Asiens und Lateinamerikas Garnelenfarmen entstanden, die in der Folge lokal für massive ökologische Probleme sorgten. Wertvolle Mangrovenwälder wurden vernichtet, die küstennahen Gewässer wurden mit Chemikalien und Bakterien verseucht. So ein Produkt kann nicht clean sein! Abhilfe bieten nur Garnelen aus nachhaltiger Aquakultur, etwa mit dem Naturland-Siegel.

29. Gemüsebrühe: Hier kommt es auf die Zutaten an. Häufig sind Geschmacksverstärker wie Mononatriumglutamat und künstliche Aromastoffe drin. Aber es gibt auch cleane Produkte.

Tipp: Vitam Gemüse-Hefebrühe. Zutaten: Pflanzliche Würze, Hefeextrakt (14 %), Sonnenblumenöl, Gemüse (9 % – Karotten, Lauch, Zwiebeln, Sellerie), Meersalz, Petersilie, Gewürze.

30. Geschälte Tomaten: Erntereife Früchte werden gekocht, enthäutet und in Dosen abgefüllt. Aromatischer als die meisten frischen Tomaten. Ideal zur Herstellung einer Nudelsoße und besser als Fertigprodukte, da man selber entscheiden kann, was hineinkommt.

Achtung: Ist die Dose angebrochen, kann das Blech oxidieren. Restlichen Inhalt daher umfüllen.

31. Getreide: Weizen, Roggen, Hafer, Dinkel. Ob als Mehl, Grieß, Graupen oder in Flocken – Getreide ist die gesunde Basis vieler Nahrungsmittel wie Brot, Kuchen, Müsli, Porridge und Pizza. Wählt man das volle Korn als Ausgangsprodukt, bleiben

Vitamine und Ballaststoffe weitgehend erhalten. Weiterer Vorteil: Getreide wächst bei uns und muss nicht importiert werden.

☹ **32. Grillsoße:** Häufig auf Basis von Ketchup, jedoch auch mit Milchprodukten oder Mayonnaise zubereitet. Hauptkritikpunkt: Zu viel Zucker.

Fazit: Fertigsoßen gehören nicht in die Clean-Eating-Küche. Soßen lieber selber und frisch zubereiten.

☹ **33. Grillwurst:** Siehe »Aufschnitt«.

☺ **34. Grüner Tee:** Das anregende Getränk wird aus den unfermentierten Blättern des Teestrauchs gewonnen, ist also ein Naturprodukt und clean – vor allem wenn es sich um Bioqualität handelt. Außerdem ist grüner Tee reich an gesundheitsfördernden sekundären Pflanzenstoffen. Zum Beispiel den so genannten Catechinen. Sie wirken nicht nur zellschützend, sondern hemmen auch die Fettspeicherung, wie Studien aus Japan belegen. Außerdem senkt das Heißgetränk den Cholesterinspiegel. Wegen seiner anregenden Wirkung grünen Tee dennoch eher nicht als Durstlöscher, sondern als anregendes Getränk mit Wirkung konsumieren.

☹ **35. Gummibärchen:** Zuckerarten (Glukosesirup), Aromastoffe natürlichen und künstlichen Ursprungs, Gelatine und Farbstoffe werden zu bunten Gummifiguren geformt. Gut: Immer mehr Hersteller verwenden Frucht- und Pflanzenkonzentrate zum Färben und verzichten so auf potenziell schädliche Azofarbstoffe. Nur wenige Produkte sind frei von Gelatine, die aus dem Bindegewebe von Schlachttieren gewonnen wird.

Tipp: Einfach auf das gelb-grüne »V-Label« achten. Es wird von der European Vegetarian Union (EVU) vergeben und macht vegetarische Süßigkeiten leichter erkennbar. Trotzdem bleibt es ein hoch verarbeitetes Produkt.

36. Haferflocken: Stecken voller B-Vitamine und Magnesium. Besonders wertvoll sind magenschonende und cholesterinsenkende lösliche Ballaststoffe, die Haferbrei so leicht verdaulich machen.

Tipp: Die ideale Basis für Müsli oder Porridge am Morgen.

37. Hafermilch: Milchersatzprodukt aus Wasser, Hafer (Vollkorn) und Pflanzenöl. Diese Zusatzstoffe kommen vor: Farbstoff E 170 (Calciumcarbonat), Stabilisator E 418 (Gellan) und nicht weiter deklarierte Aromen. Akzeptabel als Bioprodukt und immer in der Naturell-Variante ohne Süße und Aromen. Das Gleiche gilt übrigens für Mandelmilch.

38. Hähnchen- und Putenfleisch: Bei Geflügelfleisch, vor allem Putenfleisch, kommt es sehr auf die Haltung der Tiere an. Zu Recht sorgen die fragwürdigen Zustände in der Geflügelmast regelmäßig für Schlagzeilen und Skandale: Mal ist es die tierschutzwidrige Haltung, dann finden sich Antibiotikarückstände, Hormone oder Salmonellen im Fleisch. Clean ist daher ausschließlich Fleisch aus biologischer Erzeugung.

39. Hähnchenbrustfilet, paniert und tiefgefroren: Unter der Bezeichnung Chickennuggets und Ähnlichem kommen kleine Stücke paniertes und gefrorenes Hühnerfleisch in den Handel. Die Zutatenliste ist lang, und vor allem: Das Fleisch stammt in der Regel aus der bei Geflügel besonders fragwürdigen Massentierhaltung.

☺ **40. Harzer Käse:** Der Sauermilchkäse enthält nur knapp 1 Prozent Fett und ist damit der mit Abstand leichteste Vertreter seiner Gattung. Außerdem ist Harzer Käse reich an Protein mit hoher biologischer Wertigkeit, was bedeutet, dass wir das Eiweiß besonders gut verwerten können.

Praxistipp: Ein Knäckebrot mit Harzer Käse und ein paar dünnen Scheiben Gurke belegt ist wahrscheinlich das kalorienärmste Käsebrot der Welt.

☺ **41. Honig:** Bienenhonig ist ein sehr hochwertiges, naturbelassenes Lebensmittel. Laut deutscher Honigverordnung darf bei der Herstellung durch das Schleudern dem Honig nichts hinzugefügt und nichts entzogen werden. Eine Ausnahme bildet der gefilterte Honig, dem durch Mikrofilterung der natürliche Pollenanteil entzogen wird, wodurch der Honig flüssiger wird und sich zum Abfüllen in so genannte Squeeze Bottles eignet. Cleanen Honig also möglichst direkt beim Imker kaufen! Der Deutsche Imkerbund hat Landesverbände, bei denen man sich nach Imkern in der Nähe erkundigen kann. Dann hat Honig auch einen regionalen Vorteil gegenüber Agavendicksaft oder Ahornsirup!

☹ **42. Honigpops:** Von gesüßten Cerealien ist grundsätzlich abzuraten. Der Zuckergehalt ist oft enorm hoch. Gerade bei Produkten, die auf Kinder zugeschnitten sind. Auch Fertigmüslimischungen sind oft viel zu süß.

Tipp: Besser ungesüßte Zutaten einkaufen und süße Trockenfrüchte beimischen oder das Frühstücksgetreide mit Honig oder Ahornsirup verfeinern.

☺ **43. Ingwer:** Die Asia-Knolle regt die Speichel- und Magensaftproduktion an, wirkt verdauungsfördernd und entzündungshemmend. Ihre ätherischen Öle wirken entschlackend, indem sie die Ausscheidung von Stoffwechselprodukten aus dem Körper fördern.

Praxistipp: Ingwer gibt Suppen, Eintöpfen und Fleischgerichten den exotischen Touch. Am einfachsten und schnellsten geht das, wenn man ein Stückchen von der Wurzel abschneidet, es schält und mit Hilfe einer Knoblauchpresse direkt in das Gericht presst.

44. Instant-Nudelsnack: Nudeln, getrocknetes Gemüse und eine Würzmischung befinden sich entweder in einem Beutel oder bereits in einem Kunststoffbecher aus Polypropylen und werden mit kochendem Wasser aufgegossen. 5 Minuten ziehen lassen, fertig.

Zutatenliste der Maggi-5-Minuten-Terrine, Geschmacksrichtung Broccoli Nudeltopf: 50 % Nudeln (Hartweizengrieß, Eier), Trockenmilcherzeugnis, Stärke, Palmfett, 4,9 % Broccoli, Jodsalz, Aromen (mit Weizen, Sellerie), Blumenkohlpulver, Milchzucker, Knoblauchpulver, Petersilie, Milcheiweiß, Geschmacksverstärker (Mononatriumglutamat, Dinatriumguanylat, Dinatriuminosinat), Emulgator Lecithine, Säuerungsmittel Citronensäure. (Spuren: Soja, Senf.) Das Fazit können wir uns schenken! (Das Rezept für einen cleanen Nudelsnack findest du im Kapitel »Clean Basics«.)

45. Joghurt: Wirkt regulierend auf unser Verdauungssystem, reduziert das Völlegefühl und hilft bei Blähungen. Außerdem belegen Studien, dass Bakterien aus Joghurtkulturen unser körpereigenes Immunsystem anregen können und es so darauf trainieren, Krankheitserreger besser abzuwehren. Clean ist natürlich nur Naturjoghurt ohne weitere Zusätze.

Achtung: In manchen Sorten versteckt sich Zucker. Zum Beispiel in Frankreich und Spanien gibt es fast ausschließlich gesüßten »Naturjoghurt«, also die Zutatenliste genau lesen. Taucht jedoch bei den Nährwerten von Naturjoghurt Zucker auf, handelt es sich nicht um zugesetzte Saccharose, sondern um den natürlicherweise in der Milch enthaltenen Milchzucker, die Laktose. Ein Fakt, der oft für Verwirrung sorgt.

46. Kaffee: Genussmittel werden nicht wegen ihres Nährwertes konsumiert, sondern wegen ihrer anregenden Wirkung. Kaffee gehört neben Tee, Alkohol und Tabak zu dieser Gruppe. Trotzdem ist es ein wenig verarbeitetes, relativ natürliches Produkt: Kaffeebohnen werden geröstet und vermahlen. Leider entsteht beim Rösten der potenziell krebserregende Stoff Acrylamid, der dann auch im Kaffee enthalten ist – allerdings wegen der Zubereitung als Aufguss nur in relativ geringen Mengen.

Gegen den Kaffee am Morgen ist prinzipiell nichts einzuwenden, allerdings raten wir in Woche 1 unseres Ernährungsplans dazu, völlig auf Koffein zu verzichten. Um süßen Sirup und Aromazusätze bitte immer einen Bogen machen. Manche Kaffeehersteller mogeln Zucker in das schwarze Pulver, um den Geschmack gefälliger zu gestalten. Da hilft ein Blick auf die Zutatenliste oder der Kaffeekauf im entsprechenden Spezialgeschäft. Frag am besten nach besonders säurearmen Sorten, sie belasten den Stoffwechsel weniger.

Tipp: Schwarzer Tee, grüner Tee und Matetee sind eine Alternative zum Kaffee. Sie enthalten vergleichbare Mengen an Koffein und wirken ebenso anregend.

47. Kartoffeln: Das darin enthaltene Kalium fördert die Nierentätigkeit und hilft so, zu entwässern und zu entschlacken. Mit nur 0,1 Gramm Fett pro 100 Gramm sind Kartoffeln »leichter« als die meisten Lightprodukte. Außerdem drin: Vitamin C.

Achtung: Auf die Zubereitung kommt es an: Kartoffelsalat ist natürlich sehr viel empfehlenswerter als Pommes frites. Ernährungswissenschaftler fanden nämlich heraus, dass kalte Pellkartoffeln einen besonders günstigen glykämischen Index haben, weil sich beim Abkühlen verdauungsresistente Stärke bildet. Die Folge: Unser Blutzuckerspiegel schnellt nicht in die Höhe, der Hunger kurze Zeit später bleibt aus.

Praxistipp: Salat aus Pellkartoffeln vom Vortag zubereiten. Für ein leichtes Dressing Joghurt und Apfelsaft verrühren. Mit Salz, Pfeffer und frischen Kräutern abschmecken.

48. Käse: Reichlich Eiweiß und Kalzium machen Käse zu einem gesunden Lebensmittel. Das Problem steckt in der Rinde, denn bei Hartkäse wie Appenzeller und Schnittkäse wie Gouda darf diese mit Natamycin gegen Schimmelbildung behandelt werden. Das Antimykotikum dringt bis zu 5 Millimeter in die Rinde ein, weshalb diese vor dem Verzehr entsprechend großzügig abgeschnitten werden sollte. Diese Vorsichtsmaßnahme gilt nicht für Rotschmierkäse wie Romadur oder Weichkäsesorten wie Camembert und Brie. Und auch bei Biokäse ist die Behandlung mit Natamycin verboten.

49. Kaugummi: Die Kaumasse besteht aus Kunststoffen auf Erdölbasis wie Polyisobutylen und Polyvinylacetat sowie 50 bis 70 Prozent Zucker oder bei den zuckerfreien Varianten künstlichen Süßstoffen. Hinzu kommen Füllstoffe wie Aluminiumoxid, Kieselsäure und Zellulose, außerdem Antioxidantien, Aromen, Emulgatoren, Farbstoffe, Feuchthaltemittel, Säuren und Weichmacher – das volle Programm der Zusatzstoffe – gar nicht clean!

50. Kinderschokolade: Der Name suggeriert, dass diese Süßigkeit Kindern besonders guttut. Leider ist genau so viel Zucker und Fett drin wie in allen anderen Sorten (siehe »Schokolade«). Einziger Vorteil: Da die Riegel einzeln verpackt sind, ist es leichter, nach ein bis zwei Stück aufzuhören.

51. Knoblauch: Enthält zahlreiche Vitamine und Mineralstoffe, unter anderem Betacarotin, Vitamin B und C sowie Kalium und Selen. Außerdem drin: wertvolle sekundäre Pflanzenstoffe wie Polyphenole und Sulfide. Sulfide sind schwefelhaltige Verbindungen, die auch in Zwiebeln und Lauch vorkommen und antimikrobiell und entzündungshemmend wirken. Es gilt als erwiesen, dass Knoblauch den Cholesterol- und Triglyceridspiegel im Blut, also die Blutfettwerte, senkt und so Herz- und Kreislauf-Erkrankungen vorbeugt. All diese positiven Wirkungen setzen jedoch einen regelmäßigen Verzehr voraus.

52. Kokosöl: Das exotische Fett ist der Shootingstar in der Vegan- und Gesundheitsszene. Obwohl es reich an gesättigten Fettsäuren ist, die bislang als nicht empfehlenswert galten. Doch möglicherweise findet ein Umdenken statt. Experten hinterfragen ohnehin schon länger die jahrzehntelange Verteufelung gesättigter Fette. Kokosöl ist jedenfalls sehr leicht verdaulich und eignet sich wegen der hohen Hitzebeständigkeit auch zum Braten. Studien deuten darauf hin, dass Kokosöl wegen der darin enthaltenen Laurinsäure eine antivirale Wirkung hat. Clean ist natives Bio-Kokosöl, das ohne Zusatzstoffe aus dem Fett der Kokosnuss gewonnen wird. Ein Wermutstropfen ist allerdings der weite Weg, den das aromatische Fett hinter sich hat, verbunden mit einem beträchtlich großen ökologischen Fußabdruck und einem hohen Preis für gute Qualitäten.

Tipp: Kokosöl ergänzend zu Pflanzenölen verwenden.

53. Kresse: Auch Brunnenkresse genannt und erhältlich in kleinen Pappschachteln, gilt als natürlicher Appetitzügler. Denn es enthält Chrom, ein Spurenelement, das an der Steuerung des Sättigungsgefühls beteiligt ist. Kresse versorgt uns außerdem mit Jod für eine gut funktionierende Schilddrüse und mit Senfölen zum Schutz der Harnwege. Natürlich muss man sie regelmäßig verzehren, um vom Effekt zu profitieren.

Praxistipp: Zwei Esslöffel über den Salat, aufs Brot oder in die Suppe streuen.

54. Lakritze: Das vielfältige Angebot an Sorten eint der hohe Zuckergehalt von oftmals über 50 Prozent (Zucker, Zuckersirup, Glukosesirup). Außerdem meist drin: Stärke, Lakritz (wenige Prozent), Gelatine, Aromastoffe und Salz.

Salzlakritz enthält den Lebensmittelzusatzstoff Ammoniumchlorid (E 510). Liegt dessen Gehalt über 2 Prozent, muss die Verpackung die Bezeichnung »Erwachsenenlakritz – kein Kinderlakritz« aufweisen. Ab 4,5 Prozent ist der Hinweis »extra stark« hinzuzufügen. Laut Bundesinstitut für gesundheitlichen Verbraucherschutz führt Ammoniumchlorid in höheren Dosen zu »gesundheitlichen Beeinträchtigungen«.

Vorsicht bei Bluthochdruck: Das im Süßholzstrauch enthaltene Glycyrrhizin fördert die Produktion von Cortisol in der Nebenniere und lässt so den Blutdruck steigen.

55. Lamm: Das Fleisch von Jungschafen, die mit unter einem Jahr geschlachtet und verarbeitet werden, darf als Lammfleisch in den Handel kommen. Es enthält beachtliche Mengen des Fatburners L-Carnitin. Dieser Stoff fördert den Fettstoffwechsel in der Leber und in den Körperzellen. Lammfleisch stammt in der Regel aus extensiver Tierhaltung. Die Tiere weiden auf offenen Flächen, Stallhaltung wie bei Schweinen und Rindern ist unüblich. Deshalb ist Lammfleisch eher empfehlenswert.

56. Lightgetränke: Softdrinks enthalten in aller Regel sehr viel Zucker. Kalorienarm oder sogar kalorienfrei sind Lightgetränke, bei denen der Zucker durch synthetische oder chemische Süßstoffe ersetzt wurde. Dass man mit Aspartam, Cyclamat oder Steviolglykosiden abnehmen kann, ist jedoch nach wie vor umstritten. Fest steht jedoch: Sie sind definitiv nicht clean. Und neben Süßstoff befinden sich meist noch andere synthetisch erzeugte Ingredienzien in der Lightbrause. Zum Beispiel Aroma- und Farbstoffe sowie zahnschmelzaggressive Säuerungsmittel.

57. Linsen: 100 Gramm Linsen enthalten 23 Gramm Eiweiß – in etwa so viel wie die gleiche Menge an Hühnerfleisch. Hülsenfrüchte sorgen zudem für einen stabilen Blutzuckerspiegel, da die enthaltene Stärke aufgrund des günstigen glykämischen Index nur langsam abgebaut wird. Der hohe Ballaststoff- und Eiweißanteil hält lange satt. Das macht die Linse zum idealen Diätlebensmittel. Clean-Faktor: Linsen werden nicht aufwendig verpackt und sind lange haltbar. Man kann sie jederzeit im Vorrat halten.

Praxistipp: Wenn es schnell gehen soll, geschälte rote Linsen nehmen. Die müssen nicht eingeweicht werden und sind schon nach circa 10 Minuten gar – eine echte Alternative zu Nudeln oder Reis.

58. Linsensuppe: Linsen aus der Dose mit Suppengrün, Gemüse und Salz – im Prinzip ein pures Produkt ohne weitere Zusatzstoffe. Einige Hersteller bieten sie so an. Die meisten Produkte enthalten jedoch leider viele Zusatzstoffe. Hier heißt es: Dosen umdrehen und das cleanste Produkt auswählen!

59. Maiskörner in Dosen: Wir entdeckten mehrere Produkte mit akzeptabler Zutatenliste: Maiskörner (gegart), Wasser und Salz. Noch cleaner sind allerdings frisch gegarte, ganze Maiskolben!

60. Margarine: Bei dem industriell hergestellten Streichfett handelt es sich um eine Emulsion aus flüssigem Öl, Wasser, Emulgatoren und einem festen Fett. Entgegen der landläufigen Meinung kann Margarine auch tierische Bestandteile wie Molke oder Lecithin enthalten. Zur Geschmacksverbesserung werden häufig Milchsäure, Zitronensäure oder Joghurtkulturen beigemischt. Betacarotin sorgt für die gelbliche Farbe. Lightmargarine wird oft zusätzlich mit Füllstoffen und Stabilisatoren wie Gelatine versetzt.

Da im Laufe des Herstellungsprozesses die meisten Vitamine verloren gehen, werden zum Schluss häufig fettlösliche Vitamine (A, D, E) wieder zugesetzt. Margarine wird oft mit den hochgradig ungesunden Transfettsäuren in Verbindung gebracht. Eine aktuelle Untersuchung von 19 haushaltsüblichen Streichfetten im LUFA-ITL-Labor (spezialisiert auf Lebensmittelanalytik) bestätigt den Markenmargarinen jedoch einen sehr niedrigen, völlig unbedenklichen Gehalt an Transfettsäuren. Dennoch bleibt die Zutatenliste im Vergleich zu Butter deutlich länger.

Tipp: Wer kein tierisches Streichfett verwenden möchte, aber auch vor vegetarischen Alternativen mit langer Zutatenliste zurückschreckt, sollte sich einen leckeren Aufstrich selbst machen. Ein Rezept dafür findest du im Kapitel »Clean Basics«.

61. Marmelade: Die deutsche Konfitürenverordnung regelt den Fruchtgehalt der Aufstriche, die sich unter den Bezeichnungen Marmelade, Gelee, Konfitüre und Konfitüre Extra auf dem Markt befinden. Allen gemein ist ein sehr hoher Zuckergehalt, also mach das Marmeladenbrot lieber zur Ausnahme. In der Regel bestehen die Fruchtaufstriche zu mindestens 50 Prozent aus Zucker. Manche Marmeladen haben einen höheren Fruchtgehalt, sind aber immer noch sehr süß.

62. Mayonnaise: Pflanzenöl, Eigelb und Zitrone bzw. Essig werden zu einer Emulsion verarbeitet und mit Gewürzen (meist Zucker und Salz) abgeschmeckt. Unter dem Aspekt des Tierschutzes ist die Herkunft des Eigelbs zu beachten.

63. Milch: Kalzium ist einer der wichtigsten Mineralstoffe in unserem Organismus. Er verleiht unserem Knochengerüst Stabilität und ist an vielen wichtigen Stoffwechselprozessen beteiligt. Milch und Milchprodukte sind die besten Kalziumquellen in unserer Ernährung. Außerdem liefern sie hochwertiges Eiweiß.

Aber: Milch sollte aus Weidemilch mit naturbelassenem Fettgehalt bestehen. Entfettete Milch (fettarme oder Magermilch) und Milch von Kühen, die das ganze Jahr über im Stall gehalten und mit gentechnisch verändertem Getreide und Silage ernährt werden, kann nicht als clean bezeichnet werden. Übrigens: Biomilch ist nicht immer Weidemilch. Am besten ist, wenn auf deiner Milch beides ausgelobt wird!

64. Milchschnitte: Laut Hersteller speziell für den Bedarf von Kindern konzipierter Riegel. Warum enthält das Produkt dann 30 Prozent Zucker und fast ebenso viel minderwertiges Fett? Die Zutatenliste auf der Packung ist in derart kleiner Schrift gedruckt, dass es eine Lupe erfordert, sie zu entziffern. Außerdem ist sie ziemlich lang, da eine ganze Reihe von Zusatzstoffen zum

Einsatz kommen: frische Vollmilch (40 %), pflanzliche Öle, Zucker, Weizenmehl, Magermilchpulver, Honig (5 %), Butterreinfett, Volleipulver, fettarmer Kakao, Weizenkleie, Backtriebmittel: Dinatriumdiphosphat, Natriumhydrogencarbonat, Ammoniumcarbonat; Emulgator Mono- und Diglyceride von Speisefettsäuren, Salz, natürliche Aromen, Vanillin.

65. Möhren: Sie sind reich an wertvollem Betacarotin, einer Vorstufe von Vitamin A. Laut Information des Niedersächsischen Landesamtes für Verbraucherschutz und Lebensmittelsicherheit sind Möhren aus konventionellem Anbau nur wenig mit Pflanzenschutzmittelrückständen belastet. Höchstmengenüberschreitungen sind kaum nachweisbar.

Praxistipp: Möhren mit Pflanzenöl oder Butter dünsten. Das in ihnen üppig enthaltene Betacarotin ist fettlöslich und wird so vom Körper besser aufgenommen.

66. Müsli: Die Mischungen aus unterschiedlichen Getreideflocken (z. B. Hafer, Weizen, Roggen, Dinkel usw.) sowie Trockenfrüchten und Nusskernen gelten als gesund und nahrhaft. Mit Milch, Obstsäften oder Joghurt angemacht entsteht daraus ein hochwertiges Frühstück, das lange satt macht, ohne die Verdauung zu belasten. Doch konfektionierte Müslimischungen aus dem Supermarkt können erhebliche Mengen Zucker und viele stark verarbeitete Bestandteile enthalten.

Tipp: Müslimischungen am besten selber herstellen, dann weiß man, was drin ist (ein Rezept für unsere Lieblingsmischung findest du im Kapitel »Clean Basics«).

67. Natürliches Mineralwasser und Heilwasser: Derzeit existieren in Deutschland 820 amtlich geprüfte und aner-

kannte Quellen. Enthält natürliches Mineralwasser Kohlensäure, so kann diese aus eigener Quellkohlensäure bestehen oder zugesetzt worden sein. Eine Ausnahme bilden die so genannten Heilwässer. Sie gelten nicht als Lebensmittel und fallen unter das Arzneimittelgesetz, wodurch sie eine staatliche Zulassung benötigen. Neben den für Mineralwasser geltenden Anforderungen muss Heilwasser in 1 Liter Wasser mindestens 1 Gramm gelöste Mineralstoffe oder Spurenelemente enthalten. Das Flaschenetikett muss genaue Angaben zu den wirksamen Inhaltsstoffen machen. Cleaner, weil weniger belastend für den Stoffwechsel, sind stille Mineralwässer oder Heilwässer.

68. Nudeln: Bei der neudeutsch auch als Pasta bezeichneten Produktgruppe handelt es sich um Teigwaren, die im besten Fall aus 100 Prozent Hartweizen bestehen und dann eine sehr überschaubare Zutatenliste aufweisen. Weitere Zusätze wie Hühnereigelb oder Pflanzenfarbstoffe (grüne Nudeln) verschlechtern die Clean-Bilanz eher. Weizen wird nicht von allen Menschen vertragen (mehr dazu im Kapitel »Lebensmittelunverträglichkeit: Trend oder Epidemie?«).

Achtung: Fertige Ravioli, Maultaschen oder Spätzle aus dem Kühlregal der Supermärkte können eine Reihe von Zusatzstoffen wie Konservierungsstoffe und Stabilisatoren enthalten. Von konfektionierten Nudeln mit Fleischfüllung ist abzuraten, da die Fleischqualität kaum nachvollzogen werden kann.

69. Nüsse: Nusskerne wie zum Beispiel Cashew-, Erd-, Hasel-, Macadamia- und Walnüsse enthalten mehrfach ungesättigte Fettsäuren, außerdem sind sie reich an Vitamin E, B-Vitaminen, pflanzlichem Eiweiß und Magnesium.

Tipp: »Studentenfutter« – die nahrhafte Mischung aus Nusskernen und Trockenfrüchten fördert die Konzentration und Lernfähigkeit, stärkt das Gedächtnis und die Nervenfunktion. Sind sie geröstet und gesalzen, in der Regel wird noch unnötiges Öl und sehr viel Salz hinzugefügt. Ganz unclean wird's, wenn die Nüsse in Würzkrusten gewälzt werden.

70. Nussmus: Zum Beispiel Erdnuss-, Mandel- oder Cashewmus. Das sind hochkonzentrierte, sehr kalorienreiche Lebensmittel, denen meist etwas Pflanzenöl und Salz zugefügt wurde. Aber Achtung: Zucker sollte nicht drin sein. Im Naturkosthandel findet sich eine große Auswahl cleaner Produkte. Sie lassen sich prima als Ersatz für Sahne und zum Verfeinern verwenden.

71. Orangen: Orangen sind wie alle Zitrusfrüchte über die gesamte Vegetationsperiode hinweg sehr empfindlich. Blätter, Blüten, junge Triebe und Früchte werden von Schadinsekten wie Fliegen, Läusen und Milben geschädigt. Im konventionellen Anbau setzt man statt auf die natürlichen Feinde solcher Schadinsekten (Marienkäfer zum Beispiel wirken nachhaltig gegen den Befall durch die Australische Wollschildlaus) auf Spritzmittel. Weitere Chemikalien werden gegen Unkräuter, Pilzerkrankungen und kurz vor der Ernte sogar gegen das vorzeitige Abfallen der Früchte eingesetzt, damit diese keine Druckstellen bekommen. Nach der Ernte sorgen andere Chemikalien dafür, dass Orangen, Mandarinen und Zitronen während ihrer Lager- und Transportzeit nicht schimmeln oder faulen. Das giftige Wachs sitzt direkt auf der Schale, und die darin befindlichen Chemikalien müssen auf den Etiketten der Obstkisten oder Netze genannt werden. Zum Beispiel: Imazalil, Biphenyl (E 230), Orthophenylphenol (E 231), Natriumorthophenylphenol (E 232) oder Thiabendazol (E 233).

Tipp: Südfrüchte aus Bioanbau bevorzugen. Die Früchte vor dem Verzehrgut gut abspülen und trocken reiben.

72. Paprika: Laut Information der deutschen Lebensmittelüberwachung gehört Paprika zu den Feldfrüchten, die am häufigsten mit überhöhten Pestizidrückständen belastet sind. Zum Beispiel mit dem Unkrautvernichtungsmittel Methamidophos.

Tipp: Bei häufig belasteten Obst- und Gemüsesorten wie Paprika, Birnen und Tafeltrauben Früchte aus Bioanbau bevorzugen. Sie weisen meist keine oder wesentlich geringere Schadstoffwerte auf.

73. Petersilie, tiefgefroren: Gilt auch für Schnittlauch, Kerbel, Dill und deren Mischungen – die Kräuter werden nach der Ernte gesäubert und schockgefroren. Vitamine und Mineralstoffe bleiben weitgehend erhalten.

Fazit: Sehr clean, weil bequem portionsweise einsetzbar. Bei frischen Kräuterbunden bleiben oft Reste, weil man sie nicht schnell genug aufbrauchen kann.

74. Pflanzenöl: Kalt gepresste, native Öle werden bei nur geringer Wärmezufuhr durch mechanische Verfahren hergestellt und anschließend gefiltert. Wirksame Inhaltsstoffe wie Vitamine bleiben erhalten. Geschmack, Geruch und Farbe repräsentieren die sortentypischen Eigenschaften. Diese Öle sind ideal für Salate und die kalte Küche. Besonders Raps-, Lein- und Walnussöl: Sie sind reich an mehrfach ungesättigten, herzschützenden Omega-3-Fettsäuren. Aber auch Olivenöl mit seinem hohen Gehalt an der einfach ungesättigten Ölsäure ist empfehlenswert.

Diese Öle sind ideal für Clean Eating, leider aber zum Braten und für höhere Temperaturen nicht geeignet. Dafür benötigen wir raffinierte Pflanzenöle. Diese durchlaufen jedoch einen aufwendigen Fabrikationsprozess. Sie werden unter hohem Druck hergestellt. Bei dieser Heißpressung entstehen Temperaturen von über 100 Grad. Um das Öl vollständig zu extrahieren, werden Lösungsmittel wie Hexan oder Benzol eingesetzt, die danach wieder vom Öl getrennt werden müssen. Das so gewonnene Rohöl muss dann durch die so genannte Raffination in mehreren Stufen bei hohen Temperaturen entschleimt, entsäuert, entfärbt und zuletzt durch Wasserdampf von störenden Geruchs- und Geschmacksstoffen befreit werden. Dabei gehen die positiven, gesundheitlich wirksamen Fettbegleitstoffe vollständig verloren. Dafür kann das Öl stärker erhitzt werden. Zum Braten gut geeignet: raffiniertes Oliven-, Erdnuss- oder Sojaöl.

Tipp: In der Clean-Eating-Küche immer mehrere Öle bereithalten. Eines zum Braten und verschiedene kalt gepresste für die kalte Küche und eines zum Verfeinern, wie das aromatische Sesamöl oder Kürbiskernöl.

75. Pizza: Tiefkühlpizza gehört zu den Fertiggerichten mit den längsten Zutatenlisten. Häufig mit dabei: Konservierungs-, Aroma-, Farb- und Hilfsstoffe. Hinzu kommt ein oft ungesund hoher Salz- und Fettgehalt. Mit zum Teil über 1.000 kcal pro Stück ist der Kaloriengehalt sehr hoch.

Tipp: Selber machen! Unser Clean-Pizzarezept findest du im Kapitel »Clean Basics«.

76. Pommes frites, tiefgekühlt: Von der Zutatenliste her sind die tiefgekühlten Kartoffelstäbchen durchaus einigermaßen clean. Außer Kartoffeln und Pflanzenfett (meist Sonnenblumenöl) gehört nichts in die Tüte. Erfreulich: Bei Backofenpommes hält sich auch der Fettgehalt in Grenzen. Für Abwertung sorgen allerdings der Gehalt an Transfettsäuren bei manchen Produkten und die Möglichkeit, dass giftiges Acrylamid entstehen kann. Ein Stoff, der beim Bräunen und Erhitzen von kohlenhydratreichen Lebensmitteln anfällt. Cleaner sind selbst gemachte Bratkartoffeln oder Ofenkartoffeln.

77. Räucherlachs: Jedes Jahr um Weihnachten herum untersuchen Verbraucherschützer die Qualität von Räucherlachs und kommen dabei häufig zu schlechten Ergebnissen in puncto Hygiene. Gefunden werden zum Beispiel Enterobakterien und Listerien im Zuchtlachs sowie tote Fadenwürmer (Nematoden) in Wildlachsprodukten. Clean ist anders! Bioprodukte schneiden leider nicht besser ab. Schade, denn Lachs ist wegen seiner Omega-3-Fettsäuren ein besonders wertvolles Lebensmittel.

Tipp: Lieber öfter frischen Lachs zubereiten. Aber nur aus nachhaltiger Aquakultur, möglichst bio (siehe auch: »Seefisch«).

78. Reis: Diese für die Welternährung unverzichtbare Getreideart ist reich an komplexen Kohlenhydraten, die unseren Blutzuckerspiegel konstant halten und damit für eine lang anhaltende Sättigung sorgen. Außerdem enthalten: Vitamine und Mineralstoffe, zum Beispiel B-Vitamine, Magnesium und das Spurenelement Mangan.

Tipp: Naturreis (auch parboiled) bevorzugen. Denn dem geschälten weißen Reis fehlen mit Silberhäutchen und Keimling viele Vitamine und Mineralstoffe.

Info: Parboiled, zu Deutsch vorgekocht, bedeutet, dass Naturreis mit Hilfe von Wasserdampf behandelt wird. Auf diese Weise bleiben die Nährstoffe aus Silberhäutchen und Keimling weitgehend erhalten, und die Kochzeit kann verkürzt werden. Zusatzstoffe werden bei diesem Prozess nicht zugefügt.

Gut zu wissen: Reis und Arsen

Reis enthält geringe Dosen an anorganischem Arsen. Dieser Stoff gilt als potenziell krebserregend und nervenschädigend. Die Reispflanze absorbiert ihn über das Grundwasser, das in bestimmten Regionen Asiens zum Teil stark belastet ist. So stellten Forscher der schottischen University of Aberdeen hohe Arsengehalte bei Reis aus Bangladesh und China fest, während Reis aus Ägypten und Indien relativ gering belastet war. Reis scheint Arsen stärker zu absorbieren als andere Pflanzen. Das Bundesinstitut für Risikobewertung hält eine akute Gefahr durch Reisverzehr für unwahrscheinlich, rät aber dazu, beim Getreide öfter mal abzuwechseln. Eine Alternative könnte auch der etwas teurere Reis aus Italien sein.

79. Rindfleisch: Die gesundheitlichen Risiken des Verzehrs von rotem Fleisch werden in zahlreichen Studien bewertet und kontrovers diskutiert. In Maßen genossen handelt es sich bei Rindfleisch um ein hochwertiges Lebensmittel. Die Deutsche Gesellschaft für Ernährung (DGE) empfiehlt pro Woche die Menge von 300 bis 600 Gramm Fleisch und Wurst. Mageres Rindfleisch enthält über 20 Prozent Eiweiß bei nur 2 Prozent Fett. Das Eiweiß hat eine hohe biologische Wertigkeit, was bedeutet, dass wir es gut verwerten können. Zusätzlich enthält Rindfleisch viel Vitamin A und D, B-Vitamine sowie Mineralstoffe, vor allem Eisen.

80. Rosenkohl: Liefert etwa doppelt so viel Vitamin C wie Zitronen oder Orangen und strotzt nur so vor Betacarotin (einer Vorstufe von Vitamin A). Beide Vitamine wirken antioxidativ und aktivieren die »Fresszellen« unseres Abwehrsystems. So wird eine wirksame Barriere gegen Krankheitserreger aufgebaut.

81. Sahne: Auch Rahm genannt, ist der fetthaltige Teil der Milch. Sahne setzt sich durch so genanntes Aufrahmen an der Oberfläche von Rohmilch ab. Pasteurisation verlangsamt den Prozess, doch erst der Zusatz von Stabilisatoren wie Carrageen verhindert ihn. Bei Biosahne, die ohne Stabilisatoren auskommt, bildet sich durch das Aufrahmen oben eine feste Schicht – ein Qualitätsmerkmal. Carrageen wird aus Rotalgen gewonnen und gilt als gesundheitlich bedenklich.

82. Sahnebonbons: Unbedingt auf die Zutatenliste schauen. Manche Produkte kommen ohne viele Zusatzstoffe aus. »Sahne Muh-Muhs« zum Beispiel enthalten: Zucker, Milch, Glukosesirup, Sahne 4%, Butter, Aroma. Letzteres vermutlich künstlicher Herkunft.

83. Salat: Blattsalate gehören zu den schnell wachsenden Gemüsen mit sehr hohem Wasseranteil (über 90 Prozent). Dabei reichert sich Nitrat in den Zellen an, das zum Teil aus dem Kunstdünger stammt. Nitrat kann im Stoffwechsel erst zu Nitrit und dann zu Nitrosaminen umgewandelt werden, die sich in Tierversuchen als krebserregend erwiesen haben. Doch neuere Forschungen attestieren Nitrat durchaus auch positive Gesundheitsaspekte, so dass die Ernährungswissenschaftler sich mit Empfehlungen oder Warnungen zurückhalten.

Tipp: Auch wenn die Studienlage derzeit widersprüchlich ist, auf jeden Fall Bioware wählen. Sie enthält nachweislich weniger Nitrat und außerdem keine oder wesentlich geringere Pestizidrückstände als konventionell erzeugte Salate.

84. Salzstangen: Ebenso wie Salzbrezeln, Sticks usw. enthalten sie deutlich weniger Fett als Chips oder Erdnüsse und gehören daher zu den eher leichten Knabbereien. Auch die Zutatenliste ist überschaubar und weitgehend frei von bedenklichen Stoffen. Meist enthalten: Weizenmehl, pflanzliches Fett, Salz, Malzextrakt, Säureregulator: Natriumhydroxid (gilt als unbedenklich, auch für Bioprodukte zugelassen) und Hefe. Doch der hohe Salzgehalt zwingt zu moderatem Konsum. Die Deutsche Gesellschaft für Ernährung empfiehlt, maximal 6 Gramm Kochsalz pro Tag zu verzehren – das ist etwa ein Teelöffel voll.

85. Sauerkraut: Der natürliche Schlankmacher enthält wertvolle Milchsäurebakterien, die unsere Verdauung anregen und die Darmflora gesund erhalten. Der Mineralstoff Kalium entschlackt den Organismus. Vitamin B_6 und Folsäure sind reichlich vorhanden. Zudem verbessert die Milchsäuregärung die Aufnahme von Eisen, dessen Verfügbarkeit aus pflanzlicher Kost oftmals problematisch ist. Vitamin C schließlich stärkt die Abwehrkräfte und wirkt als Antioxidans krebsauslösenden Nitrosaminen entgegen.

Praxistipp: Sauerkraut im Reformhaus oder Bioladen einkaufen – so kann man sicher sein, die cleane Variante mit lebenden Milchsäurebakterien zu erhalten. Am besten roh genießen, zum Beispiel als kleinen Beilagensalat zum Hauptgericht. Dazu einfach zwei bis drei Esslöffel Kraut mit einem klein geschnittenen oder geriebenen Apfel sowie je einem Teelöffel Rosinen und Sonnenblumenkernen mischen.

86. Schmelzkäse: Laut der deutschen Käseverordnung muss Schmelzkäse, bezogen auf die Trockenmasse, nur zu 50 Prozent aus Käse bestehen. Mit Hilfe von Schmelzsalzen, Emulgatoren und weiteren Zusatzstoffen wird eine Käsemasse

erzeugt, die in Form von Scheiben, Ecken oder Würfeln in den Handel gelangt.

Fazit: Dieser Käse gehört nicht auf ein cleanes Brot!

87. Schoko-Haselnuss-Brotaufstrich: Produkte wie Nutella bestehen zu knapp einem Drittel aus Fett und knapp zwei Dritteln aus Zucker. Ein Drittel des Fettanteils liegt in Form gehärteter Fette vor.

Fazit: Not clean!

88. Schokolade: Besteht zu etwa 85 Prozent aus Zucker (ca. 45–50 %) und Fett (ca. 35–40 %; davon etwa die Hälfte in gesättigter Form). 100 Gramm bringen 500 bis 550 kcal auf die Waage. Außerdem meist drin: Kakaobutter, Kakaomasse, Milchpulver, Milchzucker, Butterreinfett und Sojalecithin als Emulgator sowie natürliche Aromen. Auf bedenkliche Zusatzstoffe wird weitgehend verzichtet. Cleaner wird's, je dunkler die Schokolade ist. Dann entfallen Milchbestandteile, und der hohe Kakaogehalt sorgt immerhin für eine Portion sekundärer Pflanzenstoffe aus der Kakaobohne. Wegen des hohen Zucker- und Kaloriengehalts sollte Schokolade jedoch die Ausnahme bleiben.

Tipp: Wenn die Schokolust kommt, ein bis zwei Riegel von der Tafel brechen und diese dann wieder gut verstauen. Und dann … genießen!

89. Schweinefleisch: Wie bei allen Fleischerzeugnissen sind die Zuchtbedingungen entscheidend. Fleisch aus Massentierhaltung solltest du prinzipiell ausschließen. Wiederentdeckte alte Rassen wie das Bentheimer Landschwein sind weniger hochgezüchtet und liefern besseres Fleisch. Die Züchter alter Rassen achten oft auch auf eine artgerechte Haltung in kleineren Beständen.

Tipp: Immer mehr Fleischhersteller entdecken ihre Liebe zum Tier wieder und setzen vermehrt auf artgerechte Haltung. Und das müssen nicht unbedingt Biobetriebe sein. Erkundige dich nach solchen Höfen in deiner Nähe. Auch auf Wochenmärkten findet man artgerechtes Schweinefleisch aus der näheren Umgebung.

90. Seefisch: Für Seefisch ist es schwierig, eine pauschale Bewertung abzugeben. Es handelt sich im Prinzip um ein cleanes Lebensmittel, doch die Überfischung und mangelnde Nachhaltigkeit zwingen uns, Fisch kritisch zu beurteilen. Bei Fisch aus Aquakultur gilt die gleiche Zurückhaltung wie bei Fleisch aus der konventionellen Massentierhaltung an Land. Oft ist die Besatzdichte in den Becken zu groß. Antibiotika und andere Medikamente kommen zum Einsatz und können in Spuren in das Lebensmittel übergehen.

Problematischer ist aber, dass sie in die Umwelt freigesetzt werden. Der Kot der Tiere verschmutzt den Meeresboden. Es kommt auf die Größe der Kulturen, auf die Durchströmung der Gebiete und die Meerestiefe an. Doch Wildfang ist oft keine empfehlenswerte Alternative. So gilt Wildlachs etwa als nahezu ausgestorben. Eine gewisse Sicherheit bietet das MSC-Siegel für nachhaltigen Fischfang, das EU-Biosiegel für Bioaquakulturen oder das Naturland-Aquakultur-Siegel des Bio-Anbauverbands Naturland. Sie schreiben zum Beispiel niedrige Besatzdichten vor, schließen Gentechnik, Hormone und vorbeugende Medikamentengaben aus. Eine sehr strenge und detaillierte Bewertung von Nachhaltigkeit bietet der Greenpeace »Einkaufsratgeber« Fisch (Download unter: www.greenpeace.de). Am besten fragst du beim Fischkauf immer nach und lässt dir Herkunft, Siegel und Haltungsbedingungen erläutern.

91. Senf: Gemahlene Senfsaaten werden mit Wasser, Essig und Gewürzen zu einer Paste vermischt. Die im Senf enthaltenen Öle wirken antibakteriell, regen den Appetit an, machen fette Speisen bekömmlicher und fördern die Verdauung. Dennoch bleibt Senf ein industriell erzeugtes Lebensmittel.

Tipp: Zum Beispiel Kühne Senf mittelscharf: Wasser, Senfsaaten, Branntweinessig, Salz, Zucker, Gewürze. Der Zuckeranteil ist mit 2,7 Prozent eher sparsam bemessen. Was viele nicht wissen: Du kannst gemahlene Senfkörner auch als Gewürz einsetzen. Dann ist Senf richtig clean.

92. Softdrinks: Zum Beispiel Colagetränke, Limonade, fertig gemischte Apfelschorle oder Eistee. Hauptkritikpunkt: Diese Getränke bestehen vornehmlich aus Wasser und Zucker. Zum Teil wurden Aroma- und Farbstoffe zugesetzt. Cleane Fruchtauszüge sind die Ausnahme und finden sich in viel zu geringen Mengen darin.

Beispiel Coca Cola: Bis heute ist es dem Konzern gelungen, die genauen Inhaltsstoffe der Rezeptur zu verschleiern. Sie gilt als eines der bestgehüteten Geheimnisse der Welt. Was wir über die Zusammensetzung wissen: Wasser, Zucker, Kohlensäure, Lebensmittelfarbstoff E 150 d (Zuckerkulör), Säuerungsmittel E 338 (Phosphorsäure), Aroma, Koffein.

Fazit: Gar nicht clean!

93. Sojasahne: Rein pflanzliche Alternative zu Sahne aus Wasser, Sojabohnen und Pflanzenöl. Lässt sich sogar aufschlagen. Jedoch unter Einsatz zum Beispiel folgender Zusatzstoffe hergestellt: Verdickungsmittel: E 407 (Carrageen) und E 415 (Xanthan), Emulgator: E 322 (pflanzliches Lecithin), Antioxidationsmittel: E 306 (natürlicher Tocopherolextrakt) und E 300 (Ascorbinsäure) sowie nicht weiter deklarierte Aromen. Tierfreiheit wird hier mit hohem Verarbeitungsgrad und langer Zusatzliste bezahlt. Besser sind Bioprodukte.

94. Sojajoghurt: Rein pflanzlicher Joghurt aus Wasser, Sojabohnen, Zucker und Joghurtkulturen hergestellt. Diese Zusatzstoffe können aber drin sein: E 333 (Tricalciumcitrat), Stabilisator E 440 (Pektin), Säureregulatoren E 330 und E 331 (Zitronensäure, Natriumcitrat), Emulgator E 322 (Lecithin), Antioxidationsmittel wie E 304 (Ascorbylpalmitat) und E 306 (stark tocopherolhaltige Extrakte) sowie nicht weiter deklarierte Aromen. Als Biovariante frei von diesen Zusatzstoffen, deshalb o. k.

Tipp: Sojade natur besteht aus Sojadrink (Wasser und geschälte Sojabohnen) und Bifiduskulturen – mehr nicht.

95. Sojasoße: Die aus Asien stammende Würzsoße wird auf Basis von Wasser, Sojabohnen und Salz hergestellt bzw. gebraut. Unter den zahlreichen Anbietern finden sich Produkte mit cleaner Zutatenliste. Achte auf den Zusatz »natürlich gebraute Sojasoße«. Dann läuft der Fermentationsprozess langsam und auf natürliche Weise ab und wird nicht durch Zusatzstoffe verkürzt.

Tipp: Kikkoman Sojasoße besteht aus Wasser, Sojabohnen, Weizen, Speisesalz – also ziemlich clean. Japanische Sojasoße ist eher zu empfehlen als chinesische.

96. Spargel: Das Edelgemüse enthält viel Folsäure und vor allem Mineralstoffe. Besonders hoch ist der Anteil an Kalium. Es schwemmt überschüssiges Wasser aus den Zellen und hilft so beim Entschlacken und Abnehmen. Er ist praktisch das einzig echte verbliebene Saisongemüse und wird meist direkt aus der Region, zumindest aber überwiegend aus Deutschland angeboten. Damit ist er nicht nur saisonal, sondern auch regional – also superclean! Zugreifen, bis die Saison am 24. Juni beendet wird. Dann brauchen die empfindlichen Pflanzen Zeit zur Regeneration – bis zum nächsten Frühjahr …

97. Speiseeis: Hier kommt es auf das Produkt an.

Beispiel 1: Häagen Dazs Vanilla: frische Sahne, kondensierte Magermilch, Zucker, Eigelb, natürliches Vanillearoma.

Fazit: Einigermaßen clean.

Beispiel 2: Cremissimo Bourbon Vanille: entrahmte Milch, Glukosesirup, Wasser, Glukose-Fruktose-Sirup, Zucker, Kokosfett, Molkenerzeugnis, Inulin, vermahlene Vanilleschoten, Aroma, Emulgator (Mono- und Diglyceride von Speisefettsäuren), Stabilisatoren (Johannisbrotkernmehl, Carrageen), Farbstoff (Carotine).

Fazit: Auch wenn einige Produkte o. k. sind, bleiben sie zucker- und fettreich. Insgesamt nicht clean!

98. Sportgetränke: Wer Sport treibt, verliert über den Schweiß Flüssigkeit und Mineralstoffe. Isotonische Getränke sollen den Verlust ausgleichen. Zusätzlich enthalten sie meist Kohlenhydrate, um die Leistungsfähigkeit zu erhalten. In den meisten dieser Produkte wimmelt es von Zusatzstoffen aller Art.

Als Beispiel die Zutatenliste von Powerade Sports Mango: Wasser, Traubenzucker (4 %), Maltodextrin (1 %), Säuerungsmittel Zitronensäure, Säureregulatoren Natrium- und Kaliumcitrate, Aroma, Stabilisatoren E 414 und E 445, Magnesiumchlorid, Süßstoffe Aspartam (enthält eine Phenylalaninquelle) und Acesulfam K, Farbstoffe E 124 und E 110.

Ob Farbstoffe, Süßstoffe und künstliche Aromen die Leistung steigern, darf bezweifelt werden.

Tipp: Der Deutsche Olympische Sportbund empfiehlt schlicht Apfelschorle als Sportgetränk. Sie soll zu gleichen Teilen aus Apfelsaft und natriumreichem, stillem Mineralwasser gemischt werden. Wir finden das: clean!

99. Tofu: Sojabohnenquark ist mit 8 Gramm pro 100 Gramm eine gute Eiweißquelle für Vegetarier und Veganer. Am besten bio kaufen, um garantiert gentechnikfreien Tofu zu bekommen.

Praxistipp: Tofu mangelt es an nennenswertem Eigengeschmack. Daher vor der Zubereitung würfeln und mit Sojasoße, gemahlenen Mandeln und frischen Gewürzen in einen Beutel geben und gut schütteln. Anschließend in einer beschichteten Pfanne anbraten.

100. Tomaten: Mit rund 20 Kilogramm Durchschnittsverbrauch pro Jahr sind Tomaten mit Abstand unser liebstes Gemüse. Gut so, denn ihr hoher Gehalt an Vitamin C (25 mg pro 100 g) stärkt nicht nur unser Immunsystem, es hilft dem Körper auch beim Fettabbau. Und der natürliche Farbstoff, der den Früchten das typische Rot verleiht, hat zellschützende Wirkung: Lycopin zählt nämlich zu den Antioxidantien, das heißt, es macht aggressive Sauerstoffmoleküle, so genannte »freie Radikale«, unschädlich.

Erstaunlich: Dosentomaten, Mark oder Saft sind besonders vorteilhaft, denn durch das Erhitzen wird der Pflanzenwirkstoff noch besser verwertbar.

101. Tomatenketchup: Zuckerfalle, denn es sind bis zu 25 Prozent Zucker drin, etwa so viel wie in einer Nachspeise. Tomaten sind meist in Form von Tomatenmark enthalten und nur zu etwa 25 Prozent. Neben Verdickungsmitteln können Süßstoff und Konservierungsmittel zugefügt sein. Auch hier lohnt sich ein Blick auf die Zutatenliste.

Unglaublich: Die Ronald-Reagan-Regierung wollte 1981 in den USA eine Richtlinie erlassen, wonach Ketchup in Zukunft als Gemüsebeilage gelten sollte. Öffentliche Schulen hätten bei dem Ernährungsprogramm für Kinder auf diese Weise täglich eine Beilage aus frischem Gemüse eingespart. Zum Glück wurde der Entwurf abgeschmettert.

Tipp: Ketchup einfach selber machen, das Rezept findest du im Kapitel »Clean Basics«.

102. Trinkwasser: Kein anderes Lebensmittel in Deutschland wird so gründlich überwacht wie Wasser, das aus der Leitung kommt. So unterliegt Trinkwasser höheren Qualitätsanforderungen als Mineral- und Tafelwasser aus dem Supermarkt. Es ist daher eine preiswerte und bekömmliche Alternative zu kohlensäurehaltigem Mineralwasser und kann natürlich ohne Bedenken zur Zubereitung von Kaffee, Tee, Saftschorlen und zum Kochen verwendet werden. Wer genau wissen möchte, was drin ist, kann über seinen lokalen Wasserversorger (Stadtwerke, Wasserwerke, Wasserbeschaffungsverbände) die entsprechenden Analysen einsehen.

Gefahr durch Gülle: Wegen übermäßiger Düngung infolge intensiver landwirtschaftlicher Nutzung kommt es zu erhöhten Nitratkonzentrationen im Grundwasser, was für die zukünftige Wasserversorgung zum Problem werden könnte. Bereits heute muss Nitrat in den Wasserwerken über aufwendige Filterverfahren entfernt werden. Trage zum Erhalt des guten Trinkwassers bei, indem du Bioprodukte und Fleisch aus artgerechter Aufzucht kaufst.

103. Trockenfrüchte: Eine sehr gute Alternative zum Süßen sind klein geschnittene Trockenfrüchte wie Datteln, Rosinen, Sultaninen, getrocknete Aprikosen oder Pflaumen. Sie enthalten Nährstoffe der Frucht in konzentrierter Form, allerdings auch deren Fruchtzuckergehalt. Als einziges Süßmittel liefern sie also Vitamine und Mineralstoffe in nennenswerter Menge.

Tipp: Achte beim Einkauf auf schwefelfreie und ungesüßte Ware. Auch Trennmittel, die bei manchen Produkten das Aneinanderkleben der Früchte verhindern sollen, dürfen nicht enthalten sein!

104. Veganer Aufschnitt: Pflanzlicher Wurstersatz, meist aus Wasser, Sojaprotein, Lupinen, Pflanzenöl und Gluten. Folgende Zusatzstoffe kommen zur Anwendung: Verdickungsmitteln E 1422 (modifizierte Stärke), E 407 (Carrageen), geschmacksverstärkender Hefeextrakt und nicht weiter deklarierte Aromen. Aus Clean-Eating-Sicht nicht besser als Aufschnitt aus Fleisch.

105. Veganer Käse: Die pflanzliche Käsealternative besteht vorwiegend aus Wasser und Pflanzenöl. Leider sind in vielen dieser Produkte Zusatzstoffe enthalten. Zum Beispiel: Verdickungsmittel wie E 1422 (modifizierte Stärke) und E 410 (Johannisbrotkernmehl), Konservierungsstoff E 200 (Sorbinsäure), Farbstoff E 160a (Betacarotin), Emulgator E 331 (Natriumcitrat), Schmelzsalze und nicht weiter deklarierte Aromen.

106. Waldpilze: Der Herbst ist Pilzzeit. Selbst gesammelte Maronen, Steinpilze oder Pfifferlinge sind ein besonderer Genuss. Zudem enthalten sie viele Mineralstoffe, Spurenelemente, Vitamine und Eiweiß. Vorsicht ist aus zweierlei Gründen geboten.

Erstens: Der Sammler sollte sich gut auskennen. An Pilzvergiftungen sterben in Deutschland im Schnitt zwei bis drei Menschen pro Jahr. Experten von den Giftnotrufzentralen und die Deutsche Gesellschaft für Mykologie in Berlin bestätigen: Pilzvergiftungen nehmen zu!

Zweitens: Pilze reichern Schwermetalle (Blei, Quecksilber, Thallium und Cadmium) und Radioaktivität in ihren Zellen an. Die radioaktive Belastung ist im Süden Deutschlands noch immer deutlich größer als im Norden, da es nach der Reaktorkatastrophe von Tschernobyl im Süden zu radioaktiven Regenfällen kam. Die Deutsche Gesellschaft für Ernährung empfiehlt Pilzfreunden, nicht mehr als ein halbes Pfund Wildpilze pro Woche zu essen.

☹ **107. Wein/Sekt:** Das Entscheidende vorab: Wer sich gesund ernähren will, braucht keinen Alkohol! Zwar werden immer wieder Studien veröffentlicht, die vor allem Rotwein eine gefäßschützende Wirkung attestieren. Und Bestandteile wie Resveratrol, ein sekundärer Pflanzenstoff mit antioxidativer Wirkung, mögen dem Rotwein einen gesundheitlich positiven Effekt verleihen. Doch das kann die schädigende Wirkung des Alkohols nicht aufwiegen, der bei Rotwein mit etwa 11 bis 14 Prozent zu Buche schlägt, bei Weißwein liegt er im Schnitt etwas niedriger. Alkohol greift die Zellstrukturen sowie das Erbgut an und ist Ursache zahlreicher ernsthafter Erkrankungen. Wem es um die positive Wirkung der im Wein enthaltenen Antioxidantien geht, der sollte Weintrauben essen oder Traubensaft trinken.

Clean Eating heißt aber nicht, dass man auf alle Genussmittel verzichten muss! Wein in Maßen ist o. k. Und: Wenn Alkohol, dann naturbelassene Varianten wie Wein, Sekt oder Bier. Sie sind cleaner als Hochprozentiges oder Mixgetränke mit bunten Likören, Sirup und Spirituosen.

108. Wildfleisch: Eine echte Alternative zu Produkten aus der Masttierhaltung ist Fleisch von Wildtieren aus heimischen Wäldern und Fluren. Es ist meist fettärmer als Mastfleisch und wesentlich aromatischer im Geschmack.

Achtung: Reh- und Hasenrücken können ebenso aus Zuchtbetrieben stammen, deren Aufzuchtbedingungen denen der Massentierhaltung gleichen. Wer echtes Wildbret genießen will, erkundigt sich bei seinem Metzger, was die Jäger der Region anzubieten haben.

109. Zitronen: Der Vitamin-C-Lieferant schützt nicht nur vor Infektionen, er fördert auch die Fettverbrennung in den Muskeln und die Produktion des Hormons Noradrenalin, das wiederum den Abbau von Speicherfett erleichtert. Ätherische Öle unterstützen die Entgiftungsreaktionen über die Leber.

Vorsicht ist wegen der Spritzmittelrückstände und des Wachses geboten (siehe Orangen). Deshalb Biozitronen kaufen. Vor allem wenn man die Schale der Zitrusfrüchte als Würze mitverwenden möchte. Der Hinweis »unbehandelt« genügt übrigens nicht. Er bedeutet nur, dass nach der Ernte nicht mehr behandelt wurde.

110. Zucker: Haushaltszucker wird aus zerkleinerten Zuckerrüben hergestellt. Bei diesem industriellen Prozess wird der Zuckergehalt der Rüben so weit konzentriert, dass reines Kohlenhydrat, nämlich Saccharose (99,8 %) in kristalliner Form übrig bleibt. Insofern ein ziemlich pures, also cleanes Produkt. Rohzucker ist am wenigsten verarbeitet. Brauner Zucker ist ein Zwischenprodukt der Zuckerherstellung, durch Raffinade, also Weiterverarbeitung, wird er schließlich weiß. Das Problem aller Zuckerarten: Sie sorgen für einen steilen Anstieg unseres Blutzuckerspiegels, der anschließend ebenso schnell wieder abfällt. Man wird müde und schnell wieder hungrig. Außerdem greift Zucker die Zähne an und ist praktisch frei von gesunden Inhaltsstoffen wie Vitaminen oder Mineralstoffen.

Tipp: »Gesünder« ist keines der Süßmittel. Egal, ob du Rohzucker, Honig oder Ahornsirup verwendest. Es handelt sich immer um »Gewürze«, die du am besten sparsam einsetzt. Clean Eating heißt in erster Linie, den Eigengeschmack der Lebensmittel wiederzuentdecken. Deshalb muss nicht alles süß schmecken!

111. Zwiebel: Das Lauchgemüse enthält Allicin, eine Schwefelverbindung, die durchblutungs- und verdauungsfördernd wirkt. Zwiebeln, Schalotten und Knoblauch wird darüber hinaus eine gefäßschützende Wirkung zugeschrieben. Bioware wird nicht mit Antikeimmitteln behandelt und sollte deshalb schneller aufgebraucht werden.

Superfoods

Was sind Superfoods?

Superfoods sind Trend. Mit dem Interesse an veganer und gesunder Ernährung ist auch das Interesse an Lebensmitteln gewachsen, die vermeintlich mehr können. Es gab sie schon immer: Einst waren es Aloe-Drinks, Cranberrys oder Weizengras. Derzeit besonders angesagt: Goji-Beeren, Maca-Wurzel oder Chia-Samen. Letzterer erobert gerade die Supermärkte. Die Bäcker haben sie auch bereits für besonders fitte Brötchen entdeckt. Die Top-5-Bestseller bei einem der großen Superfood-Vermarkter Deutschlands sind Goji-Beeren, Chia-Samen, Matcha-Tee, Aronia-Säfte und Chlorella-Presslinge.

Das Problem mit den Wunderlebensmitteln: Viele von ihnen kommen aus den abgelegensten Ecken der Erde, etwa dem Amazonasgebiet, den Anden, aus dem Tibet oder entfernten Regionen Afrikas. Açai- und Maqui-Beeren zum Beispiel stammen aus Brasilien, Chia-Samen aus Mexiko, Guatemala oder Nicaragua, Goji-Beeren werden in China und Tibet gesammelt, und die Maca-Wurzel wächst auf über 4.000 Meter Höhe im Hochland Perus. Die Geschichten sind immer die gleichen. Die Superfoods verhalfen schon den Ureinwohnern zu besonderen Kräften, trugen sie durch ihren schweren Alltag, schützten sie vor Krankheiten oder verhalfen ihnen zu einem erfüllten Sexleben. Wissenschaftliche Beweise: meist Fehlanzeige.

Obwohl niemand vorschreibt, dass die Superlebensmittel aus superexotischen Ländern stammen müssen, werden viele der angesagten Produkte aus Übersee importiert. Da kaum eines dieser pflanzlichen Produkte die lange Reise überstehen würde, ohne

Schaden zu nehmen, kommen sie nicht frisch und im Ganzen zu uns, sondern in gefriergetrockneter und gemahlener Form. Wahlweise auch als Saft, als Pressling oder in Kapselform. Das Problem: Durch diese Form der Weiterverarbeitung geht ein Teil der wertvollen Inhaltsstoffe verloren, zum Beispiel das sehr empfindliche Vitamin C. Was von Früchten, Wurzeln oder Blättern übrig bleibt, sind in Kunststoffdöschen oder Tüten verpackte Produkte, die dann doch sehr an Nahrungsergänzungsmittel erinnern – auch was den hohen Preis betrifft. Und was ist dann noch wirklich drin? Meist werden die Inhaltsstoffe nur für das ganze, intakte Lebensmittel angegeben. Was im Pulver noch zu finden ist, weiß niemand, oder es wird nicht an die große Glocke gehängt. Chia-Samen oder Goji-Beeren sind da schon die rühmliche Ausnahme. Sie werden nur getrocknet und sind bei uns im Ganzen erhältlich. Auch Matcha ist bei uns in der gleichen Form erhältlich wie im Ursprungsland.

Für Superfoods gibt es keine verbindliche Definition. Mit anderen Worten: Es ist nicht geregelt, wer dieses Prädikat tragen darf und welche Voraussetzungen erfüllt sein müssen, damit ein Produkt als Superfood bezeichnet werden kann. Üblicherweise verstehen wir darunter jedoch Nahrungsmittel, die besonders wertvolle Inhaltsstoffe enthalten. Das können zum Beispiel Nährstoffe, Mineralstoffe, Vitamine oder andere Wirkstoffe sein. Das Besondere: In Superfoods, so das Versprechen der Anbieter, kommen diese Stoffe in deutlich höherer Konzentration vor als in »normalen« Lebensmitteln. Außerdem sollen Superfoods möglichst naturbelassen sein, aus biologischem Anbau oder Wildwuchs stammen. Abzugrenzen sind Superfoods daher gegen isolierte und konzentrierte Wirkstoffe, wie wir sie aus Nahrungsergänzungsmitteln kennen (zum Beispiel Vitaminbrausetabletten). Superfoods sind also im Idealfall vollwertige Lebensmittel in ihrer natürlichen komplexen Zusammensetzung. Doch die Realität sieht anders aus.

Was versprechen Superfoods?

Obwohl die Health-Claims-Verordnung ungesicherte Behauptungen bezüglich der gesundheitlichen Wirkungen von Nahrungsmitteln verbietet, kursieren – vor allem im Internet – wilde Versprechungen aller Art. So werden Açai-Beeren als Diätwundermittel und Faltenkiller vermarktet, während Chia-Samen als Nährstoffbombe der Maya gelten. Das Pulver der Maca-Wurzel hingegen wird als Potenzwunder der Inka bezeichnet, Maqui-Beeren stoppen den Alterungsprozess, und Goji Beeren versprechen Schutz vor einer ernsthaften Augenkrankheit, der Makuladegeneration. Weitere häufig genannte Wunderwirkungen sind Krebsschutz, Entgiftung, verbesserte Konzentration, mehr Energie und sinkender Blutdruck – Behauptungen, die ohne Verweis auf entsprechende wissenschaftliche Studien nur als unseriös bezeichnet werden können.

Können Superfoods gefährlich sein?

Das Problem der exotischen Lebensmittel ist, dass unser Organismus nicht seit Jahrhunderten daran gewöhnt ist wie an unsere heimischen. Sie bergen immer ein Risiko für Überempfindlichkeiten, Allergien oder Unverträglichkeiten. Kaum bekannt ist zum Beispiel, dass es für Chia-Samen eine Höchstmengenempfehlung von 15 Gramm pro Tag gibt. Einfach weil die kleinen Körnchen noch zu wenig erforscht sind. Hinzu kommt die Möglichkeit, dass

Superfoods eine Wechselwirkung mit Medikamenten auslösen können. Die Goji-Beere etwa ist kritisch für Personen, die gerinnungshemmende Mittel einnehmen müssen. Die Beere scheint deren Abbau zu blockieren, was zu verstärkter Blutungsneigung führen kann. Dritter Punkt ist die Gefahr der Pestizidbelastung: Zum Beispiel Goji-Beeren aus China sind immer wieder negativ aufgefallen (zuletzt bei einer Untersuchung von Greenpeace 2013). Herkünfte und Qualitätsangaben sind kaum überprüfbar. So wurden auch bei angeblichen Biogojis viel zu hohe Pestizidwerte gefunden.

Was macht ein Lebensmittel zum Superfood?

Freie Radikale sind besonders reaktionsfreudige Moleküle, die wir über Umweltgifte, Zigarettenrauch oder Alkohol aufnehmen und die in unserem Stoffwechsel chemische Kettenreaktionen auslösen und dabei unsere Zellen angreifen. Dieser so genannte oxidative Stress schädigt unseren gesamten Organismus und wird für die Entstehung vieler Krankheiten sowie den natürlichen Alterungsprozess verantwortlich gemacht. Zum Glück weiß sich unser Körper zu schützen.

Antioxidantien wie Vitamin C und Vitamin E sowie sekundäre Pflanzenstoffe sind in der Lage, freie Radikale chemisch zu entschärfen und dadurch unschädlich zu machen. Wir nehmen diese Stoffe über eine ausgewogene, gesunde Ernährung auf. Hier kommen die Superfoods ins Spiel. Denn den meisten von ihnen wird nachgesagt, besonders viele Antioxidantien zu enthalten.

Das wiederum wird mit dem ORAC-Wert gemessen. ORAC steht für Oxygen Radical Absorption Capacity, also die Absorptionsfähigkeit für freie Radikale. Der ORAC-Wert ist eine Maßeinheit, die die Stärke der antioxidativen Wirkung eines Lebensmittels beschreibt. Je höher dieser Wert ist, desto wirkungsvoller werden schädliche freie Radikale angeblich bekämpft. Um diesen Wert zu ermitteln, werden durch eine chemische Reaktion freie Radikale im Reagenzglas erzeugt. Dann wird eine Probe des zu untersuchenden Lebensmittels, zum Beispiel eine Gemüse- oder Obstsorte, dazugegeben. Nun wird gemessen, mit welcher Geschwindigkeit diese Antioxidantienprobe die freien Radikale neutralisiert. Als Referenzwert gilt dabei die Wirkung von reinem Vitamin E. Die so ermittelte Größe wird als ORAC-Wert bezeichnet. Experten kritisieren diesen Wert als unbrauchbar, da es sich um einen rein theoretischen Wert handelt. Denn die Reaktion im Reagenzglas findet so im menschlichen Organismus gar nicht statt. Sie kann also bestenfalls einen Anhaltspunkt über den möglichen Gesundheitswert eines Lebensmittels liefern. Werbung mit dem ORAC-Wert ist im Übrigen verboten. Sie verstößt gegen die Health-Claims-Verordnung.

Keine Zweiklassengesellschaft

Kritisch betrachten wir vor allem die Tendenz, durch das Attribut »super« eine Gruppe von Nahrungsmitteln auf ein Podest zu heben. So entsteht nämlich der Eindruck, dass andere, nicht so exotische Lebensmittel, weniger gesund seien. Dabei enthalten ja zum Beispiel auch Äpfel, Kohlsorten, Möhren und Zwiebeln wertvolle Inhaltsstoffe. Sie sind nur gerade nicht in Mode. Sie können frisch geerntet und entsprechend günstig auf dem Wochenmarkt etc. erworben werden. Hinzu kommt, dass die meisten von uns im Schnitt weniger Obst und Gemüse essen, als von Experten empfohlen wird. Denn dass der Verzehr pflanzlicher Nahrung, sprich

Obst und Gemüse, unsere Gesundheit fördert, ist nun wirklich nichts Neues. Die Deutsche Gesellschaft für Ernährung (DGE) bringt es mit ihrer Kampagne »5 am Tag« auf den Punkt. Ihre zentrale Botschaft lautet: Iss täglich mindestens fünf Portionen Gemüse und Obst. Idealerweise drei Portionen Gemüse und zwei Portionen Obst. Eine Portion soll in etwa so groß sein wie die eigene Hand. So ergibt sich eine Tagesmenge, die zu Alter und Körpergröße passt. Die Experten der DGE stützen ihre Empfehlung auf gesicherte wissenschaftliche Erkenntnisse über die Zusammenhänge von Nahrungsgewohnheiten und chronischen Erkrankungen. Das Schöne daran aber ist: Welche Obst- und Gemüsesorten wir wählen, ist uns überlassen. Wir finden: Diese Botschaft spricht für sich.

Unser Tipp: Kombiniere »5 am Tag« mit der simplen Regel, Obst und Gemüse aus saisonalem und regionalem Anbau zu bevorzugen. Welche Lebensmittel in welchem Monat Saison haben, findest du im Kapitel »Der große Saisonkalender«.

Clean Eater brauchen keine Superfoods

Unser Fazit: Superfoods können eine willkommene Bereicherung unseres Speiseplans sein, es gibt aber ausreichend heimische Alternativen, um uns gesund zu ernähren und unsere Zellen mit Antioxidantien zu versorgen. Zu allen oben genannten Kritikpunkten kommt noch die mangelnde Nachhaltigkeit hinzu. Warum sollten wir teure, weit gereiste Fruchtpulver verzehren, wo doch vor der Haustür Johannisbeeren, Kirschen oder Heidelbeeren wachsen? Wir finden: Ein großer ökologischer Fußabdruck ist nicht clean! Unsere heimischen Produkte sind genauso gesund wie Superfoods, vielleicht noch ein bisschen gesünder. Weil wir sie seit

Jahrhunderten essen und unser Körper sich an diese Lebensmittel adaptiert hat.

Unsere Top 5 Clean-Eating-Superfoods

Aus dem Angebot heimischer Lebensmittel haben wir aus fünf Kategorien unsere Lieblinge herausgesucht. Natürlich gibt es noch jede Menge andere supergesunde Lebensmittel. Doch diese fünf lassen sich einfach und locker in die tägliche Ernährung integrieren. Nur bei der Schwarzen Johannisbeere müssen wir im Sommer so richtig zuschlagen … Sie ist nun mal nur begrenzt verfügbar.

Kategorie Ölsaat: Leinsamen

Es handelt sich um den Samen der Flachspflanze. Leinsamen ist weltweit eine der ältesten Kulturpflanzen. Er enthält Schleimstoffe, die im Darm quellen und die Verdauung fördern. Sein Geschmack ist nussig und leicht ölig. Geschrotet ist er besser verwertbar. Ein Teelöffel im Müsli, in der Suppe oder auf dem Brot machen ihn zu einem cleanen und fitten Extra.

Warum ist er super? Der positive Effekt auf den Darm ist erwiesen. Studien deuten auf einen möglichen Krebsschutz von Leinsamen hin. Er ist bei uns überall für wenig Geld erhältlich.

Kategorie Getreide: Hafer

Er hat den höchsten Eiweißgehalt unserer heimischen Getreide und glänzt durch seine löslichen Ballaststoffe. Vor allem dem Beta-Glukan kommt eine besondere Bedeutung zu. Es senkt aktiv den Cholesterinspiegel, wirkt im Darm wie eine Schutzschicht und unterstützt spezielle Immunzellen. Das sorgt für eine entzündungshemmende Wirkung.

Warum ist er super? Über seine gesundheitlichen Vorteile hinaus schmeckt Hafer einfach toll und lässt sich als Flocke, Schmelzflocke oder Kleie bestens in die tägliche Ernährung einbauen. Entweder im Müsli, in Smoothies, Suppen oder als Porridge.

Kategorie Frucht: Schwarze Johannisbeere

Die Schwarze Johannisbeere ist eine heimische Strauchfrucht, die im Sommer Saison hat und sich toll zu Kuchen, Grützen oder Gelees verarbeiten lässt, um die Saison zu verlängern. Auch Quarkspeisen und Obstsalaten verleiht sie einen herb-säuerlichen Touch.

Warum ist sie super? Sie hat den höchsten Vitamin-C-Gehalt aller heimischen Beeren, ist reich an potenziell krebsvorbeugenden Anthocyanen. Die Schwarze Johannisbeere gilt als altes Hausmittel gegen Entzündungen und Magen-Darm-Beschwerden.

Kategorie Öl: Rapsöl

Raps ist ein heimischer Kreuzblütler, aus dessen Samen Öl gepresst wird. Es hat eine ausgesprochen günstige Zusammensetzung, ist reich an mehrfach ungesättigten Fettsäuren und Vitamin E. Raffiniert ist es neutral und für Speisen geeignet, in denen das Öl nicht vorschmecken soll. Dieses Öl kann man auch zum Erhitzen und Braten nehmen. Nativ schmeckt Rapsöl nussig-kernig und ist ideal für kalte Speisen, Dressings und Dips.

Warum ist es super? Rapsöl ist von Experten als eines der gesündesten Öle anerkannt. Es kann aus heimischen Pflanzen gepresst werden. Ökotest bescheinigte allen getesteten Ölen, dass sie frei von unerwünschten Stoffen waren. Lediglich am Geschmack nativer Rapsöle hatten die Tester etwas auszusetzen, deshalb muss man sich durchprobieren. Doch auch preisgünstige Öle konnten überzeugen.

Kategorie Milchprodukte: Joghurt

Joghurt ist wegen der enthaltenen Milchsäurebakterien ein Lebensmittel, das sich positiv auf Darmgesundheit, Gewicht und Immunsystem auswirken kann. Er kann nahezu unbegrenzt in der Küche eingesetzt werden. Vom Frühstück bis zum Abendessen, sogar als Zutat für Dressings.

Warum ist er super? Die enthaltenen Milchsäurebakterien stärken das Immunsystem. Joghurt wird im Gegensatz zu Milch meistens auch von Menschen mit Laktoseintoleranz vertragen. Wird er aus Bioweidemilch hergestellt und weist den natürlichen Fettgehalt auf, ist er rundum empfehlenswert.

Lebensmittelunverträglichkeit: Trend oder Epidemie?

Ernährung ist für viele Menschen ein großes Thema. Kein Wunder, schließlich hängt unsere Gesundheit, unser Wohlbefinden maßgeblich davon ab, was wir täglich zu uns nehmen. Aber das Thema ist sehr komplex – mehrere Studienzweige beschäftigen sich mit nichts anderem. Ökotrophologen, Biochemiker und Ernährungsmediziner forschen daran, was uns gut oder weniger guttut. Und sie kommen zu immer neuen Erkenntnissen. Nicht selten müssen dann lange gültige Empfehlungen revidiert werden, wie die jüngste Entwarnung zum Verzehr von Hühnereiern zeigt.

Doch die so genannten ernährungsbedingten Erkrankungen wie Diabetes, Bluthochdruck, Rheuma und Fettleibigkeit nehmen zu, und der Wunsch, sich davor zu schützen, ist allzu verständlich. Die Frage ist nur: Wie? Die Verunsicherung ist entsprechend groß. Das schlägt vielen buchstäblich auf den Magen, denn Essen hat auch mit Vertrauen zu tun. Schließlich lassen wir zu, dass etwas Fremdes von außen in unseren Organismus eindringt. Und was wir erst mal heruntergeschluckt haben, werden wir so schnell nicht wieder los.

Was ist eine Lebensmittelunverträglichkeit?

Seit ein paar Jahren geht eine neue Angst unter ernährungssensiblen Menschen um: die Angst, an einer Lebensmittelunverträglichkeit wie Laktoseintoleranz oder Glutenunverträglichkeit zu leiden – ein Phänomen, das weitreichende Folgen nach sich zieht. Denn Gluten und Laktose befinden sich in einer unüberschaubaren Anzahl von Produkten. Vor allem in unseren Grundnahrungsmitteln wie Brot, Nudeln und Milch. Damit sind potenzielle Krankmacher allgegenwärtig – die möglichen Beschwerden allerdings eher diffus. Chronische Müdigkeit, Verdauungsstörungen, Abgeschlagenheit und Kopfschmerzen gehören zu den Symptomen, die ein jeder kennt und die nun auf eine Lebensmittelunverträglichkeit zurückgeführt werden. Die Folge: Kerngesunde Menschen kaufen teure gluten- und laktosefreie Produkte – die Industrie erlebt derzeit einen gigantischen Boom. Dabei sind die gluten- und laktosefreien Nahrungsmittel keinesfalls besser als andere. Sie bringen für gesunde Menschen keine ernährungsphysiologischen Vorteile. Eher das Gegenteil, denn sie sind stark verarbeitet und machen daher nur Sinn, wenn tatsächlich eine echte Unverträglichkeit vorliegt.

Doch die repräsentative Umfrage einer großen deutschen Krankenkasse zeigt: Von 17 Prozent der Befragten, die glauben, von einer Unverträglichkeit betroffen zu sein, wurde nur bei etwa 1 Prozent Zöliakie diagnostiziert. Lediglich knapp 4 Prozent der vermeintlich Kranken litt unter einer Unverträglichkeit gegenüber dem Milchzucker Laktose. Dennoch sind durch Lebensmittel ausgelöste Beschwerden auf dem Vormarsch, möglicherweise auch der zunehmenden Zahl von Produkten mit Zusatzstoffen geschuldet. Deshalb ist die gesicherte Diagnose durch einen Arzt so wichtig. Die häufigsten Unverträglichkeiten listen wir im Folgenden auf.

Zurück zum entspannten Genuss mit Clean Eating

Wer heute sagt, dass er alles isst und verträgt, gilt schnell als unsensibler Klotz, der, ohne nachzudenken, alles in sich hineinschlingt. In Mode hingegen ist es, Sonderwünsche zu haben. Denn sich auf besondere Art zu ernähren hat etwas mit unserem Bedürfnis nach Individualität, nach Einzigartigkeit zu tun. Wir definieren uns über die Art und Weise, wie wir essen, und heben uns so von anderen ab. Dafür sind wir bereit, Opfer zu bringen, uns an Regeln zu halten und Verzicht zu üben. Besser ist es, wenn es uns gelingt, ein natürliches, gesundes und undogmatisches Verhältnis zum Thema Essen zu entwickeln – zum Beispiel mit dem gut nachvollziehbaren und einfach durchzuführenden Clean-Eating-Konzept.

»Frei-von-Lebensmittel« – leicht verdientes Geld

Die Hysterie um angeblich weit verbreitete Nahrungsmittelunverträglichkeiten führt dazu, dass gesunde, natürliche Lebensmittel wie Brot, Mehlspeisen und Milchprodukte als potenziell schädlich dargestellt werden, was die allgemeine Verunsicherung noch steigert. Es profitiert mal wieder die Lebensmittelindustrie, die unter dem Label »Frei von …« eine ganze Gattung teurer Spezialprodukte auf den Markt wirft, die für den Großteil der Konsumenten keinerlei Nutzen bringt. Mit der Zielgruppe »Ohne-Esser« im Visier ist es den Herstellern gelungen, laktose- und glutenfreie Nahrungsmittel zu angeblich gesunden Lifestyleprodukten aufzuwerten. Sie sind jedoch zum Teil weit stärker verarbeitet als das Ausgangsprodukt, da neue Zutaten aufwendig technologisch bearbeitet werden müssen, um ähnlich wie das Original zu schmecken und sich vergleichbar anzufühlen.

Die häufigsten Lebensmittelunverträglichkeiten

Glutenunverträglichkeit und Zöliakie

An einer Glutenempfindlichkeit, auch als Weizensensitivität bezeichnet, leiden Schätzungen zufolge bis zu 7 Prozent der Bevölkerung. Die Ursache ist nicht geklärt. Ernährungsmediziner empfehlen Betroffenen, den Verzehr von glutenhaltigen Getreideprodukten einzuschränken. Anders bei der Zöliakie, einer schweren Darmerkrankung, die durch Gluten ausgelöst wird. Kranke müssen Gluten strikt meiden. Betroffen ist allerdings nur etwa 1 Prozent der Bevölkerung. Zöliakie kann mittels Antikörpertest und Darmspiegelung eindeutig diagnostiziert werden.

Laktoseunverträglichkeit

Der Grund für die Unverträglichkeit von Milch und Milchprodukten ist ein Mangel am Enzym Laktase. Betroffene (10 bis 15 %) können Laktose nicht oder nicht vollständig verdauen. Das sorgt für Schmerzen, Blähungen oder Durchfall. Eine sichere Diagnose liefert der H_2-Atemtest, bei dem der Wasserstoffgehalt der Atemluft nach dem Verzehr eines Laktosedrinks gemessen wird. Viel Wasserstoff ist ein Indikator für eine gesteigerte Bakterienaktivität, die bei einer Unverträglichkeit auftritt. Für Menschen, bei denen eine Milchzuckerunverträglichkeit diagnostiziert wurde, können laktosefreie Spezialprodukte eine gute Alternative sein. In manchen Milchprodukten ist ohnehin kaum Laktose enthalten, etwa in reifem Käse, Butter, Mozzarella, Brie oder Camembert.

Fruchtzuckerunverträglichkeit (Fruktosemalabsorption)

Fruchtzucker ist in natürlicher Form in Obst, Honig und Gemüse enthalten. Er wird jedoch auch vielen verarbeiteten Produkten zugesetzt, vor allem Säften, gesüßten Getränken und Lightprodukten. Diese Artikel sind meist die eigentlichen Auslöser. So gelangen schnell sehr hohe Mengen Fruktose in unser Verdauungssystem, was die Betroffenen nicht vertragen. Zwischen 5 und 7 Prozent der Bevölkerung leiden unter einer Fruchtzuckerunverträglichkeit, in einer abgeschwächten Form bis zu 30 Prozent. Die Diagnose erfolgt über den H2-Atemtest. Nach einer Abstinenzphase können Betroffene meist wieder frische Früchte essen.

Histaminintoleranz

Der Botenstoff Histamin kommt von Natur aus in fast allen Lebensmitteln vor. In hoher Konzentration findet man ihn zum Beispiel in reifem Käse, Schinken und Rotwein. Bei bis zu 3 Prozent der Menschen ist der Histaminabbau gestört. Sie leiden nach dem Verzehr histaminhaltiger Speisen und Getränke an allergieähnlichen Symptomen wie Hitze, Übelkeit, Kopfschmerz, Juckreiz und Schnupfen. Eine eindeutige Diagnose ist jedoch schwierig. Ein Ernährungstagebuch kann Hinweise liefern. Bei Verdacht gilt die Empfehlung, auf Alkohol zu verzichten und möglichst frische Lebensmittel zu verzehren.

Wann sollte ich zum Arzt gehen?
Wenn du häufig und über einen längeren Zeitraum unter unspezifischen Symptomen wie Verdauungsstörungen, Kopfschmerzen, Müdigkeit oder Schwächegefühlen leidest, solltest du einen Arzt aufsuchen und mögliche Lebensmittelunverträglichkeiten abklären lassen. Abzuraten ist von Selbstversuchen, wie das radikale Weglassen von Getreide oder Milchprodukten, weil dies leicht zu Fehlernährung und Mangelzuständen führen kann.
Tipp: gut kauen! Wenn du dir die Zeit nimmst, jeden Bissen gut durchzukauen, entlastest du dein gesamtes Verdauungssystem. Nachdem du 30- bis 50-mal gekaut hast, landet nämlich ein gut eingespeichelter, feiner Speisebrei in deinem Magen – Schonkost, die deinem Organismus eine Menge Kraft erspart.

Clean Basics: Selber machen statt kaufen!

Wenn du dich clean ernähren möchtest, musst du weder auf Ketchup und Kartoffelchips, noch auf Pizza oder Asia-Nudelsnacks verzichten. Denn diese kleinen Verlockungen kannst du ganz leicht selber zubereiten. Zugegeben, das kostet ein bisschen Zeit. Doch der entscheidende Vorteil: Du weißt zu 100 Prozent, was drin ist. Außerdem kannst du den Süße-, Salz- und Würzgehalt nach eigenen Wünschen steuern. Hier unsere clean Basics – Rezepte für Produkte, die man sonst ohne nachzudenken fertig kauft und sich damit jede Menge fragwürdiger Zusatzstoffe ins Haus holt.

Ketchup Nr. 1 – Die Expressvariante

Industriell hergestellter Tomatenketchup enthält sehr viel Zucker (bis zu 25 Prozent), billigen Branntweinessig, Verdickungsmittel und Aromen unbekannter Herkunft. Dabei ist es gar nicht schwer, die beliebte Würzsoße selber herzustellen. Vorteil: Du sparst Zucker und damit Kalorien, und es schmeckt einfach besser.

Zutaten

500 g passierte Tomaten ohne Zusätze (Tetrapack/Dose)
100 g Tomatenmark aus der Tube
3 EL flüssiger Honig (oder 4 EL Ahornsirup)
2 EL heller Bio-Balsamicoessig
½ TL Meersalz
½ TL frisch gemahlener Pfeffer
Optional: Currypulver und/oder Chilipulver

Zubereitung

Alle Zutaten in eine Schüssel geben und mit dem Schneebesen kräftig durchschlagen oder pürieren. Abschmecken und nach Belieben mit Salz und Pfeffer nachwürzen.

Für Curry-Ketchup etwa einen Teelöffel Pulver unterrühren. Für die Hot-Variante mit Chilipulver mehr Schärfe reinbringen. Innerhalb von zwei Tagen aufbrauchen, also ideal für eine größere Feier.

Ketchup Nr. 2 – Die Gourmetvariante

Etwas aufwendiger, jedoch mit dem Aroma frischer Tomaten.

Tipp: Je aromatischer die Tomaten, desto besser das Ergebnis. Es lohnt sich daher, zunächst eine kleine Verkostung vorzunehmen und den Testsieger für dieses Rezept zu verwenden.

Alternativ: Überreife Früchte, wie man sie auf dem Wochenmarkt kurz vor Feierabend erstehen kann, sind das beste und günstigste Ausgangsprodukt für selbst gemachten Ketchup.

Zutaten
2 kg Strauchtomaten
4 EL flüssiger Honig (oder 5 EL Ahornsirup)
4 EL heller Bio-Balsamicoessig
1 TL Meersalz
1 TL schwarzer Pfeffer aus der Mühle
1 TL gemahlener Paprika
1 Prise Zimt
Optional: Currypulver und/oder Chilipulver

Zubereitung
Tomaten waschen, putzen und in feine Würfel schneiden. Mit den übrigen Zutaten in einen Topf mit großem Boden geben und zum Kochen bringen. Etwa 30 bis 60 Minuten ohne Deckel bei geringer Hitze einkochen lassen, bis sich die Masse um etwa 50 Prozent reduziert hat. Dabei gelegentlich umrühren, damit die Soße nicht anbrennt. Tomatenbrei anschließend über einer tiefen Schüssel durch ein feines Haarsieb streichen oder durch ein Passiergerät (»Flotte Lotte«) drehen. Für Curry-Ketchup etwa einen Teelöffel Pulver unterrühren. Für die Hot-Variante mit Chilipulver Schärfe rein bringen. Masse in ausgekochte, saubere Gläser abfüllen und im Kühlschrank aufbewahren. Hält sich ca. zwei Wochen.

Handgemachte Kartoffelchips

Das Angebot an Kartoffelchips ist groß. Es reicht von gepressten, überwürzten Formchips bis zu Gourmetware, die den Namen des Meisters trägt, der angeblich am Kessel gestanden haben soll. Wer's glaubt … Genau weißt du es nur, wenn du die leckeren Würzkracher selber machst!

Zutaten
2 große Kartoffeln
Olivenöl
Grobes Meersalz

Zubereitung
Kartoffeln schälen, mit dem Sparschäler in feine Scheiben schneiden, auf Küchenpapier oder einem sauberen Handtuch auslegen und abtupfen. Pro Kartoffellage zwei bis drei Esslöffel Olivenöl in einer flachen großen Pfanne erhitzen und die Kartoffelscheiben hineingeben. Bei mittlerer Hitze unter Wenden in 5–8 Minuten knusprig braten. Herausnehmen und auf Küchenpapier abtropfen lassen. Mit grobem Meersalz würzen.

Tipp: Wenn du ein paar Rosmarinnadeln mit in die Pfanne gibst, bekommen deine Chips ein zartes Rosmarinaroma.

Aromatisierter Senf

Feigen-, Orangen- oder Fenchelsenf findest du in den Delikatessenabteilungen der Supermärkte. Doch der hohe Preis sagt nichts über die Qualität der darin enthaltenen Aromen. Wer sichergehen will, dass nur natürliche Geschmacksträger drin sind, macht seinen Luxussenf selber.

Basis unserer drei Rezeptvorschläge ist jeweils ein 250-Gramm-Glas mittelscharfer Senf. Mittelscharf, damit auch die anderen Aromen zur Geltung kommen. Zu scharfer Senf würde die beigegebenen Geschmacksträger überlagern. Der aromatisierte Senf kommt anschließend zurück in das sorgfältig heiß gespülte und abgetrocknete Glas. Deckel drauf und im Kühlschrank aufbewahren. Hält ein bis zwei Wochen. Was nicht hineinpasst, möglichst schnell verbrauchen.

Variante 1: Fenchel-Orangen-Senf

Zutaten

250 g mittelscharfer Senf
1 Bio-Orange
1 EL Fenchelsamen
1 EL brauner Zucker

Zubereitung

Schale der Bio-Orange mit dem Zestenreißer oder einer feinen Reibe abhobeln. Fenchelsamen, braunen Zucker und die Orangenzesten in einen Mörser geben. Mit dem Stößel zu einer homogenen Würzpaste verarbeiten. Senf in eine Schüssel geben und mit der Würzpaste glatt verrühren.

Variante 2: Knoblauch-Chili-Senf

Zutaten
250 g mittelscharfer Senf
3 mittelgroße Knoblauchzehen
1 TL Chiliflocken

Zubereitung
Knoblauchzehen schälen, durchpressen und in einen Mörser geben. Mit dem Stößel unter Zugabe der Chiliflocken zu einer glatten Masse verarbeiten. Senf in eine Schüssel geben und mit der Knoblauch-Chili-Masse glatt verrühren.

Variante 3: Honig-Feigen-Senf

Zutaten
250 g mittelscharfer Senf
2 vollreife Feigen
1 EL flüssiger Honig

Zubereitung
Feigen vorsichtig schälen und vierteln. Zusammen mit dem Honig in ein hohes Gefäß geben und mit dem Stabmixer pürieren. Senf dazugeben und glatt verrühren.

Tipp: Der Phantasie sind bekanntlich keine Grenzen gesetzt. Entwickle deine eigenen Varianten.

Orientalische Kichererbsenpaste

Zutaten

250 g Kichererbsen aus der Dose
1 Knoblauchzehe
Saft von 1 Zitrone
120 g Sesammus (Tahine) aus dem Glas
125 g Naturjoghurt
3 EL Olivenöl
½ TL Meersalz
1 Prise Kreuzkümmel

Zubereitung

Kichererbsen in ein Sieb geben und kalt abspülen. Knoblauch schälen, durchpressen, Zitrone auspressen. Alle Zutaten in ein Gefäß mit hohem Rand geben und mit einem Stabmixer pürieren. Hummus zugedeckt für 30 Minuten kaltstellen. Masse anschließend noch einmal mit Salz abschmecken und in ein sauberes Glas füllen.

Mexikanischer Bohnenaufstrich

Zutaten

1 rote Zwiebel
1 kleine rote Chilischote
½ Bund frischer Koriander
2 EL Olivenöl
250 g Kidneybohnen aus der Dose
1 TL brauner Zucker
1 TL Zitronensaft
Meersalz

Zubereitung

Zwiebel schälen und fein würfeln. Chilischote putzen und sehr fein schneiden. Koriander waschen, trocken schütteln, fein hacken. Das Olivenöl in einer Pfanne erhitzen, Zwiebeln und Chili darin glasig dünsten. Kidneybohnen in ein Sieb geben und mit kaltem Wasser abspülen, abtropfen lassen. Alle vorbereiteten Zutaten, braunen Zucker und Zitronensaft in ein Gefäß mit hohem Rand geben und mit dem Stabmixer zu einer cremigen Paste pürieren. Paste in ein sauberes Glas füllen und im Kühlschrank aufbewahren.

Schnelle Pizza

Fertigpizza aus der Tiefkühltruhe enthält oft eine Vielzahl von Zusatzstoffen, doch das Ergebnis bleibt meist unbefriedigend, vor allem was die Qualität des Teiges betrifft. Meist befindet sich eine Art Keks unter dem Belag, der echten Pizzagenuss von vornherein ausschließt. Dann lieber ein bisschen Zeit investieren und den Teig selber herstellen. Wie einfach das geht, zeigt das folgende Rezept.

Zutaten für ein Backblech
Teig
1 Päckchen Bio-Hefeextrakt
1 Prise Zucker
250 g Weizenmehl (möglichst frisch gemahlen und in Bioqualität, Typ 550)
1 EL Olivenöl
½ TL Meersalz
Belag
3 schnittfeste Tomaten
1 Kugel Mozzarella (125 g)
12 Blättchen Basilikum
4–6 EL passierte Tomaten (Tetrapack)
Meersalz
Schwarzer Pfeffer aus der Mühle
Oregano, getrocknet

Zubereitung

125 ml lauwarmes Wasser mit der Hefe, einer Prise Zucker und so viel Mehl verquirlen, dass ein breiiger Vorteig entsteht. Mit einem Küchentuch abdecken und für 20 bis 30 Minuten warmstellen, bis der Teig erkennbar blasig geworden ist.

In der Zwischenzeit die geputzten Tomaten und den abgetropften Mozzarella in Scheiben schneiden. Basilikumblätter abzupfen, abspülen, trocknen.

Restliches Mehl, Olivenöl und Meersalz in den Teig einarbeiten. Auf einer bemehlten Arbeitsfläche gut durchkneten und ausrollen. Teig auf ein mit Backpapier ausgelegtes Backblech legen und mit Tomatensoße bestreichen. Mit Tomaten- und Mozzarellascheiben belegen. Kräftig mit Meersalz, Pfeffer und Oregano würzen.

Ofen auf höchster Stufe vorheizen. Pizza 10 bis 15 Minuten backen. Fertige Pizza in Stücke portionieren und mit Basilikumblättern anrichten.

Tipp: Dieses Grundrezept lässt sich natürlich nach Belieben variieren. Zum Beispiel Pizza Napoli mit Sardellen und Kapern oder Pizza Funghi mit frischen Champignons, geriebenem Gouda und roten Zwiebeln. Nur nicht zu viele Zutaten auf einmal auf den Teig geben, dann wird er aufgrund der zu hohen Feuchtigkeit beim Backen nämlich nicht knusprig.

Schnelles Hefe-Sauerteig-Mischbrot

Bei Brot – wie sollte es anders sein – kommt es auf das Mehl an. Seine Qualität ist entscheidend für das Ergebnis. Das Wichtigste: Frisch gemahlen muss es sein, am besten in einer Mühle mit langsam laufendem Steinmahlwerk. Am besten lässt du es dir im Bioladen direkt mahlen und verarbeitest es am gleichen Tag.

Zutaten
1 Päckchen Bio-Hefeextrakt
500 g Roggenmehl Typ 1050
500 g Weizenmehl Typ 1050
1 Päckchen Bio-Sauerteigextrakt
1 EL Meersalz
2 kleine Kastenformen

Zubereitung
Hefeextrakt in einer Backschüssel in 750 ml handwarmem Wasser verrühren und auflösen. Roggen- und Weizenmehl, Sauerteigextrakt und Salz nach und nach unter Rühren mit dem Handrührgerät oder in der Küchenmaschine (Knethaken) hinzugeben, bis ein homogener Teig entstanden ist.

Teig circa 30 Minuten an einem warmen Ort gehen lassen. Anschließend nochmals durchkneten und auf zwei eingefettete, bemehlte Kastenformen verteilen. Weitere 30 Minuten gehen lassen und anschließend bei 200 Grad Umluft backen. Danach auf 160 bis 180 Grad zurückstellen und weitere 20 Minuten backen, bis sich eine leicht braune Kruste gebildet hat. Gartest: Das aus der Form gestürzte Brot muss beim Beklopfen mit dem Fingerknöchel hohl klingen.

Der beste Erdbeerjoghurt

Über die Qualitäten von industriell hergestelltem Erdbeeraroma haben wir bereits gesprochen – clean ist wirklich anders. Obwohl sich meist nicht einmal der Fruchtgehalt einer einzigen Erdbeere darin befindet, ist Erdbeerjoghurt hierzulande der beliebteste Fruchtjoghurt. Wenn du wirklich auf Erdbeerjoghurt stehst, warte lieber die Erdbeersaison ab, und mach dir deinen eigenen Joghurt. Hier die Home-made-Version des Klassikers:

Zutaten für ca. 750 ml Erdbeerjoghurt

250 g frische Erdbeeren
(alternativ: Tiefkühlware)
4 EL brauner Zucker
(alternativ: 6 EL Ahornsirup)
1 TL gemahlene,
echte Bourbon-Vanille
1 großer Becher Joghurt
mit natürlichem Fettgehalt (3,5 %)

Zubereitung

Erdbeeren abspülen, putzen, halbieren und in ein Gefäß mit hohem Rand füllen. Zucker oder Ahornsirup und Vanille dazugeben und mit dem Stabmixer leicht pürieren. Joghurt daruntergeben – fertig!

Erfrischende Limonade

Einen erfrischenden Softdrink herzustellen ist so einfach, dass du dich fragen wirst, warum du das nicht schon früher gemacht hast.

Zutaten
2 Zitronen
2 EL brauner Zucker (alternativ: 3 EL Ahornsirup)
1 Flasche Mineralwasser mit Kohlensäure (0,7 Liter)

Zubereitung
Zitronen auspressen und mit dem Zucker verrühren, bis der sich aufgelöst hat. Fertigen Sirup in eine Karaffe füllen und vorsichtig unter leichtem Rühren mit gut gekühltem Mineralwasser auffüllen – fertig!

Tipp: Statt Zitronen kannst du frisch gepressten Limetten-, Orangen- oder Grapefruitsaft nehmen.

Ehrlicher Eistee

Fertig gekaufter Eistee enthält häufig schwarzen Tee minderer Qualität und sehr viel Zucker. Oft sind weitere Zusatzstoffe drin. Dabei geht Eistee nun wirklich leicht – schau mal:

Zutaten für 1 Liter
3 EL guter schwarzer Tee,
z. B. Darjeeling
2 EL brauner Zucker
(alternativ: 3 EL Ahornsirup)
2 EL Zitronen- oder Limettensaft

Zubereitung
1 Liter Wasser zum Kochen bringen und einen kräftigen Tee aufbrühen. Genau 3 Minuten ziehen lassen, dann abseihen. Zucker bzw. Ahornsirup und Zitronen- oder Limettensaft dazugeben, verrühren und abkühlen lassen (wenn du es eilig hast, nimmst du ein paar Eiswürfel). Dann in den Kühlschrank stellen.

Tipp: Eistee funktioniert natürlich auch mit Kräutertee. Zum Beispiel mit Zitronenmelisse und Pfefferminze zu gleichen Teilen.

Orangensalz

Aromatisiertes Salz ist eine schöne Möglichkeit, einfachen Gerichten einen besonderen Geschmack zu verleihen. Eine reife Avocado schmeckt himmlisch, wenn sie mit Orangensalz veredelt wird.

Zutaten
1 große Bio-Orange
4 EL schuppiges Meersalz

Zubereitung
Mit einem Zestenreißer feine Späne von der Orangenschale abziehen und fein hacken (alternativ: Schale mit einer feinen Reibe abreiben). Mit dem Meersalz in einen Mörser geben und grob zerstoßen. Salz-Orangen-Mischung auf einem Backblech verteilen und bei 80 Grad 10 Minuten trocknen lassen.

Tipp: Statt Orangen- kannst du Zitronenschale nehmen (nicht die von Limetten – die ist zu bitter). Außerdem funktioniert das Rezept prima mit vier Esslöffeln Fenchelsamen statt der Zesten. Weitere mögliche Aromastoffe für Experimentierfreudige: frischer Ingwer, gerösteter Sesam, frische Thymianzweige, frische Rosmarinzweige, Süßholz, Rosenblätter und vieles mehr.

Vertrauenswürdiger Vanillezucker

Welche fragwürdigen Kapriolen die Hersteller von Produkten mit Vanillegeschmack schlagen, um dieses exquisite Aroma zu erzeugen, haben wir ausführlich dargestellt. Hier unsere echt saubere Variante.

Zutaten
2 echte Vanilleschoten
100 g brauner Zucker

Zubereitung
Vanilleschoten mit einem scharfen Messer der Länge nach aufschneiden und das Mark vorsichtig mit einem Löffel herauskratzen. In einem Schälchen mit dem Zucker sorgfältig vermischen und zusammen mit den leeren Schoten in ein Schraubglas abfüllen.

Clean-Food-Müslimischung

In vorgefertigten Müslimischungen ist in der Regel viel Zucker enthalten. Es finden sich aber auch andere unerwünschte Zusätze wie Pops oder Flakes darin, bei denen das Getreide aus unserer Sicht zu stark verarbeitet ist. Deshalb machen wir unsere Müslimischung selbst. Hier unser Lieblingsmix. Ergibt etwa 750 Gramm fertige Müslimischung und reicht für etwa 15 Portionen.

Zutaten

125 g feine Haferflocken
100 g kernige Gerstenflocken
50 g Reisflocken
2 EL geschrotete Leinsamen
2 EL Weizenkleie
2 EL Kürbiskern-Sonnenblumenkern-Mischung
50 g Walnusskerne
50 g Cashewkerne
50 g geschälte Pistazien (ungesalzen)
6 getrocknete Datteln
50 g getrocknete Sauerkirschen
30 g getrocknete Mango
2 EL getrocknete Berberitzen
1 Handvoll Kokoschips (keine Raspel!)

Zubereitung

Die Flocken, Leinsamen, Kleie und den Kernmix hineingeben und grob mischen. Die Walnusskernhälften einmal durchbrechen, zugeben. Cashewkerne und Pistazien untermischen (wir lassen sie ganz, da wir es lieben, auf eine Nuss zu beißen).

Datteln und Mangos klein schneiden. Sauerkirschen und Berberitzen abmessen. Alle Früchte untermischen.

Zum Schluss eine lockere Haube Kokoschips darauf füllen, gut verschließen und für den nächsten Morgen bereitstellen.

Dazu wahlweise Milch, Sojamilch, Kefir, Joghurt, Quark, Säfte und immer ein paar frische Früchte geben. Wunderbar schmeckt es zum Beispiel mit einer halben Banane und zwei Esslöffeln Heidelbeeren.

Cleaner Nudelsnack

Asia-Nudelsnacks sind eine praktische, kleine Zwischenmahlzeit, wären da nicht die vielen Geschmacksverstärker und Aromen, die sich in den beigepackten Würztütchen verbergen. Dabei ist die Hauptzutat, Instant-Weizen-Nudeln, völlig in Ordnung. Und das Beste daran: Die bekommst du auch ohne beigepackte Chemikalien! Instant-Mie-Nudeln sind nämlich in gut sortierten Supermärkten oder im Asia-Shop erhältlich. Sie werden meist in Packungen à 250 Gramm angeboten und sollten außer Weizenmehl und Salz nichts enthalten (also möglichst auch eifrei sein).

Zutaten für eine Portion

1 Schalotte
1 kleine Möhre
2 EL Olivenöl
1 TL Gemüse-Hefebrühe (z. B. von Vitam)
2 bis 4 Spritzer Chilisoße (z. B. Tabasco)
1 Stück frischer Ingwer (ca. 10 g)
50 g Mie-Nudeln
1 Stiel frischer Koriander

Zubereitung

Schalotte schälen und in feine Würfel schneiden. Möhre schälen und in streichholzgroße Stäbchen schneiden. Olivenöl in einer Kasserolle erhitzen, Schalotte und Möhre zugeben, 2 Minuten andünsten.

Mit 250 ml Wasser ablöschen. Gemüsebrühe und Chilisoße zugeben. Ingwer durch die Knoblauchpresse drücken, mit den anderen Zutaten verrühren und einmal aufkochen lassen. Mie-Nudeln in kleine Stücke zerbrechen und in die Brühe geben. Herd abstellen, Deckel drauf und 5 Minuten ziehen lassen.

In einem Suppenteller mit gehacktem Koriander anrichten.

Der große Saisonkalender

Frische Produkte haben Vorfahrt: Clean Food bedeutet, mit möglichst frischen Produkten zu kochen und so auf konservierte Lebensmittel zu verzichten. Wann sind Obst und Gemüse besonders frisch? Wenn sie hierzulande reif sind!

Wir stellen für jeden Monat die Clean-Food-Highlights und passende Rezepte vor. Nach dem Motto: clean, fit und schlank durchs Jahr!

Januar

Die Natur läuft auf Sparflamme. Nur ganz im Verborgenen warten gut geschützte Knospen auf wärmere und hellere Tage. Eine gute Zeit, den Konsum ein wenig zurückzuschrauben. Heimisches Obst und Gemüse sind rar. Draußen wachsen nur wenige frostfeste Gemüsesorten. Warum das also nicht zum Anlass nehmen, etwas kürzerzutreten? Wir persönlich verzichten im Monat Januar schon seit vielen Jahren auf Fleisch, Zucker und Alkohol. Stattdessen kommen gesunde Sachen auf den Tisch wie marinierter Tofu, geriebene Rote Bete, Weizengrütze sowie milchsauer vergorene Säfte zur Regeneration der Darmflora – eine kleine Entlastungskur, die dem Stoffwechsel guttut. Für uns der optimale Start in ein neues Jahr.

Die Clean-Food-Highlights im Januar

Birnen: Süß, mild und aromatisch kommen die Verwandten der Äpfel daher. Jetzt sind sie noch in guter Qualität aus heimischer Ernte zu bekommen.

Tipp: Feste Sorten sind zum Beispiel Abate Fetel, Conférence und Rocha. Eher weiche sind Williams Christ und Charneux, auch Bürgermeisterbirne genannt.

Topgehalt an: Folsäure und Kalium.

Kiwis: Die »chinesischen Stachelbeeren« enthalten fast so viel Vitamin C wie Zitronen, schmecken jedoch deutlich süßer.

Tipp: Die gelbe Variante ist milder als die grüne. Schmeckt prima im Linsensalat (siehe unten).

Topgehalt an: Vitamin C, Kalium und Magnesium.

Kartoffeln: Sie sind ein natürliches Lightprodukt: Sie enthalten praktisch kein Fett (nur 0,1 Prozent – die Hälfte von Magerquark), sind kalorienarm (nur etwa 60 kcal pro 100 g) und sättigen gut. Außerdem wirken Kartoffeln einer Übersäuerung des Organismus entgegen, denn sie gehören wegen ihres hohen Mineralstoffgehaltes zu den basischen Lebensmitteln. Bis zum Sommer gibt es bei uns gute heimische Lagerkartoffeln. Am besten bio kaufen, dann sind sie frei von Antikeimungsmitteln. Probiere auch mal halbfest kochende Sorten. Sie sind ideal für Suppen oder Pürees.

Tipp: Lichtgeschützt lagern. Dann keimen Kartoffeln nicht so schnell.

Topgehalt an: Vitamin C, Kalium und Magnesium.

Linsen: Die Hülsenfrüchte enthalten bioaktive Substanzen wie Flavonoide, die das Wachstum von Bakterien und Viren hemmen. Jetzt im Winter sind sie eine prima Ergänzung. Besonders schnell gar sind rote Linsen oder die kleinen Puy-Linsen. Sie haben eine wesentlich kürzere Kochzeit und sind deshalb besonders praktisch.

Tipp: Durch den hohen Eiweißgehalt (je nach Sorte um die 23 Prozent) eignen sich Linsen gut für die vegane und vegetarische Ernährung.

Topgehalt an: Lecithin (Nervennahrung!), Kalium, Magnesium, Zink und Ballaststoffen.

Zwiebeln: Enthalten viel Quercetin, ein Flavonoid, das antioxidativ wirkt und unseren Körper so bei der Abwehr der aggressiven freien Sauerstoffradikale unterstützt. Das Beste: Flavonoide sind hitzestabil, so dass auch in gebratenen und gedünsteten Zwiebeln ein hoher Anteil enthalten bleibt. Neue Forschungserkenntnisse deuten darauf hin, dass Zwiebeln und Knoblauch dazu beitragen, unsere Darmflora positiv zu beeinflussen – sie fördern nämlich die Bildung schlank machender Bakterien.

Tipp: Zwiebeln trocken, dunkel und kühl lagern.

Topgehalt an: Flavonoiden, Glukosinolaten.

Unser Toprezept im Januar

ROTE-LINSEN-KIWI-SALAT

Ergibt zwei Portionen, Zubereitung 20 Minuten, vegan.

Zutaten

120 g rote Linsen
400 ml Gemüsebrühe
2 Kiwifrüchte
1 Schalotte
3 TL heller Balsamicoessig
3 EL Olivenöl
Meersalz
Schwarzer Pfeffer aus der Mühle

Zubereitung

Linsen in der Gemüsebrühe aufkochen, abstellen und zugedeckt 5 Minuten nachgaren lassen. In ein feines Sieb geben und abkühlen lassen. Inzwischen Kiwis dünn schälen und in kleine Würfel schneiden. Schalotte abziehen und fein hacken. Balsamico und Olivenöl unter die abgekühlten Linsen rühren. Linsen mit Salz und Pfeffer würzen. Vorbereitete Salatzutaten dazugeben, mischen, abschmecken.

Februar

Noch hat der Winter die Natur fest im Griff. Nur vereinzelt auftretende Schneeglöckchen und Krokusse künden vom Ende der Frostperiode. Aus heimischem Anbau finden wir Kohlsorten sowie wenige frostfeste Salatsorten wie Endivien und den leicht nussigen Feldsalat. Wer mehr Auswahl will, kann auf Tiefkühlprodukte zurückgreifen. Von Brokkoli, Erbsen und Karotten über Rosenkohl und Spinat bis zu Zuckerschoten: Sie alle warten im Kälteschlaf auf ihr Erwachen. Erntefrisch verarbeitet und ohne weitere Zusätze schockgefrostet bietet Tiefkühlgemüse eine gute Alternative in den Wintermonaten. Bei Früchten sind wir auf Lagerware, Eingemachtes, Eingekochtes oder Importware angewiesen.

Die Clean-Food-Highlights im Februar

Papayas: Das Fruchtfleisch der »Baummelone« schmeckt mild und süß, wie eine Mischung aus Melone und Aprikose. Es enthält beachtliche Mengen Papain. Das Enzym hilft dabei, Eiweiß zu verdauen und die Fettverbrennung zu beschleunigen.

Tipp: Der Papaya fehlt es etwas an Säure, deshalb schmeckt sie besonders lecker mit ein paar Tropfen Limettensaft.

Topgehalt an: Vitamin C, Betacarotin, Kalium und Papain.

Chilischoten: Die Schärfe kommt vom Capsaicin, es regt die Speichel- und Magensaftbildung an und unterstützt so die Verdauung. Wer es nicht ganz so scharf haben möchte, entfernt die Samen. Außerdem nimmt die Schärfe von der Spitze bis zum Stängelansatz deutlich zu. Und sollte die Zunge doch mal brennen: Ruhe bewahren und auf keinen Fall mit Wasser, Bier oder Wein löschen. Dann brennt's erst recht! Lieber ein Stück Brot in den Mund nehmen und langsam kauen. Oder etwas Fetthaltiges wie Butter, Sahne, Kokosmilch verzehren – auch das hilft.

Tipp: Nach dem Hantieren mit den kleinen roten Teufeln auf keinen Fall die Augen reiben!

Topgehalt an: Capsaicin, Vitamin C.

Kichererbsen: Stellen in der arabischen und persischen Küche eine Art Grundnahrungsmittel dar. Sie sind zum Beispiel Basis der Kichererbsenpaste »Hummus«. Wie alle Hülsenfrüchte enthalten Kichererbsen viel Eiweiß (ca. 20 %) – fast so viel wie Hähnchenfleisch. Außerdem drin: reichlich Eisen und Kalzium.

Tipp: Vegetarier und Veganer sollten regelmäßig Hülsenfrüchte verzehren, um ihren Bedarf an Eiweiß und Eisen zu decken. Kichererbsen sind ein besonders empfehlenswerter Vertreter.

Topgehalt an: Eiweiß, Kalzium und Ballaststoffen.

Pinienkerne: Die Samenkerne stammen aus den Zapfen einer wild wachsenden, mediterranen Pinienart, die pro Jahr nur etwa 2 Kilogramm davon abwirft. Daher sind die Kerne knapp und nicht ganz billig. Sie schmecken süß, mandelhaft und sind cremig-weich. So passen sie ideal zu östlichen Reisgerichten, italienischen Pastasoßen und einem schönen Salat. Übrigens: Der kommerzielle Anbau der Kerne ist bislang noch nicht gelungen.

Tipp: Der volle Geschmack verbreitet sich, wenn man die Kerne zunächst kurz ohne Fett in der Pfanne röstet!

Topgehalt an: Vitamin E und B_1 sowie pflanzlichem Eiweiß.

Weißkohl: Eine Portion (200 g) dieses typischen Wintergemüses deckt den Tagesbedarf an Vitamin C. Kohl wächst überall in Deutschland und ist ein dankbares, preiswertes Wintergemüse, dem es ein bisschen an Sexyness fehlt. Beim Clean Eating kann das Gemüse allerdings bestens mithalten – wir bevorzugen Biokohl wegen des niedrigeren Nitratgehalts und des weniger intensiv ausfallenden Kohlgeruchs.

Tipp: Angeschnittenen Weißkohl mit einem feuchten Tuch abdecken und im Gemüsefach lagern.

Topgehalt an: Vitamin C, Glukosinolaten, Ballaststoffen.

Unser Toprezept im Februar

BAUERNSALAT MIT FETA

Ergibt vier Portionen, Zubereitung 20 Minuten.

Zutaten

½ Bioweißkohl
4 EL Olivenöl
2 EL weißer Balsamicoessig
1 EL Ahornsirup
1 TL Meersalz
Schwarzer Pfeffer aus der Mühle
200 g Schafskäse (Feta)
½ milde Gemüsezwiebel
50 g schwarze Kalamata-Oliven mit Stein
6 milde Peperoni
Getrocknetes Oregano

Zubereitung

Weißkohl vierteln, äußere Blätter und den Strunk entfernen. Es kommt darauf an, den Kohl in sehr feine Streifen zu schneiden. Am besten eignet sich dazu ein Kohlhobel. Doch ein scharfes Messer funktioniert auch.

Kohl anschließend in eine große Schüssel geben und mit den (sauberen) Händen kräftig durchkneten, bis etwas Feuchtigkeit austritt und die Fasern mürbe werden (das lässt ihn die Aromen besser aufnehmen und macht ihn leichter verdaulich).

Öl, Essig und die Gewürze zugeben. Alles gut durchmischen und etwas ziehen lassen. In der Zwischenzeit Schafskäse in Streifen schneiden, Zwiebel häuten und in halbe Ringe schneiden.

Kohlsalat auf vier Teller verteilen. Mit Schafskäse, Zwiebeln, Oliven und Peperoni anrichten. Oregano darüberstreuen.

März

Der Frühling naht, und mit ihm die ersten warmen Tage. Noch hält sich die Natur zurück. Vereinzelt blühen japanische Kirschen, Azaleen und Forsythien. Doch ihre Blüten leben gefährlich, denn die Nachtfröste können sehr heftig ausfallen. Es wird noch ein paar Wochen dauern, bis in unseren Breiten das erste Obst und Gemüse reif wird. Wir müssen weiter mit Import- und Lagerware vorliebnehmen. Zum Beispiel Frühlingszwiebeln aus Holland und deutsche Rote Bete aus dem Winterlager.

Die Clean-Food-Highlights im März

Mangos: In ihrem Fruchtfleisch stecken viel Vitamin C, Enzyme sowie Carotinoide, darunter Betacarotin. Außerdem zellschützende Folsäure. Mangos reifen bei Zimmertemperatur nach, es gibt allerdings im Handel speziell nachgereifte Früchte für den Sofortverzehr (zu erkennen am »Iss mich«-Aufkleber).

Rezepttipp: Für einen leckeren Fruchtsmoothie eine Mango schälen, würfeln und mit 200 Milliliter Buttermilch und zwei Esslöffeln Limettensaft pürieren.

Topgehalt an: Vitamin C, Betacarotin.

Frühlingszwiebel: Auch unter den Namen Lauchzwiebel bekannt bereichert sie unsere Küche, wenn ein eher zartes Zwiebelaroma gefragt ist. Ihre schwefelhaltigen Verbindungen desinfizieren die Schleimhäute und helfen bei Erkältungen und Entzündungen.

Tipp: In Italien serviert man Frühlingszwiebeln (Strunk und Knolle gehackt) mit Salz und einem würzigen Brot.

Topgehalt an: Kalium, Kalzium und ätherischen Ölen.

Rote Bete: Rote-Bete-Flecken gehen schlecht aus der Kleidung. Von den Händen schon eher, also Schürze umbinden und keine Scheu vor den leckeren Knollen. Ihr mild-süßlicher Geschmack und der hohe Gehalt an Mineralstoffen entschädigen für unerwünschte Farbeffekte. Viele kennen Rote Bete nur als eingemachte Version, als Kugeln oder in Scheiben aus dem Glas. Dabei ist das Gemüse frisch zubereitet – zum Beispiel roh geraspelt mit etwas saurer Sahne und Dill verfeinert – ein echter Genuss! Auch schmackhaft als Einlage für Eintöpfe und Suppen!

Tipp: Wenn du die rote Farbe scheust, kannst du beim Verarbeiten Einmalhandschuhe benutzen. Dann bleiben die Hände sauber. Am nächsten Morgen auf der Toilette bitte keinen Schreck bekommen: Rote Bete färbt auch »innen«!

Topgehalt an: Kalium, Magnesium, Folsäure.

Rucola: Die darin enthaltenen Senföle geben der Rauke, so der deutsche Name der beliebten Salatpflanze, nicht nur den intensiven Geschmack – ihnen wird auch eine krebshemmende Wirkung zugeschrieben. Beim Einkauf besonders auf frische Ware achten. Vorsicht bei abgepackten Blättchen, die mit Folie überzogen sind. Hier kann man die Frische nicht beurteilen und merkt erst zuhause, dass in der Packung schon ein leicht säuerlicher, miefiger Geruch wabert.

Tipp: Rucolablätter welken rasch. Am besten in ein feuchtes Küchenpapier einwickeln und zuoberst im Gemüsefach aufbewahren. Beim Putzen den unteren Teil der Blattstiele großzügig abschneiden.

Topgehalt an: Senfölen, Folsäure und B-Vitaminen.

Couscous: Gilt in Nordafrika als Grundnahrungsmittel und ist eine leckere Abwechslung zu Kartoffeln oder Pasta. Wie alle Getreideprodukte gehört Couscous zu den Sattmachern mit einem hohen Gehalt an Kohlenhydraten. Außerdem drin: Sehr wenig Fett, aber reichlich Ballaststoffe.

Tipp: Instantcouscous wird mit kochendem Wasser aufgegossen, muss anschließend nur wenige Minuten ziehen und ist fertig – sehr praktisch!

Topgehalt an: Mineralstoffen und B-Vitaminen.

Unser Toprezept im März

ROTE-BETE-MUS MIT COUSCOUS

Ergibt vier Portionen, Zubereitung 40 Minuten, vegan.

Zutaten

800 g Rote Bete (4–6 Kugeln)
Meersalz
200 g Instantcouscous
2 EL Olivenöl
2 EL Kokosmilch
Schwarzer Pfeffer aus der Mühle
Muskat
Schnittlauch (frisch oder TK)

Zubereitung

Rote-Bete-Kugeln in Salzwasser zum Kochen bringen und bei geschlossenem Deckel 30–40 Minuten köcheln lassen (Garprobe mit dem Küchenmesser machen).

In der Zwischenzeit den Couscous nach Packungsanleitung zubereiten und ziehen lassen. Anschließend das Olivenöl untermischen.

Fertige Rote Bete gut mit kaltem Wasser abschrecken, häuten und fein reiben. Mus mit Kokosmilch, Pfeffer, Muskat und Salz vermischen, abschmecken. Rote-Bete-Mus und Couscous auf flachen Tellern anrichten, mit Schnittlauchröllchen bestreuen.

April

Im ersten richtigen Frühlingsmonat des Jahres legt die Natur so richtig los. Überall grünt und sprießt es, die Sonne gewinnt von Tag zu Tag an Kraft. Die ersten Vorboten der neuen heimischen Ernte sind Spinat, Rhabarber und Radieschen. In guten Jahren kommt der erste, noch teure, weil unter Folie gezogene, Spargel in den Handel. Hier ist Geduld gefragt, denn spätestens im Mai wird das Luxusgemüse allmählich günstiger und auch aromatischer im Geschmack. Beim Obst müssen wir weitgehend weiter mit Import- und Lagerware vorliebnehmen.

Die Clean-Food-Highlights im April

Rhabarber: Gelangte von China aus über Russland nach Europa. Daher stammt auch der merkwürdige Name des Knöterichgewächses: »rheum barbarum«, der »von den Barbaren«. Die langen Stangen sind praktisch die ersten heimischen Früchte des Jahres. Leider sind sie ziemlich sauer, deshalb braucht man ein wenig Süße, um sie schmackhaft zu machen.

Tipp: Je jünger und dünner die Stangen, desto weniger Oxalsäure enthalten sie, weshalb sie entsprechend milder schmecken.

Topgehalt an: Kalium, Betacarotin.

Petersilie: Petersilie glänzt mit einer ungewöhnlichen Fülle an Vitalstoffen, Spurenelementen und Mineralstoffen. Das gesunde Kraut verkommt leider meist zur Deko. Größere Mengen landen selten auf unseren Tellern, es sei denn, wir machen ein schmackhaftes Pesto draus.

Tipp: Ein wenig Petersilie gekaut gibt einen frischen Atem.

Topgehalt an: Carotinoiden, Magnesium, ätherischen Ölen.

Radieschen: Mit ihrem leuchtend roten Äußeren und dem grünen Kraut sind sie echte Frühlingsboten, die es jetzt auch schon wieder aus heimischem Umfeld gibt. Mit ihrer Schärfe regen sie den Stoffwechsel an und verleihen Dips, Salaten und belegten Broten ein besonderes Aroma. Verantwortlich dafür sind die enthaltenen Senföle, die außerdem antibakteriell wirken.

Tipp: Radieschen vom Grün trennen und in ein Schälchen mit Wasser legen. Wenn man das Wasser täglich wechselt, halten sich die kleinen Kugeln im Kühlschrank bis zu einer Woche.

Topgehalt an: Vitamin C, Folsäure.

Süßkartoffeln: Sind nur ganz entfernt mit den »echten« Kartoffeln verwandt. Deshalb kann man sie auch im Gegensatz zur Kartoffel roh essen. Kein anderes fettarmes Nahrungsmittel liefert so viel zellschützendes Vitamin E. 100 Gramm decken ein Drittel des Tagesbedarfs.

Tipp: Durch ihre kurze Garzeit kann man Süßkartoffeln, zum Beispiel in Würfeln, prima zusammen mit anderen Pfannengemüsen wie Paprika, Lauch oder Zucchini verarbeiten.

Topgehalt an: Betacarotin, Vitamin E und Kalium.

Spinat: Der jetzt im April angebotene Frühlingsspinat ist besonders zart und lässt sich daher gut als Salat zubereiten. Der Vorteil: Die Vitamine bleiben erhalten.

Tipp: Wer Zeit sparen will, kann Tiefkühlspinat nehmen. Aber darauf achten, dass wirklich nur Spinat drin ist! Rahmspinat zum Beispiel enthält reichlich unnötige Zusatzstoffe – etwas Sahne zugeben kann man schließlich auch selber.

Topgehalt an: Kalium, Magnesium, Eisen, Betacarotin.

Unser Toprezept im April

SPINAT MIT PINIENKERNEN

Ergibt vier Portionen, Zubereitung 20 Minuten, vegan.

Zutaten

500 g junger Spinat
1 Knoblauchzehe
1 Frühlingszwiebel
30 g Rosinen
2 EL Olivenöl
Meersalz
Schwarzer Pfeffer aus der Mühle
Muskat
30 g Pinienkerne

Zubereitung

Spinat waschen, trocknen, Stiele entfernen und klein hacken. Knoblauch und Frühlingszwiebel fein hacken. Rosinen in 100 Milliliter heißem Wasser einweichen.

Olivenöl in einem Topf mit breitem Boden erhitzen. Knoblauch und Frühlingszwiebel darin unter Rühren andünsten. Spinat und Rosinen dazugeben. Bei mittlerer Hitze kurz andünsten, zusammenfallen lassen, würzen, 5 Minuten ziehen lassen und von der Kochstelle nehmen.

Pinienkerne untermischen. Schmeckt als Beilage oder leicht abgekühlt als Vorspeise.

Mai

Willkommen, du schöne Spargelzeit! Ob klassisch mit neuen Kartoffeln und Schinken, vom Grill oder roh im Salat – das Edelgemüse begeistert uns von Jahr zu Jahr wieder mit seinem feinen Aroma und seinen vielfältigen Zubereitungsvarianten. Die meisten Früchte befinden sich jedoch noch in der Blütephase. Sie brauchen noch einige Zeit, aber vor allem das richtige Wechselspiel aus Sonne, Regen und Pflege. Immerhin sind die ersten Erdbeeren am Start, und auf den Feldern reift Kopfsalat neben Mangold und Mairübchen.

Die Clean-Food-Highlights im Mai

Spargel: Weißer Spargel wächst vollständig unter der Erde, schmeckt mild und fein. Der grüne darf den Kopf ans Licht strecken und bildet so Chlorophyll, aber auch mehr Vitamine und Mineralstoffe. Dafür fällt sein Geschmack nicht ganz so edel aus. Reich an entwässerndem Kalium sind aber beide Sorten.

Tipp: An den Enden erkennst du, wie frisch der Spargel ist. Sie müssen knackig und feucht sein, nicht trocken und verklebt. Bevorzuge heimischen Spargel, möglichst direkt aus der Region.

Topgehalt an: Kalium, Folsäure.

Aprikose: Kein anderes Obst ist so prall gefüllt mit Betacarotin, der pflanzlichen Vorstufe von Vitamin A. Das verhilft der Frucht nicht nur zum Status als Fitmacher, sondern auch als Schönmacher. Betacarotin bildet das ideale Abwehrschild gegen die Schäden freier Radikale und die dadurch bedingte Hautalterung. Darüber hinaus enthalten Aprikosen Pantothensäure für glänzendes Haar, Folsäure für Zellwachstum und Niacin für schöne Haut.

Tipp: Frische Früchte einfach pur essen. Getrocknet schmecken

Aprikosen nicht nur im Müsli oder Kuchen – fein gehackt oder püriert auch in Salaten, Soßen und Suppen.

Topgehalt an: Betacarotin, Ballaststoffen, Niacin, Pantothensäure.

Blutorangen: Die letzten Orangen des Jahres versüßen uns das Frühjahr, wenn es noch nicht viele heimische Früchte gibt. Die intensive Färbung wird durch den Farbstoff Anthocyan ausgelöst. Er sorgt bei niedrigen Temperaturen zusammen mit der Fruchtsäure für die schöne Pigmentierung. Je kühler die Temperatur bei der Reifung ist, desto intensiver gerät die Farbe. Aber auch innerlich haben Blutorangen einiges zu bieten. Nämlich viel Vitamin C wie alle Zitrusfrüchte, aber auch einen hohen Gehalt an Betacarotin.

Tipp: Blutorangen lieber essen als pressen, da sie einen geringeren Saftanteil haben.

Topgehalt an: Anthocyanen, ätherischen Ölen.

Neue Kartoffeln: Im Kalorienvergleich der Beilagen schneiden die Erdäpfel super ab: Sie enthalten nur 69 Kalorien pro 100 Gramm. Reis hingegen bringt es auf 93 Kalorien, Nudeln sogar auf 150 Kalorien. Außerdem liefern Kartoffeln hochwertiges Eiweiß. Das heißt, unser Körper kann die Proteine leicht in körpereigene Eiweiße umwandeln. Reichlich B- und C-Vitamine runden das Fitnessprofil der Knollen ab.

Tipp: Für eine kalorienarme Aioli-Variante die Hälfte der Mayonnaise durch eine kalte, zerdrückte Kartoffel ersetzen.

Topgehalt an: Vitamin B und C sowie Kalium.

Mangold: Mangold ist typische Zutat vieler grüner Smoothies und deshalb wieder etwas in Mode gekommen. Verdientermaßen, denn er ist ein unkompliziertes, schmackhaftes Gemüse, das man ähnlich wie Spinat einsetzen kann. Beim Mangold sind übrigens die Stiele das Beste.

Tipp: Mangold schmeckt süßlich-würzig. Die Blätter kannst du roh für Salate verwenden. Die Stiele hacken und weichdünsten.

Topgehalt an: Betacarotin, Vitamin C, Kalium, Magnesium und Eisen.

Unser Toprezept im Mai

NEUE KARTOFFELN VOM BLECH MIT ROSMARIN

Ergibt vier Portionen, Zubereitung 10 Minuten plus Garzeit im Ofen, vegan.

Zutaten

250 g neue Kartoffeln
1 EL grobes Meersalz
4 Rosmarinzweige
4 EL Olivenöl

Zubereitung

Backofen auf 180 Grad vorheizen. Kartoffeln gründlich abschrubben, in dünne Scheiben schneiden und auf einem Backblech verteilen. Mit grobem Meersalz würzen. Rosmarinzweige halbieren, auf den Kartoffelscheiben verteilen. Das Olivenöl darüberträufeln und für 20–30 Minuten in den Backofen geben.

Juni

Die Zeit der Sommersonnenwende mit ihren extralangen Tagen lockt uns in die Natur. Jetzt kannst du nach Feierabend noch ausgiebig im Freien Sport treiben, Stress abbauen und etwas für die Fitness tun. Die Sonne hat ihren Zenit zwar bereits erreicht, doch die Nächte sind in den meisten Regionen Deutschlands noch kühl. Wer einen Garten hat, weiß: Die Hauptwachstums- und Blütezeit ist angebrochen. Das gilt leider nicht nur für Goldregen, Holunder, Hartriegel und Rhododendren, sondern auch für Unkräuter aller Arten. Viel Arbeit für den ehrgeizigen Hobbygärtner. Kulinarischer Trost: Die Erdbeeren sind nun besonders süß, denn sie hatten genug Zeit, reichlich Sonne zu tanken. Und nicht nur Hasen dürfte interessieren, dass jetzt eine immer größere Auswahl erntefrischer grüner Salate lockt.

Die Clean-Food-Highlights im Juni

Erdbeeren: Es gibt nicht viele Produkte, die heute noch eine echte Saison haben. Erdbeeren und Spargel gehören dazu. Klar gibt es schon ab Januar Importware, doch Qualität und Preis sind indiskutabel. Im Juni schmecken hiesige Erdbeeren am besten, denn sie brauchen viel Sonne, um richtig süß und aromatisch zu werden. Erstaunlich: Erdbeeren enthalten deutlich mehr Vitamin C als Zitronen!

Rezepttipp: Probiere mal die Kombi aus zwei saisonalen Highlights: Spargel und Erdbeeren. Dazu den geschälten Spargel in dünne Scheiben schneiden und mit Erdbeermarinade beträufeln. Dafür Erdbeeren, Balsamico, Olivenöl, Pfeffer und Salz mit dem Stabmixer pürieren.

Topgehalt an: Vitamin C und Folsäure.

Freilandsalat: Ob Kopfsalat, Lollo rosso oder Eisberg – jetzt ist das Grünzeug am leckersten und besten. Knackig und herzhaft. Zwar ist der Vitamin- und Mineralstoffgehalt bei allen Salatköpfen nicht besonders beeindruckend, doch sie bieten mit einem Wassergehalt von über 90 Prozent die Basis für eine leichte Mahlzeit. Kombiniert mit Früchten und Saisongemüse wird daraus auch ein echter Vitaminknüller.

Tipp: Finger weg von vorgeschnittenen Salaten, auch wenn es schön bequem ist. Durch das Zerschneiden zersetzt sich das empfindliche Grünzeug einfach zu schnell und fällt bei Tests immer wieder negativ auf.

Topgehalt an: Kalium, Ballaststoffen.

Süßkirschen: Kirschen sind anspruchsvoll und empfindlich. So kann eine einzige Frostnacht im April die Blüten zerstören. Und bei Wind und Regen bleiben die Bienen daheim, und die Befruchtung fällt aus. Während der Reifezeit kommen die Stare zu tausenden ins alte Land. Aufwendige Netzkonstruktionen sind nötig, um die Früchte zu schützen. Die letzte Gefahr droht durch einen normalen Sommerregen. Er lässt die vollreifen Früchte platzen und anschließend verfaulen. Doch wenn alles gut geht, kommen Ende Juni die ersten Süßkirschen auf den Markt.

Tipp: Kirschen gründlich mit warmem Wasser waschen, da sie häufig stark gespritzt sind. Dann einfach pur genießen!

Topgehalt an: Folsäure, Anthocyanen.

Fenchel: Sein ätherisches Fenchelöl wirkt schleimlösend, zum Beispiel bei Husten und Heiserkeit, sorgt aber auch für den typischen Geschmack. Fenchel schmeckt roh als Salatzutat, gedünstet als Beilage zu Fisch oder als Antipastigemüse. Jetzt gibt es ihn aus heimischem Freilandanbau. Eine tolle Kombi: Gedünsteter Fenchel mit Orangensalz (Salz-Rezept siehe Kapitel »Clean Basics«).

Tipp: Das grüne Fenchelkraut ist sehr aromatisch und eignet sich prima als Beigabe zum Beispiel für selbst gemachten Kräuterquark.

Topgehalt an: ätherischen Ölen, Folsäure, Kalzium.

Salatgurken: Weil sie zu 96 Prozent aus Wasser bestehen, haben Gurken kaum Kalorien. Außerdem wirken sie entwässernd. Lieber Bioware kaufen: Das Aroma ist intensiver, und man kann die gut abgespülte Schale sogar mitessen. Dann verwässern zum Beispiel Salate nicht so stark.

Tipp: Salatgurke eignet sich auch zum Dünsten als Gemüse. Einfach mit Zwiebeln anschmoren, mit etwas Brühe garen, mit Kokosmilch und Sesam verfeinern.

Topgehalt an: Viel ist nicht drin, dafür aber auch nur 12 kcal/100 Gramm!

Unser Toprezept im Juni

FENCHEL-CARPACCIO

Ergibt vier Portionen, Zubereitung 15 Minuten.

Zutaten

1 Fenchelknolle
2 EL Olivenöl
1 EL heller Balsamicoessig
1 TL Ahornsirup
Meersalz
Schwarzer Pfeffer aus der Mühle
1 EL Pinienkerne

Zubereitung

Fenchel abspülen, trocknen, putzen. Grün abschneiden und beiseitelegen. Knolle in hauchdünne Scheiben schneiden und auf vier großen, flachen Tellern verteilen. Aus den restlichen Zutaten ein Dressing mixen und über die angerichteten Fenchelscheiben geben. Fenchelgrün und Pinienkerne hacken und darüberstreuen.

Juli

Der Hochsommer ist da, und mit ihm kommt die Ernte aus unserer heimischen Region so richtig auf Touren. Verschiedenste Beerenfrüchte, Salate, Kräuter und fast alle Gemüsesorten finden wir an den Marktständen. Besonders lecker: die ersten Freilandtomaten. Dafür geht die Erdbeerzeit bereits in die letzte Runde, und mit dem Spargel ist es leider auch schon wieder vorbei. Doch wir schauen lieber nach vorn, und freuen wir uns auf einen langen Sommer und sein vielfältiges Angebot an frischen Früchten und Gemüse.

Die Clean-Food-Highlights im Juli

Himbeeren: Ihre Mineralstoffe wie Magnesium und Kalzium stärken Muskeln, Nerven und Knochen. Fruchtsäuren, Gerbstoffe und Pektin unterstützen die Leber bei der Entgiftung. Farbstoffe stabilisieren die Gefäßwände. Und nicht zu vergessen, die Himbeere schmeckt einfach himmlisch. Jetzt wird sie von Obsthöfen auf dem Markt oder an eigenen Ständen angeboten.

Tipp: Himbeeren sind sehr empfindlich, deshalb erst kurz vor der Zubereitung vorsichtig mit kaltem Wasser abspülen.

Topgehalt an: Folsäure, sekundären Pflanzenstoffen.

Schwarze Johannisbeeren: Das Beerenobst enthält die dreifache Vitamin-C-Dosis wie Zitronen und doppelt so viel Kalium wie Äpfel. Außerdem drin: Reichlich Anthocyane, die vor Zellschäden schützen, unser Gefäßsystem gesund erhalten und Entzündungsprozessen entgegenwirken. Gesünder geht's kaum. Auch die schwarzen Fitnessbeeren gibt es jetzt von heimischen Obstbauern.

Tipp: Leider sind die Beeren ziemlich sauer. Dafür deckt eine kleine Handvoll pro Tag bereits den gesamten Vitamin-C-Bedarf, und sauer macht ja bekanntlich lustig.

Topgehalt an: Vitamin C, Anthocyanen.

Brokkoli: Der grüne Vertreter der Kohlfamilie wird immer unter den gesündesten Lebensmitteln gelistet. Wohl, weil er besonders reich an Sulforaphan ist. Der Stoff zählt zu den Senfölen und gilt als wirksamer, essbarer Krebsschutz. Brokkoli schmeckt gedünstet als Beilage, aber auch im Salat.

Tipp: Stiele schälen und mitverwenden.

Topgehalt an: Vitamin C, sekundären Pflanzenstoffen.

Bundmöhren: Der hohe Gehalt an Betacarotin, einer Vorstufe von Vitamin A, zeigt sich bei Kleinkindern, die mit Möhrenbrei gefüttert werden, am typischen Karottenteint. Ideal ist die Kombi aus gegarten Möhren und etwas Fett, zum Beispiel Butter oder Olivenöl. So kann unser Organismus das Betacarotin nämlich besser aufnehmen.

Tipp: Das grüne Kraut sieht zwar schön aus, sollte jedoch entfernt werden, damit die Bundmöhren nicht austrocknen. In den Smoothie darf es nur, wenn es sich um Bioware handelt.

Topgehalt an: Betacarotin, Kalium.

Zuckerschoten: Schmecken wegen ihres hohen Fruchtzuckergehalts schön süß und werden im Gegensatz zu Palerbsen mit der Schote verzehrt. Jetzt stammen sie aus heimischem Anbau, und nur jetzt sollte man sie kaufen. Denn Importware ist stark gespritzt. Die Pflanzen sind empfindlich und werden weit transportiert, stammen etwa aus Kenia oder Ägypten.

Tipp: Kurz blanchiert eignen sich Zuckerschoten prima als knackig-frische Salatbeigabe.

Topgehalt an: Vitamin C, B-Vitaminen und Ballaststoffen.

Unser Toprezept im Juli

CLEANER FRUCHTZWERG

Ergibt eine Portion, Zubercitung 5 Minuten.

Zutaten

2 EL Schwarze Johannisbeeren
1 EL flüssiger Honig oder Ahornsirup
3 EL Naturjoghurt

Zubereitung

Beeren kalt abspülen, auf ein Küchenpapier legen, trocken tupfen und vorsichtig von den Rispen lösen. Mit einem Esslöffel Honig oder Ahornsirup und zwei Esslöffeln Joghurt in einer kleinen Schale gut verrühren – fertig ist der cleane Fruchtzwerg.

August

Der Sommer geht in die heiße Phase, und mit zunehmender Wärme steigt das Bedürfnis nach sommerlich leichter Küche. Wohlschmeckender Nebeneffekt: Mit dem Plus an Sonnenlicht und Wärme kommt der Zucker und damit die Süße in die Früchte. Wassermelonen schmecken jetzt am besten, löschen den Durst und bringen Abkühlung. Außerdem: Jetzt beginnt die beste Zeit für unser Lieblingsgemüse – die Tomaten. Aus heimischer Freilandhaltung schmecken sie am besten. Unser Favorit: Vierländer Platte aus dem südöstlichen Marschland von Hamburg!

Die Clean-Food-Highlights im August

Heidelbeeren: Wertvolle Pflanzenfarbstoffe, so genannte Anthocyane, geben den kleinen Beeren ihre kräftig dunkle Farbe. Anthocyane gehören zu den Antioxidantien, das heißt, sie machen freie Radikale unschädlich und schützen unseren Organismus so vor Zelldefekten.

Tipp: Die in getrockneten Heidelbeeren konzentrierten Gerbstoffe sind eine echte Naturmedizin. Sie wirken gegen Durchfall, hemmen die Vermehrung von Bakterien und fördern die Heilung von Schleimhautentzündungen.

Topgehalt an: Anthocyanen und Vitamin C.

Brombeeren: Ihre Saison ist kurz, doch jetzt gibt es sie endlich wieder – die leckeren, saftigen, fast schwarzen Beeren. Gärtner ärgern sich über das dornige, wild wuchernde Gestrüpp, manchmal finden wir sie auch am Wegrand und naschen mal die eine oder andere Frucht. Bequemer kauft man sie aber auf dem Markt. Sie passt ins Müsli, Quarkspeisen, auf Kuchen, aber auch zu einer fruchtigen Soße verarbeitet zu Fleisch. Wie andere blaurote Beeren verfügt sie über einen zellschützenden Effekt.

Rezepttipp: Selbst gemachte Fruchtgrütze aus verschiedenen Beeren schmeckt besonders gut mit einem Schuss Himbeeressig und Portwein gedünstet.

Topgehalt an: Betacarotin, Anthocyanen.

Auberginen: Hierzulande hat sich die violette, glatthäutige Variante mit dem festen Fruchtfleisch etabliert und fördert mit verdauungsanregenden Bitterstoffen, ätherischen Ölen und Carotinoiden unsere Gesundheit. Allerdings nur im gegarten Zustand – rohe Aubergine enthält schädliches Solanin.

Tipp: Schmeckt besonders lecker in Kombination mit weiteren Nachtschattengewächsen wie Kartoffeln, Paprika und Tomate. Einfach in Olivenöl anbraten, kräftig würzen, fertig.

Topgehalt an: Bitterstoffen.

Tomaten: Sie sind das Lieblingsgemüse der Deutschen, und die Vierländer Platte ist ihr edelster Vertreter. Aber Tomaten sind nicht nur besonders schmackhaft, sondern auch sehr gesund. Sie strotzen nur so vor dem zellschützenden sekundären Pflanzenstoff Lycopin. Davon profitieren wir übrigens auch noch, wenn die Tomate gekocht wurde.

Tipp: Tomaten nie im Kühlschrank aufbewahren, sie verlieren dann an Aroma.

Topgehalt an: Lycopin (gehört zu den Karotinen), Folsäure.

Zucchini: Sie gehören zur Familie der Kürbisgewächse und kommen besonders leicht daher. Sie enthalten kaum Fett (1 %) und sehr wenig Kalorien (18 kcal/100 g). Zucchini gibt es preiswert aus heimischem Anbau, sie wachsen sogar im eigenen Garten. Weiterer Pluspunkt: Sie sind sehr vielseitig, schmecken gedünstet, gegrillt und roh im Salat.

Tipp: Die kleinen Früchte sind nicht nur aromatischer, sondern auch vitaminreicher als die ganz großen Exemplare.

Topgehalt an: Magnesium, Vitamin C, Karotin, Folsäure.

Unser Toprezept im August

TOMATE MIT SCHAFSKÄSE UND MINZE

Ergibt zwei Portionen, Zubereitung 20 Minuten.

Zutaten:

2 große Fleischtomaten
100 g Schafskäse (Feta)
3 Stiele frische Minze
4 EL Olivenöl
2 EL Zitronensaft
Schwarzer Pfeffer aus der Mühle

Zubereitung

Tomaten waschen und in Scheiben schneiden, auf zwei flache Teller verteilen. Schafskäse in flache Scheiben schneiden und auf den Tomaten anrichten. Minze abspülen, trocknen, hacken und darübergeben. Olivenöl und Zitronensaft darüberträufeln. Zum Schluss Pfeffer darübermahlen.

September

Erntezeit – auf den Feldern brummen die Mähdrescher. Die Obst- und Gemüsebauern bringen die Früchte ihrer Arbeit auf die Wochenmärkte. Jetzt ist die Auswahl am größten. Es gibt noch Beeren, aber auch schon die ersten Trauben und Zwetschgen – kaum ein Obst oder Gemüse, das jetzt nicht aus heimischer Ernte frisch angeboten wird. Doch der Sommer nähert sich dem Ende. Wer Vorräte für den Winter anlegen möchte, sollte sich jetzt mit den entsprechenden Rohstoffen eindecken. Marmeladeeinkochen, Fruchtgrützeselbermachen oder Gemüseeinlegen ist ein echt cleanes Hobby, von dem man im Winter profitieren kann …

Die Clean-Food-Highlights im September

Cox Orange: Diese Apfelsorte stammt aus Großbritannien und ist über 100 Jahre alt. Kinder lieben Cox Orange wegen seines angenehm milden und süßlichen Geschmacks. Diese frühe Apfelsorte wird ab September geerntet und am besten direkt aus der Hand gegessen oder ins Müsli geschnitten.

Tipp: Allergiker vertragen frische Äpfel und Bioware meist besser. Auch das Entfernen der Schale hilft. Ein Versuch lohnt sich.

Topgehalt an: Vitamin C und Ballaststoffen.

Zwetschgen: Wie war das noch mit Zwetschgen und Pflaumen? Die Zwetschge ist eine Pflaume, aber eine Pflaume muss keine Zwetschge sein. Denn »Pflaume« ist der Überbegriff über eine große Fruchtfamilie. Zwetschgen, auch Zwetschen oder Zwetschken genannt, sind ein Familienmitglied. Sie sind am weißen Reif auf der Schale zu erkennen. Ihr Fleisch löst sich besonders leicht vom Stein, deshalb sind sie ideal für selbst gebackenen Obstkuchen. Die Früchte stecken voller Ballaststoffe und leicht verdaulichem Fruchtzucker.

Tipp: Getrocknete Pflaumen gelten als Abführmittel der Natur.

Topgehalt an: Betacarotin, Magnesium und Kalium.

Artischocken: Diese Distelgewächse sind tolles Fingerfood. Der gekochten Blüte werden die Blätter ausgezupft, dann dippt man sie mit dem fleischigen Ende in Aioli (Knoblauchmayonnaise). Artischocken sind leider nur selten aus heimischem Anbau zu bekommen, die Importe stammen aber immerhin aus Europa. Dennoch ist sie ein herrliches Sommergemüse. Gesundheitsplus: Der Bitterstoff Cynarin regt die Aktivität von Leber und Galle an.

Praxistipp: Artischocken sind gar, wenn sich die Blätter leicht lösen lassen (ca. 20–30 Min. leicht kochen).

Topgehalt an: Ballaststoffen, Cynarin, Eisen.

Radicchio: Der kleine rot-weiße Kopf bietet zellschützende rote Pflanzenfarbstoffe (Anthocyane), die für das charakteristische Aussehen sorgen. Außerdem drin: der wertvolle Bitterstoff Intybin, der die Produktivität der Galle anregt und so die Verdauung fördert. Bitter macht zwar nicht unbedingt lustig, aber gesund!

Tipp: Wie bei allen Salaten sollte man vor dem Kauf einen Blick auf die Schnittfläche werfen. Kurz nach der Ernte sieht sie hell und glatt aus. Ist sie dunkel und verschrumpelt, ist der Salat nicht mehr richtig frisch.

Topgehalt an: Betacarotin, Eisen, Folsäure, Bitterstoff Intybin.

Zuckermais: Mais hat eine hohe Nährstoffdichte. Seine günstige Zusammensetzung aus Kohlenhydraten, Fett, Eiweiß und Mineralstoffen macht ihn zu einem sehr nahrhaften Lebensmittel. Außerdem bringt es einfach Spaß, die Kolben weichzukochen und rundherum abzunagen. Jetzt sind sie frisch und preiswert aus heimischem Anbau zu bekommen.

Tipp: Trotz des hohen Stärkegehaltes enthält Mais kein Klebereiweiß – ein entscheidender Vorteil für alle, die unter einer Glutenunverträglichkeit leiden.

Topgehalt an: Kohlenhydraten, B-Vitaminen.

Unser Toprezept im September

PANIERTE CHILI-APFELRINGE AUF RADICCHIOSALAT

Ergibt vier Portionen, Zubereitung 20 Minuten.

Zutaten

1 kleiner Kopf Radicchio
1 kleine rote Biospitzpaprika
1 Cox-Orange-Apfel
1 Ei
1 EL Kokosflocken
Meersalz
½ TL Chiliflocken
1 EL Apfelessig
3 EL Apfelsaft
1 TL flüssigen Honig oder Ahornsirup
2 EL Walnussöl
1 EL Olivenöl

Zubereitung

Radicchio abspülen, putzen, Blätter zerzupfen, auf zwei Teller verteilen. Paprika waschen, putzen, in Würfel schneiden, darübergeben.

Apfel waschen, aber nicht schälen und mit einem Ausstecher das Gehäuse vollständig entfernen. In etwa einen halben Zentimeter dicke Scheiben schneiden. Ei aufschlagen, in einen tiefen Teller geben und verquirlen. Kokosflocken, Salz und Chili auf einen zweiten Teller geben und vermischen.

Für das Dressing Essig, Apfelsaft, Honig, Walnussöl und Salz in einem Schälchen gut verquirlen. Olivenöl in einer Pfanne erhitzen. Apfelringe zuerst im Ei, dann in der Chilimischung wälzen und bei mittlerer Hitze pro Seite circa 5 Minuten goldbraun braten. Dann auf dem Salat anrichten und das Dressing darüberträufeln.

Oktober

Der Spätsommer geht nun in den Herbst über. Die Natur rüstet sich allmählich für die kalte Jahreszeit. Das Laub verfärbt sich, und die Eichhörnchen legen Vorräte für den Winter an. Jetzt ist Erntezeit vor allem für Wurzelgemüse, Kohl und Kürbis. Auch bei den Früchten ist die Auswahl noch groß. Späte Sorten von Äpfeln, Birnen und Weintrauben kommen auf den Markt. Noch können wir aus dem Vollen schöpfen und sollten diese Zeit auch nutzen.

Die Clean-Food-Highlights im Oktober

Äpfel: Hervorheben möchten wir die Sorte Berlepsch. Das Besondere an diesem Apfel ist seine Unempfindlichkeit gegen Schädlinge. Die Konsequenz: Der Berlepsch muss in der Regel nicht gespritzt werden, ist also von Natur aus eine Art Bioapfel. Außerdem top: Er übertrifft beim Vitamin-C-Gehalt alle anderen Apfelsorten. Jetzt im Oktober beginnt die Ernte. Doch als lagerfähiger Apfel ist er bis ins nächste Jahr erhältlich.

Tipp: Wenn möglich, Äpfel direkt vom Hof kaufen. So kann man Sorten vergleichen und bekommt die Früchte preiswerter.

Topgehalt an: Vitamin C, Ballaststoff Pektin.

Frische Feigen: Frische Feigen sind leicht verderblich! Sie können nur wenige Tage bei 0 bis 4 Grad und einer Luftfeuchtigkeit von etwa 90 Prozent gelagert werden – da sind Trockenfeigen natürlich im Vorteil. Sie halten sich sogar als süßer Snack in der Schreibtischschublade verstaut.

Rezepttipp: Eine besonders leckere Vorspeise sind stark gekühlte Frischfeigen, auf Scheiben von gutem Rohschinken angerichtet. Mit wenig schwarzem Pfeffer würzen, dazu Brot und Butter servieren – fertig!

Topgehalt an: Ballaststoffen, leicht verdaulichem Fruchtzucker.

Weintrauben: Das darin enthaltene Resveratrol in Kombination mit OPC (oligomere Procyanidine) macht die Weintrauben so gesund. Das Duo wirkt sich nämlich positiv auf die Durchblutung aus und beugt so Herz- und Kreislauf-Erkrankungen vor.

Tipp: Biotrauben wählen, denn auf konventioneller Ware werden bei Stichproben häufig Pestizidrückstände nachgewiesen.

Topgehalt an: Magnesium, Folsäure, Resveratrol.

Endiviensalat: Endivien stammen vom Chicorée ab, von dem sie auch den hohen Gehalt des Ballaststoffs Inulin geerbt haben. Inulin wirkt verdauungsfördernd und appetitanregend. Mit ihrem festen Blatt und kräftigen Aroma verträgt die Endivie ein aromatisches Dressing mit Knoblauch oder Senf. Toll zur Endivie: Früchte wie Apfel und Mango oder Käse.

Tipp: Gegen den leichten Bittergeschmack hilft eine Prise Zucker im Dressing.

Topgehalt an: Betacarotin, Vitamin B_2 und C sowie Inulin.

Hokkaidokürbis: Ursprünglich stammt die große Beerenfrucht von der gleichnamigen japanischen Insel. Doch die Beliebtheit von Kürbissuppe und Halloween haben dafür gesorgt, dass er längst auch bei uns angebaut wird und prächtig gedeiht. Hokkaido hat eine besonders kurze Garzeit und kann mit der Schale gegessen werden. Weitere Pluspunkte: reichlich Betacarotin und ein mild-süßlicher Geschmack.

Rezepttipp: Einen Teil vom Hokkaidokürbis entkernen und mit dem Sparschäler in dünne Streifen schneiden. In etwas Öl nur ganz kurz andünsten, so dass er noch bissfest bleibt. Auf grünem Salat anrichten. Dazu eine Balsamico-Vinaigrette mixen.

Topgehalt an: Kalium und Betacarotin.

Unser Toprezept im Oktober

HOKKAIDO VOM BLECH

Ergibt vier Portionen, Zubereitung 15 Minuten plus Backzeit, vegan.

Zutaten

1 Hokkaidokürbis
50 g Sesam
1 EL grobes Meersalz
1 TL Chiliflocken
4 EL Olivenöl

Zubereitung

Kürbis abspülen, trocken reiben. Mit einem scharfen Messer vierteln und die Kerne mit einem Esslöffel herausschaben. Viertel in etwa 1,5–2 Zentimeter dicke Spalten schneiden und auf einem leicht gefetteten Backblech verteilen.

Sesam, Salz und Chili mischen und über die Kürbisstücke streuen. Olivenöl darüberträufeln und im vorgeheizten Ofen bei 180 Grad etwa 15 bis 20 Minuten garen. Dazu passt der selbst gemachte Ketchup aus dem Kapitel »Clean Basics«.

November

Der November kommt oftmals nasskalt, dunkel und stürmisch daher, die kalte Jahreszeit kündigt sich an. Nun ist die Flucht nach vorne angesagt, denn Bewegung und frische Luft braucht unser Körper auch jetzt. In Regenmontur und schön warm eingepackt kann man gut eine große Runde wandern oder laufen. So kommt erst gar kein Winterblues auf, denn dagegen ist Sport ist die beste Medizin (siehe auch das Kapitel »Clean Sports«). Kulinarisch stehen jetzt frisch geerntete Kohlsorten auf dem Programm. Damit lassen sich herzhafte heiße Suppen und Eintöpfe zubereiten.

Die Clean-Food-Highlights im November

Äpfel: Die alte Apfelsorte Boskoop mit der rauen Schale und dem kräftig-säuerlichen Geschmack stammt aus Holland, wo der Edle von Boskoop bereits um 1650 gezüchtet wurde. Boskoop-Äpfel sind lagerfähig und eignen sich gut zum Backen, zum Beispiel für Apfelkuchen und als gefüllter Bratapfel.

Rezepttipp: Wegen seines festen Fleisches ist der Boskoop ideal als Bratapfel. Einfach waschen, Gehäuse ausstechen, in die Höhlung etwas Marzipan, Honig, Nüsse oder Mandeln geben und im Backofen ca. 40 Minuten garen.

Topgehalt an: Vitamin C, Kalium und Ballaststoffen.

Grünkohl: Die »Friesische Palme« gehört zu den Kohlsorten mit dem größten Vitamin-C- und -E-Gehalt. Leider macht seine Zubereitung etwas Arbeit, denn in den krausen Blättern kann sich reichlich Sand verstecken. Viel Mühe kann sich ersparen, wer fertigen Grünkohl aus Dose oder Glas nimmt. In diesem Fall aber beim Einkauf mit einem Blick auf die Zutatenliste checken, ob keine Aromen drin sind.

Tipp: Seit Grünkohl (»kale«) in USA zum supergesunden Kultgemüse geworden ist, gibt es auch bei uns eine zarte Variante, die für den Rohverzehr geeignet ist.

Topgehalt an: Vitamin C und E, Betacarotin, Folsäure und Ballaststoffen.

Knollensellerie: Sein hoher Gehalt an ätherischen Ölen, Bitterstoffen, Kalium und Kalzium wirkt anregend auf den Stoffwechsel. Wegen seines besonderen Geruchs, der Sexuallockstoffen im Achselschweiß ähnelt, gilt er sogar als Aphrodisiakum. Dabei hat er das doch gar nicht nötig – so gut, wie er schmeckt.

Rezepttipp: Penne mit Selleriewürfeln: Knolle schälen, in fingerdicke Scheiben, dann in Würfel schneiden und in einer großen Pfanne mit reichlich Butter und etwas Salz bei kleiner Hitze rundherum goldgelb braten. Mit den Nudeln servieren.

Topgehalt an: Bitterstoff Apiin und ätherischen Ölen.

Pistazien: Sie wachsen leider nicht bei uns, sondern stammen meist aus dem sonnenverwöhnten Kalifornien. Dennoch sind sie ein toller, gesunder Snack. Sie sind sehr nährstoffreich und halten lange satt, ohne dick zu machen (30 Kerne = 100 kcal).

Tipp: Lieber ungesalzene Pistazien kaufen, der Salzgehalt bei Knabberprodukten ist oft ungesund hoch.

Topgehalt an: B-Vitaminen, einfach ungesättigten Fettsäuren, Ballaststoffen.

Porree (Lauch): Das Liliengewächs punktet mit seinen schwefelhaltigen Inhaltsstoffen, die bei Infektionen helfen. Lauch ist traditioneller Bestandteil des Suppengemüses, schmeckt aber auch gedünstet als Gemüsebeilage oder hauchdünn geschnitten als Zwiebelersatz für Salate.

Tipp: Zum Waschen kürzen und etwas auseinanderfächern. Dann lässt sich eventuell vorhandene Erde leicht herausspülen.

Topgehalt an: ätherischen Ölen, Betacarotin, Folsäure.

Unser Toprezept im November

VEGANER SELLERIE-BURGER

Ergibt zwei Hamburger, Zubereitung 30 Minuten, vegan.

Zutaten

½ Knollensellerie
2 Blätter Eisbergsalat
1 EL Olivenöl
1 Boskoop-Apfel
2 Roggenbrötchen (Vollkorn)
2 EL vegane Mayonnaise
2 EL Tomatenketchup (Rezept siehe Kapitel »Clean Basics«)
2 EL Röstzwiebeln

Zubereitung

Knolle schälen und in vier je 1 Zentimeter starke Scheiben schneiden. In einer beschichteten Pfanne in dem Olivenöl bei mittlerer Hitze goldbraun und weich braten.

Währenddessen den Salat waschen und trocken tupfen. Apfel schälen, Kerngehäuse ausstechen, Apfel in feine Scheiben schneiden.

Die Brötchen halbieren und auftoasten. Obere Hälfte mit Mayonnaise, untere mit Ketchup bestreichen. Auf die unteren Hälften zunächst je ein Salatblatt und eine Scheibe Sellerie legen, dann die Apfelscheiben und die Röstzwiebeln daraufgeben. Deckel drauf: Fertig!

Dezember

Der Dezember lockt mit Lebkuchen, selbst gebackenen Keksen und den typischen opulenten Weihnachtsgerichten für die Festtage. Bei frischen heimischen Früchten und Gemüsesorten sieht es allerdings mau aus. Wir müssen jetzt auf Lagerware zurückgreifen, denn die Saison ist längst vorbei. Die Adventszeit bietet uns vor allem Wurzelgemüse und Kohlsorten, aber auch frische Wintersalate wie Chicorée und Feldsalat. Importierte Südfrüchte, Nüsse und Trockenfrüchte haben jetzt Saison.

Die Clean-Food-Highlights im Dezember

Limetten: Ihr Saft bietet ein herb-würziges Aroma. Noch besser schmeckt es, wenn man ein wenig fein abgeriebene Schale mit dem ausgepressten Saft kombiniert. Zum Beispiel im Salatdressing. Limetten enthalten wie alle Zitrusfrüchte viel Vitamin C. So lässt sich das wichtige Vitamin spritzerweise vielen Speisen zugeben.

Tipp: Limettensaft als Eiswürfel einfrieren und dann portionsweise ins Glas geben.

Topgehalt an: Vitamin C und Terpenen (ätherische Öle).

Mandarinen: Gibt es in über 40 Sorten. Clementinen zum Beispiel lassen sich etwas schlechter schälen, sind dafür jedoch weitgehend kernlos. Satsumas haben ebenfalls keine Kerne und schälen sich leichter als Clementinen. Dafür sind sie teurer und nicht ganz so aromatisch wie Mandarinen.

Tipp: Mandarinen können wegen ihrer dünnen Schale gut mit der Hand gepellt werden. Daher sollte man Bioware bevorzugen, um sich vor Pestizidrückständen zu schützen.

Topgehalt an: Vitamin C, Betacarotin und Kalium.

Chicorée: Typischer Wintersalat mit angenehmem, leicht bitterem Geschmack. Auch gedünstet als Gemüsebeilage einsetzbar. Die Kolben werden aus der Zichorienwurzel in absoluter Dunkelheit in klimatisierten Räumen gezogen. Neu ist der leicht rötlich violette Chicorée, eine Kreuzung aus herkömmlichem Chicorée mit Radicchio. Das Besondere: Der rote enthält weniger Bitterstoffe als der weiße Chicorée.

Tipp: Achte im Handel darauf, dass Chicorée lichtgeschützt angeboten wird, zum Beispiel in einer Box oder unter Papier. Sonst beginnt die Photosynthese, und er wird nachträglich grün.

Topgehalt an: Betacarotin, Bitterstoffen.

Walnüsse: Sie sind das perfekte Carepaket für den Winter: Vitamin E und Zink sorgen für ein fittes Immunsystem, B-Vitamine stabilisieren Nerven und Psyche. Und Omega-3-Fettsäuren schützen vor Arteriosklerose und Entzündungen. Mit Glück ergattert man auf dem Markt sogar heimische Ware.

Tipp: Walnüsse mit Schale kaufen, so sind die Inhaltsstoffe optimal geschützt. Geschälte Nusskerne hingegen sollten blickdicht und luftdicht verpackt sein, damit sie nicht so schnell ranzig werden. Achte auf das Haltbarkeitsdatum, damit du keine Nüsse vom letzten Winter erwischst!

Topgehalt an: Vitamin E, Magnesium, Folsäure und Zink.

Haselnüsse: Sie bieten reichlich Mineralstoffe, herzschützende ungesättigte Fettsäuren sowie Vitamin E. Ob in Studentenfutter, Müsli oder pur – die kleinen Kraftpakete sorgen für Nachschub an B-Vitaminen und stärken so die durch den Vorweihnachtsstress strapazierten Nerven.

Tipp: Geröstete Haselnussblättchen schmecken köstlich auf

Salat. Fein gehackt als Panade mit Kräutern, Pilzen und Gewürzen, schmeckt die Nuss gut zu Fisch.

Topgehalt an: Magnesium, Vitamin E und B-Vitaminen.

Unser Toprezept im Dezember

CHICORÉESALAT MIT MANDARINEN UND NÜSSEN

Ergibt zwei Portionen, Zubereitung 15 Minuten.

Zutaten

2 Kolben Chicorée
2 Biomandarinen
1 EL Walnüsse
1 EL Haselnüsse
Saft von ½ Limette
3 EL Naturjoghurt
2 EL Olivenöl
Meersalz
Schwarzer Pfeffer aus der Mühle

Zubereitung

Äußere Blätter vom Chicorée entfernen. Kolben abspülen, trocknen und in dünne Streifen schneiden. Mandarinen sorgfältig pellen, in Spalten teilen und jede Spalte einmal durchschneiden. Nüsse hacken.

Limettensaft, Joghurt, Olivenöl, Salz und Pfeffer in eine Schüssel geben und zu einem Dressing verrühren. Vorbereitete Salatzutaten dazugeben und alles vorsichtig mischen.

DIE 21-TAGE-CLEAN-EATING-EXPERIENCE

Detox-Tipps: So hilfst du deinem Körper bei der Umstellung

Nun hast du viel über Theorie und Hintergründe von Clean Eating erfahren. Jetzt bist du dran: Beginne deine Ernährungsumstellung mit der 21-tägigen Clean-Eating-Experience. Sie hilft dir, alte Gewohnheiten loszuwerden, deinen Körper zu entlasten und den Übergang in deinen neuen Lebensstil zu erleichtern. Vorab noch ein paar Informationen zum Thema Entlastung – die perfekte Voraussetzung fürs Clean Eating.

Detox ist ein Megatrend. Ganz Hollywood »entgiftet«, und die halbe Welt macht es nach. Teure Detox-Produkte überschwemmen den Markt. Doch was steckt eigentlich hinter diesem Modebegriff? Verbreitet ist die Vorstellung von einer Art Großreinemachen in unserem Organismus. Der menschliche Körper funktioniert aber nicht wie eine Maschine, die man auseinandernimmt, deren Teile man reinigt, ölt – und alles läuft wieder wie geschmiert. Ernährungswissenschaftler und Mediziner vermeiden daher den Begriff »Gifte«. Sie sprechen stattdessen von Stoffwechselendprodukten und weisen auf die Selbstregulation des Körpers hin. Wir sehen das genauso und betrachten die Umstellung zur Clean-Eating-Experience als Phase der Entsäuerung, Entlastung und Regeneration.

Ein Schlüssel bei der Umstellung kommt dem Säure-Basen-Gleichgewicht zu. Unregelmäßige Mahlzeiten, Stress, viel Fast Food, Zucker und Genussmittel wie Alkohol und Nikotin können die Selbstregulation stören und zu einer Übersäuerung unseres Organismus führen. Säuren werden normalerweise durch körpereigene Depots an Mineralstoffen gepuffert und ausgeschieden. Auch unser Blut ist ein wichtiges Puffersystem. Die Ausscheidungsorgane Leber, Niere, Darm, Lunge und Haut regeln den Abtransport aller Stoffwechselendprodukte. Kommt es zu einer chronischen Übersäuerung, funktioniert dieser Vorgang nicht mehr – Säuren werden im Körper zwischengelagert und führen zu chronischen Störungen wie Schlappheit, Entzündungen oder Allergien. Säurebildend ist eine Ernährung mit viel Fleisch, Milchprodukten, Zucker, Kaffee, Alkohol und Nikotin. Aber auch Stress, Ängste und Sorgen tragen zur Übersäuerung bei.

Wenn du ab sofort Clean Eating praktizieren möchtest, ernährst du dich auch automatisch säureärmer. Die 21-tägige Experience ist der Beginn dieser Umstellung. Jetzt kommt es darauf an, überschüssige Säuren loszuwerden und den Körper optimal auf die veränderte Ernährung vorzubereiten. Deshalb ist die erste Woche vegan, die Nahrung hat damit einen starken Basenüberschuss. Zusätzliche Clean-Living-Challenges sorgen auf der seelisch-psychischen Ebene für Entlastung und Entspannung. Diese erste Phase soll den Grundstein für eine veränderte Ernährung legen. Deshalb ist es wichtig, den Effekt zu optimieren. So merkst du schnell eine Veränderung, und deine Motivation fürs Weitermachen steigt.

Hilfe für Leber, Niere und Co.

Wenn du den Prozess zusätzlich fördern möchtest, kannst du deine Ausscheidungsorgane mit ein paar einfachen Maßnahmen noch weiter unterstützen.

Die Leber als wichtiges Entgiftungsorgan mag Wärme. Ein Leberwickel tut ihr gut. Eine heiße Wärmflasche wird zunächst mit einem feuchten Tuch umwickelt, dann auf die Leber gelegt (rechte Seite unter den Rippen). Ein trockenes Tuch um das Ganze wickeln und circa 20 Minuten ruhen. Der beste Zeitpunkt ist der Nachmittag.

Den Nieren hilft ausreichendes Trinken. Das gilt eigentlich immer, aber besonders während der Experience. Am besten ist stilles, kohlensäurefreies Wasser (2–3 l am Tag). Denn Kohlensäure ist, wie der Name schon sagt, ebenfalls eine Säure, die wieder ausgeschieden werden muss. Ungesüßte naturbelassene Tees sind ebenfalls gut.

Die Haut profitiert von Bürstenmassagen, die Hautschüppchen entfernen und den Hautstoffwechsel anregen.

Die Lunge ist ebenfalls ein wichtiges Ausscheidungsorgan. Deshalb ist während der Experience Bewegung an der frischen Luft wichtig. Etwas Morgengymnastik am geöffneten Fenster, Spaziergänge und bewusstes Atmen bringen Sauerstoff in den Körper, und Kohlensäure kann verstärkt abgeatmet werden.

Die Clean-Eating-Experience macht schlank und fit

Wenn du diese Maßnahmen in die 21-tägige Experience integrierst – besonders in der ersten Woche! –, werden nicht nur die Pfunde schmelzen, sondern du hilfst deinem Körper optimal bei der Umstellung. Möglicherweise kommt es am Anfang zu Kopfschmerzen und Abgeschlagenheit. Zum Beispiel durch den Verzicht auf Koffein. Doch wahrscheinlich spürst du schon nach einer Woche, dass du fitter, wacher und leistungsfähiger wirst. Falls du nach einer Phase der Clean-Eating-Praxis doch wieder zu alten Ernährungsgewohnheiten umschwenkst – vielleicht über Feiertage, im Urlaub oder aus anderen Gründen –, kannst du die erste Woche der Experience einfach wiederholen. Zwei- bis dreimal pro Jahr wäre das ohnehin optimal. Dein Körper wird entsäuert, entlastet, und du bekommst mehr Lust auf cleaneres, leichteres und gesünderes Essen!

Basisch oder sauer? Wie erkenne ich die richtigen Lebensmittel?

Eines vorweg: Nicht der Geschmack entscheidet über die Einteilung in säure- oder basenbildende Lebensmittel, sondern deren Wirkung im Stoffwechsel. Sauer schmeckende Zitrusfrüchte zum Beispiel zählen zu den basischen Lebensmitteln, Zucker hingegen ist ein starker Säurebildner. Bei der Einteilung sind sich die Experten im Detail nicht immer ganz einig, beim Getreide etwa. Als Faustregel kann man jedoch davon ausgehen, dass alles Pflanzliche eher basenbildend ist und alles Tierische eher säurebildend. Getreide als Vollkornvariante, vor allem als Porridge oder Brei zubereitet, passt hervorragend in eine Entlastungswoche. Auch Nüsse, Pilze und Hülsenfrüchte sind erlaubt. Butter, Sahne und native Pflanzenöle in geringen Mengen dürfen zur Ergänzung dazukommen.

Fazit: Der Hauptanteil der Nahrung sollte aus Gemüse bestehen. Dann bist du auf der sicheren, also basischen Seite.

DAS MACHT SAUER

- Zucker, Süßigkeiten, Gebäck, Eiscreme etc.
- Fleisch, Geflügel, Wild, Innereien, Wurst
- Fisch, Krustentiere, Meeresfrüchte
- Eier
- Milch, Milchprodukte, Käse, Quark, Joghurt
- Gesüßte Getränke, Softdrinks, Limonaden
- Weißmehl
- Alkohol, Kaffee, Nikotin, schwarzer Tee
- Stress, Sorgen, Ängste

DAS IST BASENBILDEND

- Gemüse, Salate, Kräuter, Wildpflanzen, Gemüsesäfte
- Milchsauer vergorenes Gemüse (wie Sauerkraut oder Kimchi)
- Kartoffeln
- Gut ausgereiftes Obst, frisch gepresste Fruchtsäfte, Smoothies
- Lachen, gute Laune, Bewegung an der frischen Luft

Clean Eating – Mit Rezepten für 21 Tage

Woche 1: Entlastung

Die Rezepte in dieser Woche sind rein pflanzlich und überwiegend basisch. Sie helfen beim Einstieg in die Umstellung und der Entlastung des Körpers. Der völlige Verzicht auf tierisches Eiweiß sorgt für einen guten Detox-Effekt. Das Säure-Basen-Verhältnis kann wiederhergestellt werden.

Es gibt täglich drei vegane Mahlzeiten mit insgesamt circa 1.000 Kalorien (kcal). Wer möchte, kann sich bis zu zwei vegane Zwischenmahlzeiten (aufgeführt am Ende dieses Kapitels) täglich aussuchen. Besser ist es allerdings – gerade in dieser ersten Woche –, nicht zu viel zwischendurch zu essen. Das verschafft unserem Stoffwechsel Zeit und Energie für Regenerationsaufgaben, und die Fettverbrennung wird gefördert.

Eine übersichtliche Einkaufsliste für alle Zutaten, die du während der ersten Woche benötigst, findest du am Ende des Wochenplans!

Extratipps: Starte in den Tag mit einem bis zwei Teelöffeln in lauwarmem Wasser aufgelöster Heilerde (für innerliche Anwendung, gibt es im Drogeriemarkt oder in der Apotheke). Die mikrofeine Erde fördert die Reinigung des Darmes und verbessert den Entsäuerungseffekt. Wichtig: Versuche täglich 2–3 Liter Wasser zu trinken. Als Alternative funktionieren auch ungesüßte Kräuter- oder Früchtetees.

Verzichte in dieser Woche möglichst völlig auf anregende Getränke wie Kaffee, Grün- oder Schwarztee. Am besten, du beginnst schon ein paar Tage zuvor mit der Entwöhnung, indem du den Konsum schrittweise reduzierst. Falls dir der Koffeinentzug zu sehr zu schaffen macht, sind täglich ein bis zwei Tassen Grüntee der beste Kompromiss. Überlege dir, ob du nach und nach deinen Koffeinverzehr drosseln möchtest, um unabhängiger von dem anregenden Stoff zu sein.

Clean-Living-Challenge für Woche 1

Betrachte deine Clean-Eating-Ernährungsumstellung als ganzheitlichen Prozess. Versuche daher, dich während der 21-tägigen Experience auch in anderen Lebensbereichen zu entlasten. Aufgabe für diese Woche: Minimiere die Reize, die auf dich einströmen. Ideal wäre, wenn du Urlaub hättest, aber es geht auch so.

Versuche, dein Handy so wenig wie möglich einzuschalten, auf jeden Fall aber erst nach dem Frühstück. Und nach Feierabend wird es sofort abgeschaltet. Lenke dich nicht durch ständige Nachrichten, Gespräche oder Aktivitäten im Internet ab. Beschränke diese Art der Kommunikation auf das Nötigste. Suche dafür das echte Gespräch – zum Beispiel mit deinem Partner, deiner Familie oder Freunden. Bemühe dich, in dieser Woche vollständig auf TV, Online-Streaming-Dienste wie Netflix, Whatchever und Co. zu verzichten, und entdecke die Freiräume, die dadurch entstehen.

In dieser Woche geht es darum, die Entspannung in den Vordergrund zu rücken. Ideal sind autogenes Training, Meditation oder Yoga. Lange Spaziergänge tun es aber auch. Achte besonders auf deinen Atem. Atme tief und langsam in den Bauch, und atme vollständig aus. Eine gute Atemtechnik hilft dir gleichzeitig beim Entgiften und versorgt dich mit neuer Energie.

Eine Zusammenstellung mit weiteren Clean-Living-Anregungen findest du im Kapitel »Clean Living«.

Mengenangaben nicht übergenau nehmen ...
Beim Abwiegen unserer Hauptzutaten – Obst und Gemüse – kommt es nicht so sehr auf Genauigkeit an. Beispiel: Wenn 100 Gramm Gurke im Rezept stehen, macht es nichts, wenn du 20 Gramm mehr abgeschnitten hast. Ausnahme: Fett und fetthaltige Zutaten! Wegen des hohen Kaloriengehaltes von Pflanzenöl solltest du es damit schon genau nehmen. Ein Esslöffel entspricht bei unseren Nährwertberechnungen 10 Gramm. Das sind fast 90 (!) Kilokalorien. Auch bei Nüssen und Käse solltest du dich an die Angaben halten. Und: Falls dir eine Zutat nicht so gut schmecken sollte, einfach kreativ abwandeln ;-).

Tag 1

Morgens

REIS-PORRIDGE MIT FRUCHTSALAT

Zutaten

125 g Erdbeeren
1 Kiwi
1 Nektarine
2 TL Agavendicksaft
40 g Reisflocken
1 EL gemahlene Mandeln
½ TL Chai-Gewürz

Zubereitung

Erdbeeren waschen, putzen und vierteln. Kiwi schälen und in Würfel schneiden. Nektarine waschen und in feine Spalten schneiden. Mit einem Teelöffel Agavendicksaft beträufeln, mischen und kurz durchziehen lassen.

Flocken und Mandelmehl mit 200 Milliliter Wasser zum Kochen bringen. Restlichen Agavendicksaft und Chai-Gewürz unterrühren und circa 3 Minuten leise köcheln lassen. Dabei ab und zu umrühren.

Porridge mit Fruchtsalat anrichten und noch warm genießen.

Mittags

PIKANTE KALTE GURKENSUPPE

Zutaten

1 Minigurke
½ gelbe Paprika
1 Frühlingszwiebel
4 EL Kokosmilch
2 TL Bio-Sojajoghurt, natur
Meersalz, schwarzer Pfeffer aus der Mühle
1 EL gehackter frischer Koriander

Zubereitung

Gurke waschen, schälen und fein hobeln. Paprika und Frühlingszwiebel waschen, putzen und in feine Würfel bzw. in feine Ringe schneiden.

Kokosmilch und Sojajoghurt in eine Schüssel geben und mit 200 Milliliter Wasser verquirlen, bis alle Klümpchen aufgelöst sind. Mit Salz und Pfeffer abschmecken. Gemüse hineingeben und den Koriander darüberstreuen.

Abends

ZUCCHINI-QUINOA-MIX

Zutaten

125 g Quinoa-Mix mit Hirse und Buchweizen
(im Kochbeutel, z. B. von Davert)
Meersalz
1 kleine Zucchini
½ Biolimette
1 haselnussgroßes Stück Ingwer
1 EL Macadamianüsse
1 TL Sesamöl
Schwarzer Pfeffer aus der Mühle
1 EL gehackte glatte Petersilie

Zubereitung

Quinoa-Getreide-Mix im Kochbeutel in reichlich kochendem Salzwasser nach Packungsanweisung garen.

Zucchini waschen, putzen und mittelgrob reiben. Limettenschale abreiben, Saft auspressen. Ingwer schälen. Nüsse hacken.

Kochbeutel abtropfen lassen, aufschneiden und zwei Drittel des Inhalts wieder in den Topf geben (restliche Getreidemischung für den dritten Tag aufheben, abkühlen lassen und kaltstellen). Zucchiniraspel, Limettenschale und -saft untermischen. Ingwer durch die Knoblauchpresse dazugeben. Mit Sesamöl, Salz und Pfeffer abschmecken. Gehackte Nüsse und Petersilie darüberstreuen.

Tag 2

Morgens

FRUCHTIGER SMOOTHIE

Zutaten
125 g Erdbeeren
1 Kiwi
½ Bio-Orange
1 kleine Banane
2 TL Agavendicksaft
1 EL Reisflocken
1 TL Walnussöl

Zubereitung
Erdbeeren waschen, putzen und halbieren. Kiwi schälen und vierteln. Die halbe Orange auspressen. Banane schälen und in grobe Stücke schneiden.

Alle Früchte (bis auf eine Kiwischeibe und eine Erdbeere zum Dekorieren) in ein Mixbehältnis oder einen Blender geben. Restliche Zutaten zugeben und alles zu einem geschmeidigen Drink pürieren.

Wenn die Konsistenz zu dickflüssig ist, etwas Wasser zugeben. Am besten sofort trinken, um in den vollen Genuss der wertvollen Inhaltsstoffe zu kommen.

Mittags

SELLERIE-ZUCCHINI-ROHKOST

Zutaten
½ Zucchini
50 g Knollensellerie
1 EL Macadamianüsse
2 TL Mandelmus
2 TL natürlich gebraute Sojasoße
1 EL Olivenöl
1–2 TL Saft von einer Biozitrone
Etwas abgeriebene Schale von einer Biozitrone
Schwarzer Pfeffer aus der Mühle
150 g Bio-Sojajoghurt, natur

Zubereitung
Zucchini waschen und mittelgrob reiben. Sellerie schälen und fein reiben. Nüsse hacken. Alles in eine Schüssel geben und vermischen.

Mandelmus, Sojasoße und Olivenöl gleichmäßig unterrühren. Mit Zitronensaft und schwarzem Pfeffer abschmecken. Wird am besten, wenn man die Rohkost noch eine halbe Stunde durchziehen lässt. Sojajoghurt dazu essen.

Abends

SÜSSKARTOFFEL-ORANGEN-SUPPE

Zutaten

1 Schalotte
1 EL Olivenöl
1 mittelgroße Süßkartoffel (ca. 200 g)
250 ml Gemüsebrühe
½ Bio-Orange
1 Messerspitze Chiliflocken
½ TL Curry
1 EL Kresse

Zubereitung

Schalotte abziehen und fein hacken. Olivenöl in einem kleinen Topf erhitzen, Zwiebel darin unter Rühren andünsten. Süßkartoffel schälen, in Stücke schneiden und zugeben. Kurz mitdünsten.

Mit der Brühe ablöschen und 8 Minuten köcheln lassen. Orange auspressen, Saft zugeben. Alles fein pürieren. Mit Salz, Chili und Curry abschmecken.

Suppe in einen Teller füllen, Kresseblättchen abschneiden und darüberstreuen.

Tag 3

Morgens

SÜSSES POLENTA-FRÜHSTÜCK MIT FRÜCHTEN

Zutaten

½ kleine Banane
1 Bio-Orange
½ TL Salz
120 g Bio-Minuten-Polenta
½ TL Chai-Gewürz

Zubereitung

Die halbe Banane mit einer Gabel zerdrücken. Orange halbieren. Eine Hälfte auspressen, die andere Hälfte schälen und in kleine Spalten schneiden.

250 Milliliter Wasser in einem kleinen Topf zum Kochen bringen. Salz zugeben. Wenn das Wasser kocht, Topf vom Herd nehmen, Polenta klumpenfrei nach und nach einrieseln lassen. Nochmals 2 Minuten unter Rühren köcheln lassen.

Menge halbieren. Die eine Hälfte der Polenta für das Abendessen auf einen kleinen Teller streichen und kaltstellen. Restliche Polenta mit Agavendicksaft süßen, Orangensaft und Chai-Gewürz unterrühren. Zerdrückte Banane untermischen. Mit Orangenfilets anrichten. Noch warm essen.

Mittags

ROT-GRÜNER SALAT MIT PISTAZIEN

Zutaten
4 mittelgroße Rote-Bete-Knollen
1 Handvoll Feldsalat
50 g Radicchio
50 ml Gemüsebrühe
2 TL Saft von einer Biozitrone
1 EL Olivenöl
Meersalz, schwarzer Pfeffer aus der Mühle
Restlicher Quinoa-Getreide-Mix von Tag 1
1 EL Pistazienkerne

Zubereitung
Rote-Bete-Knollen vom Grün befreien, in einem kleinen Topf knapp mit wenig gesalzenem Wasser bedecken und zugedeckt ca. 30 Minuten kochen. Feldsalat waschen, verlesen und putzen. Radicchio waschen, putzen und in feine Streifen schneiden.

Gemüsebrühe, Zitronensaft, Öl, Salz und Pfeffer in einer Salatschüssel verquirlen. Restlichen Quinoa-Mix vom ersten Tag zugeben. Feldsalat und Radicchio vorsichtig untermischen.

Rote Bete abgießen, etwas abkühlen lassen. Zwei Knollen für den nächsten Tag beiseitestellen. Zwei Knollen abziehen und fein würfeln. Betewürfel unter den Salat heben. Pistazien hacken und über den Salat streuen.

Abends

GEBRATENE POLENTA-TALER MIT SOJA-DIP

Zutaten

2 Schalotten
2 TL Olivenöl
Restliche Polenta vom Frühstück
150 g Bio-Sojajoghurt, natur
Schwarzer Pfeffer aus der Mühle
1 EL gehackte Petersilie
1 EL Kresse
2 TL Gomasio (Sesamsalz)

Zubereitung

Schalotten abziehen und in feine Ringe schneiden. Einen Teelöffel Olivenöl in einer Pfanne erhitzen. Zwiebelringe darin bei mittlerer Hitze unter Rühren anbraten, bis sie leicht gebräunt sind. Herausnehmen, restliches Öl in die Pfanne geben und den Polenta-Fladen darin von beiden Seiten anbraten.

Sojajoghurt mit Pfeffer abschmecken, Kräuter unterheben. Polenta-Taler mit Röstzwiebeln auf einem Teller anrichten, Gomasio darüberstreuen. Dip dazu essen.

Tag 4

Morgens

GREEN SMOOTHIE

Zutaten
1 Minigurke
1 Kiwi
1 Handvoll Feldsalat
1 Apfel
½ kleine, reife Avocado
1 haselnussgroßes Stück Ingwer
Je 3 Stiele Petersilie und Koriander
1 TL Sesamöl
Schwarzer Pfeffer aus der Mühle

Zubereitung
Gurke und Kiwi schälen und in grobe Stücke schneiden. Feldsalat waschen, verlesen und putzen. Apfel entkernen und in Stücke schneiden. Avocadofruchtfleisch in grobe Stücke schneiden. Kräuter waschen, trocken schütteln.

Vorbereitete Zutaten in einen Mixbecher oder Blender geben und gleichmäßig pürieren. Dabei so viel Wasser zugeben, dass die Konsistenz sämig wird.

Sesamöl und Pfeffer zugeben, nochmals kurz pürieren und sofort genießen.

Mittags

PELLKARTOFFELN MIT AVOCADO-DIP

Zutaten

400 g kleine Pellkartoffeln (halbfest kochende Sorte)
Meersalz
½ kleine, reife Avocado
1 Tomate
Saft von ½ Biozitrone
Schwarzer Pfeffer aus der Mühle
1 TL Sesamöl
2 TL Gomasio

Zubereitung

Kartoffeln waschen und in Salzwasser gar kochen. Abgießen, abdampfen lassen und die Hälfte für den nächsten Tag beiseitestellen.

Avocadofruchtfleisch mit der Gabel fein zerdrücken. Tomate sehr fein würfeln und unterheben. Mit Zitronensaft und Pfeffer abschmecken.

Kartoffeln pellen und auf einem Teller grob zerteilen. Sesamöl darüberträufeln und Gomasio darüberstreuen. Avocado-Dip dazu essen.

Abends

ROTE-BETE-ORANGEN-CARPACCIO

Zutaten

Restliche Rote-Bete-Knollen vom Vortag
1 Bio-Orange
½ kleine Zucchini
Saft von ½ Biozitrone
2 TL Olivenöl
1 TL Sesamöl
1 TL Agavendicksaft
Meersalz
Schwarzer Pfeffer aus der Mühle
1 EL Macadamianüsse
2 EL gehackte Petersilie

Zubereitung

Rote-Bete-Knollen abziehen und in sehr feine Scheiben schneiden. Auf einer Platte anrichten. Orange heiß abwaschen. Zwei Teelöffel Orangenschale fein abreiben. Dann die Frucht schälen, so dass die weiße Haut mit entfernt wird. Orange in Scheiben schneiden. Auf der Bete anrichten. Zucchini waschen, Enden abschneiden, Zucchini in feine Scheiben schneiden und mit auf die Platte geben.

Für das Dressing Zitronensaft, die beiden Öle, Dicksaft, zwei Esslöffel Wasser, Salz und Pfeffer gut verquirlen. Nüsse hacken. Mit der Petersilie und der Orangenschale vermischen.

Dressing über den Salat verteilen. Zum Schluss die fruchtige Kräuter-Nuss-Mischung daraufgeben.

Tag 5

Morgens

PIKANTES »OVERNIGHT-MÜSLI« MIT RADIESCHEN

Achtung: Am Vorabend vorbereiten!

Zutaten

150 g Bio-Sojajoghurt, natur
Meersalz, Pfeffer
1 TL Walnussöl
2 EL Reisflocken
2 EL feine Haferflocken
1 EL Pistazienkerne
½ Bund Radieschen
½ Minigurke
Saft von ½ Biozitrone
1 EL Kresse

Zubereitung

Joghurt mit wenig Salz und Pfeffer würzen, mit zwei Esslöffeln Wasser und dem Walnussöl glattrühren. Mit den Flocken vermischen. Pistazien hacken. Radieschen waschen, putzen und in feine Stifte schneiden. Beides untermischen. Mischung in ein Weckglas mit Deckel oder eine Aufbewahrungsbox geben. Verschließen und über Nacht im Kühlschrank durchziehen lassen.

Am Morgen die Gurke waschen und in feine Scheiben hobeln. Mit Zitronensaft beträufeln und leicht salzen. Kresse abschneiden und über das Müsli geben. Gurkensalat dazu essen.

Mittags

MANGOSALAT MIT CHILIDRESSING

Zutaten

½ Mango
1 Apfel
½ Staude Chicorée
1 Schalotte
½ gelbe Paprika
½ Biolimette
1 EL natürlich gebraute Sojasoße
½ TL Chiliflocken
2 TL Sesamöl
1 EL Macadamianüsse
2 EL gehackter Koriander

Zubereitung

Mango schälen und das Fruchtfleisch vom Stein schneiden, würfeln. Menge halbieren und die Hälfte für das Frühstück kaltstellen. Apfel waschen, entkernen und in Spalten schneiden. Chicorée putzen und in Ringe schneiden. Schalotte abziehen und in feine Ringe schneiden. Paprika waschen, putzen und fein würfeln. Limette heiß abwaschen, etwas Schale fein abreiben.

Für das Dressing Limettensaft auspressen. Mit Sojasoße, Limettenschale, Chili, Öl und zwei Esslöffeln Wasser gut verquirlen. Macadamianüsse hacken.

Vorbereitete Zutaten auf einer Platte anrichten. Dressing darauftäufeln. Nüsse und Koriander darüberstreuen.

Abends

KARTOFFEL-SELLERIE-SUPPE

Zutaten

150 g Knollensellerie
Restliche Pellkartoffeln vom Vortag
1 Schalotte
1 TL Olivenöl
250 ml Gemüsebrühe
1 TL Curry
Schwarzer Pfeffer aus der Mühle
1 EL Pistazienkerne

Zubereitung

Sellerie schälen, putzen und in grobe Würfel schneiden. Kartoffeln pellen und ebenfalls grob zerkleinern. Schalotte abziehen und hacken. Öl in einem kleinen Topf erhitzen.

Schalotte darin andünsten, Sellerie zugeben und 3 Minuten mit anbraten. Mit der Gemüsebrühe ablöschen und zugedeckt 8 Minuten köcheln lassen.

Kartoffeln mit einer Gabel zerdrücken, zum Sellerie geben. Topf vom Herd nehmen, leicht abkühlen lassen und pürieren. Mit Curry und Pfeffer abschmecken. Pistazien hacken und darüberstreuen.

Tag 6

Morgens

BUNTER FRÜCHTETELLER

Zutaten

½ Mango
2 frische Aprikosen
½ kleine Banane
50 g kernlose blaue Biotrauben
1 Kiwi
2 getrocknete Datteln

Zubereitung

Vorbereitetes Mangofruchtfleisch vom Vortag aus der Kühlung nehmen. Aprikosen waschen, halbieren und entsteinen. Banane schälen und in Scheiben schneiden. Trauben gut waschen und von der Rispe streifen. Kiwi schälen und in Scheiben schneiden. Datteln halbieren.

Alle vorbereiteten Früchte ansprechend auf einem großen Teller anrichten und sofort genießen.

Mittags

GEBRATENER SELLERIE AUF RADICCHIO

Zutaten

150 g Knollensellerie
1 EL Olivenöl
1 Frühlingszwiebel
50 g Radicchio
1 Apfel
½ Biozitrone
1 TL Mandelmus
Meersalz
Schwarzer Pfeffer aus der Mühle
1 TL Walnussöl
2 TL Gomasio

Zubereitung

Sellerie putzen, schälen und in kleine Würfel schneiden. Öl in einer beschichteten Pfanne erhitzen, Sellerie darin unter Wenden goldbraun und gar braten.

Frühlingszwiebel putzen, waschen und in Ringe schneiden. Radicchio putzen und in Streifen schneiden. Apfel waschen, entkernen und in Spalten schneiden.

Zitrone auspressen, einen Esslöffel Saft mit Mandelmus, zwei Esslöffeln Wasser, Salz, Pfeffer und Walnussöl verquirlen.

Sellerie mit Gomasio würzen. Vorbereitete Zutaten auf einen Teller geben. Dressing darauf verteilen. Zum Schluss die Selleriewürfel daraufgeben.

Abends

QUINOA-MIX MIT BUNTEM GEMÜSE

Zutaten

1 Süßkartoffel (ca. 200 g)
1 Knolle Rote Bete
125 g Quinoa-Mix mit Hirse und Buchweizen
(im Kochbeutel z. B. von Davert)
Meersalz
1 EL Olivenöl
100 ml Gemüsebrühe
1 TL Pistazien
Schwarzer Pfeffer aus der Mühle

Zubereitung

Süßkartoffel und Rote Bete schälen. Quinoa-Mix nach Packungsanweisung in leicht gesalzenem Wasser garen. Eine halbe Süßkartoffel darin mit weichkochen, dann für den nächsten Tag beiseitestellen.

Restliche Süßkartoffel und Rote Bete in kleine Würfel schneiden (ca. 1 cm Kantenlänge). Olivenöl in einer beschichteten Pfanne erhitzen, Gemüsewürfel darin 5 Minuten braten. Mit der Brühe ablöschen und zugedeckt weitere 5 Minuten garen.

Quinoa-Mix aus dem Kochbeutel holen, ein Drittel davon für den nächsten Morgen beiseitestellen. Rest in die Pfanne geben und unter das Gemüse mischen. Pistazien hacken und über die Mischung geben. Mit Pfeffer abschmecken.

Tag 7

Morgens

KOKOS-APFEL-SUPPE MIT DATTELN

Zutaten

4 EL Kokosmilch
Restlicher Quinoa-Mix vom Vortag
1 Apfel
3 getrocknete Datteln
1 TL Agavendicksaft

Zubereitung

Kokosmilch mit 200 Millilitern Wasser glattrühren und in einem kleinen Topf erhitzen. Quinoa-Mix zugeben und mit erhitzen. Apfel waschen und reiben. Datteln vom Stein befreien und fein würfeln.

Vorbereitete Zutaten unter die Suppe mischen und kurz mit erwärmen. Mit dem Agavensirup süßen und sofort genießen.

Mittags

GEMÜSETELLER MIT SÜSSKARTOFFEL-DIP

Zutaten

½ gekochte Süßkartoffel vom Vortag
1 EL gemahlene Mandeln
Meersalz, schwarzer Pfeffer aus der Mühle
1 Messerspitze Chiliflocken
1 TL Walnussöl
½ Bund Radieschen
½ Minigurke
2 Tomaten
½ Staude Chicorée
½ rote Spitzpaprika

Zubereitung

Süßkartoffel in eine Schüssel geben und mit der Gabel zerdrücken. Mandelmehl, Gewürze und Öl zugeben und gut unterrühren. Wenn nötig, etwas Wasser zugeben.

Gemüse putzen und waschen. Radieschen halbieren, Gurke in Stifte schneiden, Tomaten vierteln. Chicorée zerteilen. Paprika in lange Streifen schneiden. Gemüse mit dem Süßkartoffel-Dip essen.

Abends

GESCHMORTER RADICCHIO MIT POLENTA

Zutaten

50 g Minuten-Polenta
150 ml Gemüsebrühe
½ rote Spitzpaprika
1 haselnussgroßes Stück Ingwer
1 Frühlingszwiebel
2 TL Olivenöl
Schwarzer Pfeffer aus der Mühle
75 g Radicchio
1 EL Sojasoße
1 EL Kresse

Zubereitung

Minuten-Polenta in einem kleinen Topf nach Packungsanweisung mit der Brühe zubereiten und ausquellen lassen.

Inzwischen Paprika waschen, putzen und fein würfeln. Ingwer schälen und fein hacken. Frühlingszwiebel putzen, waschen und in feine Ringe schneiden. Einen Teelöffel Olivenöl in einer beschichteten Pfanne erhitzen. Vorbereitetes Gemüse darin 6–8 Minuten andünsten.

Pfanneninhalt unter die Polenta mischen, mit Pfeffer abschmecken und auf einem großen Teller anrichten.

Restliches Öl in der Pfanne erhitzen. Vom Radicchio die äußeren Blätter, jedoch nicht den Strunk, entfernen und in Spalten schneiden. In der Pfanne flach anbraten, nach 2–3 Minuten wenden, mit Sojasoße und etwas Wasser ablöschen. Radicchio auf der Polenta anrichten. Kresse darüberschneiden.

Einkaufsliste Woche 1

Obst

4 Äpfel
2 Aprikosen (frisch)
2 kleine Bananen
250 g Erdbeeren
1 Limette (bio)
4 Kiwi
1 Mango
1 Nektarine
3 Orangen (bio)
3 Zitronen (bio)
50 g Weintrauben (blau, kernlos, bio)

Gemüse

1 kleine Avocado (reif)
1 Chicoréestaude
2 Handvoll Feldsalat
3 Frühlingszwiebeln
3 Gurken (mini)
1 Ingwerknolle (ca. 75 g)
400 g kleine Kartoffeln
1 gelbe Paprika
1 rote Spitzpaprika
1 Kopf Radicchio (ca. 200 g)
1 Bund Radieschen
5 mittelgroße Rote-Bete-Knollen
5 Schalotten
1 kleine Sellerieknolle
2 mittelgroße Süßkartoffeln
3 Tomaten
2 kleine Zucchini

Kräuter

1 Bund Koriander
1 Beet Kresse
1 großes Bund glatte Petersilie

Getreide

1 Packung feine Haferflocken (bio, Vollkorn)
1 Packung Minuten-Polenta (bio, 500 g)
1 Packung Quinoa-Mix mit Hirse und Buchweizen im Kochbeutel (im Bioladen erhältlich)
1 Packung Reisflocken (bio)

Nüsse

1 Päckchen Macadamianüsse (ca. 200 g)
1 Päckchen gemahlene Mandeln (200 g)
1 großes Glas weißes Mandelmus (ungesüßt)
1 Päckchen Pistazienkerne (ca. 200 g)

Öle

1 kleine Flasche Olivenöl
1 kleine Flasche Sesamöl
1 kleine Flasche Walnussöl

Gewürze/Süßmittel

Chai-Gewürz
Chiliflocken
Curry
Gemüsebrühe
1 Päckchen Gomasio (Sesamsalz)
Meersalz
Schwarzer Pfeffer aus der Mühle
1 kleine Flasche natürlich gebraute Sojasoße
1 kleine Flasche Agavendicksaft
1 Päckchen getrocknete Datteln (ca. 200 g)

Sonstiges

3 Becher Bio-Sojajoghurt natur (z. B. von Provamel)
1 kleine Dose Kokosmilch (200 ml)

Woche 2: Stabilisierung

Die Rezepte der zweiten Woche sind vegetarisch. Es gibt reichlich Obst, Gemüse und Getreide. Dazu aber auch Milchprodukte und Eier. Der höhere Eiweißgehalt sorgt für gute Sättigung und hilft, die Experience weiterhin gut zu meistern.

Es gibt drei vegetarische Mahlzeiten mit insgesamt circa 1.200 Kalorien (kcal) täglich. Wer möchte, kann sich bis zu zwei Zwischenmahlzeiten täglich aussuchen (siehe Ende dieses Kapitels). Wem es vor allem aufs Abnehmen ankommt, der sollte aber lieber auf die Zwischenmahlzeiten verzichten. Denn sie müssen natürlich zu den Kalorien hinzugezählt werden. Außerdem fördern lange Pausen zwischen den Mahlzeiten das Abnehmen. Vor allem ist es wichtig, das Abendessen nicht zu spät zu verzehren. Wer außerdem das Frühstück noch ein wenig hinauszögert, verlängert die Fettverbrennungsphase der Nacht.

Eine übersichtliche Einkaufsliste für alle Zutaten, die du während der zweiten Woche benötigst, findest du am Ende des Wochenplans!

Extratipps: Starte in den Tag mit einem Becher Ingwerwasser. Das sorgt schon für eine gewisse Sättigung und regt den Stoffwechsel an. Dazu ein paar geschälte Ingwerscheiben mit kochendem Wasser überbrühen und ca. 10 Minuten ziehen lassen. Wer mag, kann einen Spritzer Zitrone zugeben. Auch in dieser Woche gilt: Versuche täglich 2–3 Liter Wasser zu trinken. Als Alternative gehen auch ungesüßte Kräuter- oder Früchtetees.

Lass auch in dieser Woche anregende Getränke wie Kaffee, Grüntee oder Schwarztee möglichst links liegen. Wenn dir der Koffeinentzug zu sehr zu schaffen macht, sind täglich ein bis zwei

Tassen Grüntee der beste Kompromiss. Vielleicht kommst du aber jetzt schon ganz gut ohne klar … Überlege dir, ob du nach der Experience noch ein bisschen länger auf Koffein verzichten möchtest.

Clean-Living-Challenge für Woche 2

In der ersten Woche hast du dich rein pflanzlich ernährt und dir Spielraum für seelische und geistige Erholung geschaffen. Vielleicht merkst du bereits erste Effekte und möchtest weitermachen.

Wenn es dir leichtfällt, mach eine weitere Woche TV-Pause oder fahre den Konsum runter. Entweder durch eine zeitliche Maßgabe oder indem du gezielt Sendungen auswählst, die dich wirklich interessieren. Schaue bei Netflix, Whatchever und Co. nur eine Folge deiner Lieblingsserie statt der ganzen Staffel auf einmal. Versuche auch in der zweiten Woche, deine Erreichbarkeit über das Handy einzuschränken. Nimm dir wenigstens in der Freizeit digitale Auszeiten. Weite den Clean-Living-Gedanken aus, indem du am nächsten Wochenende mal deinen Kleiderschrank entrümpelst. Was habe ich länger als ein Jahr nicht getragen? Brauche ich es noch, oder belastet es mich nur? Vielleicht gibt es jemanden, dem du mit guten Stücken noch eine Freude machen kannst.

Achte in dieser Woche verstärkt auf Bewegung. Tipps und Anregungen zu cleanen Sportarten findest du im Kapitel »Clean Sports«. Ideal sind Aktivitäten an der frischen Luft – Nordic Walking, Joggen oder Schwimmen helfen dir beim Abnehmen und dabei, bei der Experience gut motiviert zu bleiben.

Tag 1

Morgens

MELONEN-SMOOTHIE

Zutaten
200 g Wassermelonenfruchtfleisch
1 Birne
1 Kiwi
1 EL Mandelmus
2 getrocknete Datteln

Zubereitung
Melonenfruchtfleisch grob würfeln, in einen Mixbecher oder Blender geben. Birne waschen, entkernen und dazugeben. Kiwi schälen, Kiwifruchtfleisch und Mandelmus ebenfalls zugeben.

Zu einem gleichmäßigen Drink pürieren. Wenn nötig, etwas Wasser zugeben. Alles in ein großes Glas füllen. Datteln entsteinen und fein würfeln, auf den Drink streuen. Am besten sofort genießen.

Mittags

BLUMENKOHLAUFLAUF

Zutaten

150 g Blumenkohlröschen
100 g Schafskäse
50 g Instantcouscous
100 ml Brühe
2 Stiele Estragon
1 EL Gomasio
Schwarzer Pfeffer aus der Mühle

Zubereitung

Backofen auf 200 Grad vorheizen. Blumenkohlröschen waschen und mit dem Couscous in eine kleine Auflaufform geben. Heiße Brühe darübergießen und im Backofen circa 20 Minuten garen.

Schafskäse zerbröseln. Auflaufform herausziehen und den Käse darauf verteilen. Weitere 10 Minuten überbacken. Vor dem Essen mit fein geschnittenem Estragon und Gomasio bestreuen und Pfeffer aus der Mühle darübermahlen.

Abends

FRISCHKÄSEBROT MIT MEERRETTICH

Zutaten

2 EL Frischkäse
2 TL frisch geriebener Meerrettich
½ Frühlingszwiebel
2 Scheiben Vollkorn-Sonnenblumenbrot
6 kleine, bunte Tomaten
30 g Rucola
1 EL Kresse
Meersalz
Schwarzer Pfeffer aus der Mühle

Zubereitung

Frischkäse mit dem geriebenen Meerrettich verrühren. Frühlingszwiebel in feine Ringe schneiden. Brotscheibe mit dem Meerrettich-Frischkäse bestreichen.

Tomaten waschen und halbieren. Rucola verlesen, waschen, trocken schütteln. Wenn nötig, Strünke abschneiden.

Frischkäseschnitte mit Frühlingszwiebel, Rucola und Tomaten belegen. Kresse darüberstreuen. Tomaten leicht salzen. Etwas schwarzen Pfeffer darübermahlen.

Tag 2

Morgens

OVERNIGHT-MÜSLI MIT DATTELN UND HEIDELBEEREN

Achtung: Am Vorabend vorbereiten!

Zutaten

2 EL Reisflocken
1 EL Haferflocken
1 EL Mandelmus
50 g Naturjoghurt
2 getrocknete Datteln
1 EL gehackte Walnüsse
75 g Heidelbeeren

Zubereitung

Ein verschließbares Gefäß (z. B. Einmachglas) bereitstellen. Flocken hineingeben, mischen. Etwas Wasser, Mandelmus und Joghurt zugeben und gut verrühren. So viel Flüssigkeit zugeben, dass die Flocken noch quellen können.

Datteln entsteinen und in Streifen schneiden. Datteln und Nüsse untermischen. Gefäß verschließen und über Nacht in den Kühlschrank stellen. Am nächsten Morgen das Müsli aufrühren, Heidelbeeren waschen und zugeben.

Mittags

MAIS-PAPRIKA-TORTILLA MIT MINZ-DIP

Zutaten

50 g Mais aus der Dose
3 bunte Minipaprika (grün, gelb und rot)
1 Ei
Meersalz
Schwarzer Pfeffer aus der Mühle
1 EL Olivenöl
2 Stiele Minze
2 EL Naturjoghurt
1 EL körniger Frischkäse

Zubereitung

Mais abtropfen lassen. Paprika waschen, putzen und in feine Würfel schneiden. Ei in einem Schälchen verquirlen, mit Salz und Pfeffer würzen.

Öl in einer beschichteten Pfanne erhitzen. Vorbereitetes Gemüse in die Pfanne geben und 6–8 Minuten andünsten. Verquirltes Ei darübergießen und bei mittlerer Hitze stocken lassen.

Minze abspülen, Blättchen abzupfen und in feine Streifen schneiden. Joghurt und Frischkäse verrühren, mit Salz und Pfeffer abschmecken, Minze unterrühren. Tortilla aus der Pfanne auf einen Teller gleiten lassen. Minz-Dip dazu essen.

Abends

SALAT MIT SCHAFSKÄSE UND MELONE

Zutaten

200 g Wassermelonenfruchtfleisch
50 g Rucola
¼ Eisbergsalat
50 g Schafskäse
1 Frühlingszwiebel
1 EL gehackte Pistazien
2 Stiele Thymian
1 EL Balsamico
2 EL Olivenöl
Meersalz
Schwarzer Pfeffer aus der Mühle

Zubereitung

Melonenfruchtfleisch in mundgerechte Würfel schneiden. Rucola waschen, verlesen, wenn nötig, Strünke abschneiden. Eisbergsalat putzen und in Streifen schneiden. Schafskäse grob zerbröseln. Frühlingszwiebel in feine Ringe schneiden.

Vorbereitete Zutaten in einem tiefen Teller oder einer Schale anrichten. Pistazien darüber verteilen. Thymianblättchen abzupfen und fein schneiden.

Essig, Öl, zwei Esslöffel Wasser, Salz und Pfeffer verquirlen und über den Salat träufeln.

Tag 3

Morgens

SCHLEMMERSCHNITTE MIT KÄSE

Zutaten

1 Scheibe Vollkorn-Sonnenblumenbrot
1 TL körniger Senf
50 g Harzer Käse
1 TL Olivenöl
Meersalz
Schwarzer Pfeffer aus der Mühle
1 EL Kresse
20 g Rucola

Zubereitung

Brot mit dem Senf bestreichen. Käse in feine Würfel schneiden. In einem kleinen Schälchen mit Öl, wenig Salz und Pfeffer vermischen. Kresse direkt aus dem Kästchen darüberschneiden und alles verrühren.

Rucola verlesen, abspülen, wenn nötig, Strünke abschneiden. Blätter auf dem Brot verteilen und die Käsemischung daraufgeben. Nach Belieben nochmals frischen Pfeffer darübermahlen.

Mittags

OBSTSALAT MIT ZIMTJOGHURT

Zutaten
150 g Wassermelonenfruchtfleisch
1 Maracuja (Passionsfrucht)
75 g Heidelbeeren
1 kleine Banane
1 kleiner Apfel
2 EL körniger Frischkäse
100 g Naturjoghurt
Zimt
1–2 TL Agavendicksaft

Zubereitung
Melonenfruchtfleisch in mundgerechte Würfel schneiden. Maracuja halbieren und das Fruchtfleisch mit den essbaren Kernen mit einem Löffel herausschaben. Heidelbeeren abspülen, verlesen. Banane schälen und in Scheiben schneiden. Apfel waschen, vierteln, entkernen und in Spalten schneiden. Alles in eine Schüssel geben. 15 Minuten ziehen lassen.

Frischkäse und Joghurt verrühren. Mit Zimt und Agavendicksaft abschmecken. Joghurtmischung zum Fruchtsalat essen.

Abends

BLUMENKOHL-MAIS-SUPPE

Zutaten
100 g Blumenkohlröschen
50 g Mais aus der Dose
½ kleine Zwiebel
2 EL Olivenöl
50 g Bio-Minuten-Polenta
250 ml Gemüsebrühe
2 Stiele Estragon
1 EL Biosahne
Schwarzer Pfeffer aus der Mühle

Zubereitung
Blumenkohlröschen zerkleinern und waschen. Mais abtropfen lassen. Zwiebel abziehen und in feine Würfel schneiden.

Öl in einem kleinen Topf erhitzen, Gemüse darin andünsten. Polenta zugeben und kurz unter Rühren mit andünsten. Mit der Brühe ablöschen, zum Kochen bringen. Hitze reduzieren und zugedeckt ca. 10 Minuten köcheln lassen.

Estragon waschen, in feine Streifen schneiden. Suppe mit der Sahne verfeinern. Estragonblättchen unterziehen. Mit frisch gemahlenem Pfeffer abschmecken.

Tag 4

Morgens

MILCHREIS MIT FRÜCHTEN

Zutaten

3 EL Reisflocken
1 Prise Salz
½ TL Chai-Gewürz
150 g Wassermelonenfruchtfleisch
1 Orange
1 kleine Banane
⅓ Mango
Zimt
1 EL Biosahne

Zubereitung

Reisflocken mit 100 ml Wasser in einem kleinen Topf zum Kochen bringen, Salz und Chai-Gewürz zugeben und 3–4 Minuten köcheln lassen.

Melonenfruchtfleisch klein schneiden. Orange schälen und filetieren. Banane schälen und in Scheiben schneiden. Mangofruchtfleisch vom Stein schneiden und würfeln.

Reisflockenbrei in einen tiefen Teller geben. Zimt darüberstreuen und die Sahne dazugeben. Früchte auf dem Brei anrichten.

Mittags

ANTIPASTIGEMÜSE MIT KICHERERBSEN-DIP

Zutaten

200 g braune Champignons
1 kleine Zucchini
1 kleine Zwiebel
2 Tomaten
1 EL Olivenöl
2 EL Balsamico
Je 1 Stiel Thymian und Estragon
Meersalz
Schwarzer Pfeffer aus der Mühle
100 g Kichererbsen aus der Dose
2 EL Naturjoghurt
1 TL Mandelmus
1 TL Curry
½ TL Chiliflocken
1 EL Sojasoße

Zubereitung

Pilze putzen und halbieren. Zucchini waschen, in halbe Scheiben schneiden. Zwiebel abziehen und in Spalten schneiden. Tomaten waschen und halbieren. Öl in einer Pfanne erhitzen, Pilze, Zucchini, Tomaten und Zwiebel zugeben und andünsten. 50 ml Wasser, Essig, Kräuterstiele, Salz und Pfeffer zufügen und zugedeckt 15 Minuten köcheln lassen. Für den Dip Kichererbsen abgießen, mit zwei Esslöffeln Wasser, Joghurt, Mandelmus und den Gewürzen in ein hohes Gefäß geben. Zu einer gleichmäßigen Creme pürieren. Dip abschmecken. Antipastigemüse auf einen Teller geben, Kräuter dabei entfernen. Mit Salz und Pfeffer abschmecken. Dip dazu essen.

Abends

SÜSSKARTOFFEL-TALER MIT MOZZARELLA

Zutaten

1 kleine Süßkartoffel (ca. 200 g)
½ Kugel Mozzarella
1 kleine Zwiebel
1 EL Olivenöl
Meersalz
Schwarzer Pfeffer aus der Mühle
1 EL Kresse
2 Stiele Estragon

Zubereitung

Süßkartoffel schälen und in Scheiben schneiden. Mozzarella abtropfen lassen und halbieren, in kleine Stücke schneiden (ungefähr so viele wie Süßkartoffelscheiben). Zwiebel abziehen und fein würfeln.

Öl in einer kleinen Pfanne erhitzen. Zwiebel darin andünsten. Süßkartoffeln zugeben und von der ersten Seite ca. 5 Minuten braten. Scheiben wenden, auf jede ein Mozzarellastück setzen. Mit Salz und Pfeffer würzen.

Kresse abspülen, abschneiden. Estragon abspülen, Blättchen in feine Streifen schneiden. Kräuter über die Scheiben streuen und sofort genießen.

Tag 5

Morgens

FRUCHTIGES OVERNIGHT-MÜSLI

Achtung: Am Vorabend vorbereiten!

Zutaten

2 EL Reisflocken
1 EL Haferflocken
1 EL gemahlene Mandeln
50 g Naturjoghurt
1 EL Biosahne
1 Maracuja
⅓ Mango
1 EL gehackte Macadamianüsse

Zubereitung

Flocken und Mandeln in ein verschließbares Gefäß geben und mischen. Joghurt, Sahne und so viel Wasser zugeben, dass die Flocken ausquellen können.

Am Morgen die frischen Früchte zufügen. Maracuja aufschneiden und mit einem Löffel das Fruchtfleisch herausschaben. Mango vom Stein schneiden, Fruchtfleisch würfeln. Beides zugeben und die gehackten Nüsse darüberstreuen.

Mittags

GEMÜSEPUFFER

Zutaten

150 g Blumenkohlröschen
½ kleine Zucchini
1 Ei
Meersalz
Schwarzer Pfeffer aus der Mühle
2 EL Haferflocken
2 EL Olivenöl
4 kleine, bunte Tomaten

Zubereitung

Blumenkohlröschen waschen, in Salzwasser 5–7 Minuten blanchieren. Zucchini mit dem Spiralschneider in Streifen schneiden. Alternativ mit einem Gemüseschäler in lange Streifen schneiden.

Ei verquirlen, mit Salz und Pfeffer kräftig würzen, Haferflocken untermengen, 10 Minuten quellen lassen.

Blumenkohl abtropfen lassen und leicht zerquetschen. Blumenkohl und Zucchini unter die Eimasse mischen. Öl in einer Pfanne erhitzen. Masse zu einem großen Puffer verbacken. Aus der Pfanne auf einen Teller gleiten lassen. Tomaten waschen, halbieren und auf dem Teller anrichten.

Abends

KICHERERBSENSALAT MIT MANGO

Zutaten

140 g Kichererbsen aus der Dose
⅓ Mango
1 kleiner Apfel
1 Frühlingszwiebel
50 g Harzer Käse
1 TL körniger Senf
1 EL Balsamico
1 EL Olivenöl
1 EL Sesamöl
Meersalz
Schwarzer Pfeffer aus der Mühle
2 EL Schnittlauchröllchen

Zubereitung

Kichererbsen abtropfen lassen. Mangofruchtfleisch in Würfel schneiden. Apfel waschen, entkernen, in Spalten schneiden. Frühlingszwiebel putzen, waschen und in feine Ringe schneiden. Harzer Käse würfeln.

Für das Dressing Senf, Essig, Öle, Salz und Pfeffer verquirlen und zwei Esslöffel Wasser zugeben.

Vorbereitete Zutaten in eine Schüssel geben, mit dem Dressing vermischen. Schnittlauchröllchen darüberstreuen.

Tag 6

Morgens

MILDER GRÜNER SMOOTHIE

Zutaten
100 g Babyspinat
1 kleine Banane
100 g Biogurke
Schwarzer Pfeffer aus der Mühle
Saft von ½ Biozitrone
1 EL gehackte Pistazien
1 Stiel Thymian

Zubereitung
Spinat verlesen, waschen und in einen Mixbecher oder Blender geben. Banane schälen, grob in Stücke schneiden, zugeben. Gurke waschen, ebenfalls grob zerkleinern, hineingeben.

Zu einem gleichmäßigen Drink pürieren. Wenn nötig, etwas Wasser zugeben. Mit Pfeffer und Zitronensaft abschmecken. In ein großes Glas füllen, mit Pistazien und abgezupften Thymianblättchen bestreuen.

Mittags

HEIDELBEER-POLENTA-SCHMARRN

Zutaten

50 g Bio-Minuten-Polenta
100 ml Wasser
2 EL Biosahne
1 Prise Salz
1 Ei
100 g Heidelbeeren
2 TL Walnussöl
1 EL Agavendicksaft

Zubereitung

Polenta, Wasser, Sahne und Salz verrühren. 10 Minuten quellen lassen. Ei trennen, Eigelb unter den Teig mischen und verrühren. Eiweiß sehr steif schlagen und ebenfalls unterheben. Heidelbeeren abspülen.

Einen Teelöffel Walnussöl in einer beschichteten Pfanne leicht erhitzen. Die Hälfte des Teiges hineingeben. Die Hälfte der Heidelbeeren in den Teig sinken lassen. 3 Minuten goldbraun braten. Dann wenden, dabei etwas zerzupfen und von der anderen Seite nochmals 2 Minuten braten. Erste Portion aus der Pfanne nehmen und warm halten oder gleich essen. Mit Agavendicksaft süßen.

Zweite Teighälfte genauso zubereiten. Restlichen Agavendicksaft darüberträufeln.

Abends

EISBERGSALAT MIT MEERRETTICHDRESSING

Zutaten

50 g Instantcouscous
100 ml Gemüsebrühe
¼ Eisbergsalat
6 kleine, bunte Tomaten
50 g Blumenkohlröschen
½ Frühlingszwiebel
2 EL Frischkäse
1 TL frisch geriebener Meerrettich
1 EL Walnussöl
Saft von ½ Biozitrone
1 EL Kresse

Zubereitung

Couscous in ein Schälchen geben, mit der heißen Brühe übergießen und quellen lassen. Eisbergsalat putzen und in Streifen schneiden. Tomaten waschen und halbieren. Blumenkohl in feine Röschen zerpflücken und waschen. Frühlingszwiebel putzen, waschen und in feine Streifen schneiden.

Für das Dressing Frischkäse, Meerrettich, zwei Esslöffel Wasser, Öl und Zitronensaft verrühren. Vorbereitetes Gemüse und abgekühlten Couscous in einer Schüssel mischen. Dressing darübergeben und mit Kresse bestreuen.

Tag 7

Morgens

EIBROT MIT SALAT UND FRISCHKÄSE

Zutaten
1 Scheibe Vollkorn-Sonnenblumenbrot
1 EL Frischkäse
3 kleine, bunte Snackpaprikas
½ kleine Zucchini
2 Blatt Eisbergsalat
1 Ei
2 EL Mais aus der Dose
1 EL Schnittlauchröllchen
Meersalz
Schwarzer Pfeffer aus der Mühle

Zubereitung
Brot mit dem Frischkäse bestreichen. Paprika waschen, putzen und in feine Streifen schneiden. Zucchini mit dem Spiralschneider in Locken schneiden (alternativ fein hobeln). Salat zerzupfen.

Ei aufschlagen und in einer beschichteten Pfanne ohne Fett als Spiegelei braten.

Auf das Brot gleiten lassen. Mit dem vorbereiteten Gemüse belegen, einen Teil des Gemüses drumherum anrichten. Mais abtropfen lassen, daraufgeben. Mit den Schnittlauchröllchen bestreuen. Alles mit Salz und Pfeffer leicht würzen.

Mittags

PIKANTE SÜSSKARTOFFELSUPPE

Zutaten
2 Tomaten
1 Süßkartoffel (ca. 200 g)
½ kleine Zwiebel
1 EL Olivenöl
250 ml Gemüsebrühe
25 g Bio-Minuten-Polenta
½–1 TL Chiliflocken
1 EL Biosahne
1 EL Schnittlauchröllchen

Zubereitung
Tomaten überbrühen und häuten. Süßkartoffel schälen, halbieren und in Würfel schneiden. Zwiebel abziehen und in Spalten schneiden.

Olivenöl in einem Topf erhitzen. Zwiebel darin andünsten. Süßkartoffeln zugeben, kurz mitdünsten, dann Tomaten und Brühe zufügen und zugedeckt 12 Minuten bei mittlerer Hitze köcheln lassen.

Suppe pürieren, mit Chiliflocken abschmecken. Polenta einstreuen und 5 Minuten ausqellen lassen. Mit Sahne verfeinern und die Schnittlauchröllchen darüberstreuen.

Abends

ROHKOSTSALAT MIT HÜTTENKÄSE-DIP

Zutaten

¼ Eisbergsalat
1 Möhre
1 kleine Fenchelknolle
1 Frühlingszwiebel
1 EL Balsamico
1 EL Sesamöl
2 EL Sojasoße
2 Stiele Minze
50 g körniger Frischkäse (Hüttenkäse)
1 EL gehackte Walnüsse
1 TL Agavendicksaft
Schwarzer Pfeffer aus der Mühle

Zubereitung

Eisbergsalat putzen und in sehr feine Streifen schneiden. Möhre schälen und in Juliennestreifen schneiden. Fenchel putzen, das Innere ebenfalls in sehr feine Streifen schneiden. Frühlingszwiebel waschen, putzen und in feine Ringe schneiden.

Balsamico, Öl, Sojasoße und zwei Esslöffel Wasser verquirlen und über den Rohkostsalat geben. Alles gut mischen und 10 Minuten ziehen lassen.

Minze waschen, Blättchen abzupfen und in feine Streifen schneiden. Körnigen Frischkäse (Hüttenkäse) mit gehackten Walnüssen, Minze und Agavendicksaft mischen. Mit Pfeffer abschmecken. Dip zum Salat reichen.

Einkaufsliste Woche 2

Von der Vorwoche vorrätig

Feine Haferflocken, Reisflocken, Minuten-Polenta (bio), Macadamianüsse, gemahlene Mandeln, weißes Mandelmus (ungesüßt), Pistazienkerne, Oliven-, Sesam- und Walnussöl, Chai-Gewürz, Chiliflocken, Curry, Gemüsebrühe, Gomasio, Meersalz, schwarzer Pfeffer aus der Mühle, Sojasoße, Agavendicksaft, getrocknete Datteln

Obst

2 kleine Äpfel
3 kleine Bananen
1 Birne
1 Biozitrone
250 g Heidelbeeren (frisch oder tiefgekühlt)
1 Kiwi
1 große Mango
2 Maracuja (Passionsfrüchte)
1 Orange
1 große Wassermelone (ca. 1,5 kg für 700 g Fruchtfleisch)

Gemüse

1 kleiner Kopf Blumenkohl (ca. 700 g)
100 g Babyspinat
1 Bio-Minigurke (ca. 100 g)
200 g braune Champignons
1 kleiner Eisbergsalat
1 kleine Fenchelknolle
4 Frühlingszwiebeln
1 kleine Dose Kichererbsen (Abtropfgewicht: 240 g)
1 kleine Dose Mais (Abtropfgewicht: 140 g)
50 g frischer Meerrettich
1 Möhre
100 g Rucola
1 Beutel bunte Mini-Snackpaprika (ca. 200 g)
2 mittelgroße Süßkartoffeln (à ca. 200 g)
4 Tomaten, 16 kleine bunte Tomaten
2 kleine Zucchini
3 kleine Zwiebeln

Kräuter

je 1 Bund Estragon, Kresse,Thymian, Minze, Schnittlauch

Getreide

1 Packung Instantcouscous und 1 Vollkorn-Sonnenblumenbrot

Nüsse

1 Päckchen Walnüsse (ca. 200 g)

Gewürze

Zimt

Milchprodukte/Eier

1 Becher Biosahne und 1 Packung Frischkäse (Doppelrahmstufe, 200 g)
1 Becher körniger Frischkäse (Hüttenkäse, 200 g)
1 Päckchen Harzer Käse (min. 100 g)
1 Kugel Mozzarella
1 Becher Naturjoghurt (natürlicher Fettgehalt, 500 g)
1 Packung Schafskäse (200 g)
4 Bio-Eier

Sonstiges

1 kleine Flasche Balsamicoessig (bio) und 1 kleines Glas körniger Senf

Woche 3: Umstellung

Die Rezepte der dritten Woche sind so zusammengestellt, wie deine Clean-Eating-Ernährung auch in Zukunft aussehen könnte. Als Basis viel frisches Obst, Gemüse, Kräuter und Salate. Ergänzt durch Vollkorngetreide, Hülsenfrüchte und naturbelassene Milchprodukte sowie Eier. Außerdem gibt es in dieser Woche der Clean-Eating-Experience drei Portionen fettreichen Seefisch. Auf Fleisch haben wir noch verzichtet. Ein bis zwei Portionen Fleisch von artgerecht aufgezogenen Tieren ist für die Zukunft aber okay. Auf Wurst und Fleischzubereitungen wie Leberkäse solltest du jedoch ab jetzt möglichst vollständig verzichten.

Die drei Mahlzeiten der dritten Woche ergeben eine Tagesbilanz von ca. 1.400 Kalorien (kcal). Wer zusätzlich Zwischenmahlzeiten (siehe Ende dieses Kapitels) verzehrt, wird dann nicht mehr viel abnehmen, sondern eher sein Gewicht halten. Wie in den beiden Vorwochen solltest du versuchen, das Abendessen möglichst früh zu verzehren, damit der Regenerationsstoffwechsel über Nacht ungestört laufen kann. So wird auch die Fettverbrennung optimiert.

Eine übersichtliche Einkaufsliste für alle Zutaten, die du während der dritten Woche benötigst, findest du am Ende des Wochenplans!

Auch in dieser Woche gilt: Versuche täglich 2–3 Liter Wasser zu trinken. Als schönes Extra kannst du in eine Wasserkaraffe ein paar Beeren, ein paar Stiele Minze oder die Schale von Biozitrusfrüchten geben. Das Wasser nimmt ein leichtes Aroma an, und die Karaffen sehen hübsch aus. Als Alternative gehen auch wieder ungesüßte Kräuter- oder Früchtetees.

Nun kommst du vielleicht schon zwei Wochen ohne Kaffee oder Tee aus. Wenn es dir leichtfällt und dir gut bekommt, kannst du noch etwas weitermachen. Oder du beschließt, ab jetzt deinen Konsum anregender Getränke zu drosseln. Vielleicht genügt dir in Zukunft ja ein Kaffeegetränk pro Tag?

Clean-Living-Challenge für Woche 3

Diese Woche bringt noch mehr Vielfalt auf deinen Teller. Den entlastenden Lebensstil der letzten Wochen führe ruhig fort.

Bleibe auf jeden Fall beim heruntergetunten TV-Konsum, und entziehe dich der ständigen Erreichbarkeit. Beides schafft dir Freiräume und hilft dir, dich besser konzentrieren zu können. Überlege, ob es einen Konflikt gibt, den du schon lange verdrängst. Wäre es nicht gut, den ersten Schritt zu einer Lösung zu tun? Überdenke mal dein Konsumverhalten. Brauchst du wirklich all diese Dinge, die du haben möchtest? Oder wäre es nicht auch befreiend, diese Wünsche abzuschütteln?

Bewegung und Entspannung bleiben weiterhin wichtig für dich. Nutze die TV-freie Zeit für Sport und Bewegung. Am besten, du planst feste Termine ein, dann lässt es sich am leichtesten umsetzen.

Tag 1

Morgens

SÜSSER GETREIDEBREI MIT APFEL

Zutaten

1 TL Bio-Kokosöl
50 g Instantcouscous
2 getrocknete Datteln
½ TL Chai-Gewürz
1 Apfel
1 EL Biosahne

Zubereitung

Kokosöl in einem kleinen Topf erhitzen. Couscous darin unter Rühren andünsten. Mit 150 Millilitern Wasser aufgießen. Zum Kochen bringen. Datteln entsteinen und fein würfeln. Chai-Gewürz und Datteln zugeben und 3 Minuten leicht köcheln lassen.

Apfel waschen und auf der Küchenreibe raspeln. Couscous leicht abkühlen lassen. Apfel und Sahne unterziehen.

Mittags

LINSENSALAT MIT RADIESCHEN

Zutaten

100 g Linsen aus der Dose
1 kleiner Kopf Römersalat
½ rote Spitzpaprika
5 Radieschen
½ kleine rote Zwiebel
Meersalz
Schwarzer Pfeffer aus der Mühle
1 EL Biobalsamico
2 EL Olivenöl
1 EL Schnittlauchröllchen
1 Scheibe Vollkornbrot mit Hafer

Zubereitung

Linsen abtropfen lassen und abwiegen (restliche Linsen in ein verschließbares Gefäß umfüllen, kaltstellen und aufheben). In eine Schüssel geben. Salat putzen, waschen und in Streifen schneiden. Paprika waschen, putzen und in Würfel schneiden. Radieschen waschen, putzen und in Stifte schneiden. Zwiebel pellen und in halbe Ringe schneiden.

Für das Dressing Salz, Pfeffer, Essig und Öl verquirlen. Bei Bedarf etwas Wasser zugeben. Schnittlauchröllchen unterheben. Vorbereitete Zutaten mischen. Dressing gleichmäßig darauf verteilen. Dazu das Brot essen.

Abends

SCHARFE NUDELN MIT THUNFISCH

Zutaten

300 g Vollkorn-Dinkel-Nudeln
Meersalz
½ Dose Angel-Thunfisch im eigenen Saft
½ kleine rote Zwiebel
1 Knoblauchzehe
½ kleine rote Chilischote
1 EL Olivenöl
½ kleine Dose Tomaten
Meersalz

Zubereitung

Nudeln in reichlich kochendem Salzwasser nach Packungsanweisung bissfest kochen.

Thunfisch abtropfen lassen. Zwiebel und Knoblauch abziehen und fein hacken. Chilischote in sehr feine Ringe schneiden. Schärfe je nach Wunsch dosieren. Olivenöl in einem kleinen Topf erhitzen. Zwiebel, Knoblauch und Chili darin unter Rühren 5 Minuten anbraten. Tomaten zugeben und zugedeckt 10 Minuten köcheln.

Nudeln abgießen. Ein Drittel davon abmessen. Rest für die nächsten Tage kühl stellen. Thunfisch zur Tomatensoße geben und darin erwärmen. Mit wenig Salz abschmecken. Nudeln mit der Soße auf einem Teller anrichten.

Tag 2

Morgens

BROT MIT KRÄUTERQUARK UND EI

Zutaten

1 Ei
5 Radieschen
50 g Quark (20 % Fett i. Tr.)
Je 1 EL Schnittlauchröllchen, Kresse und fein gehackte Petersilie
Meersalz
Schwarzer Pfeffer aus der Mühle
1 Scheibe Vollkornbrot mit Hafer

Zubereitung

Das Ei weich kochen. Radieschen waschen, putzen und in Stifte schneiden. Quark mit zwei Esslöffeln Wasser glattrühren. Fein geschnittene Kräuter und Radieschen unterrühren. Mit Salz und Pfeffer abschmecken.

Brot mit dem Quark bestreichen. Das Ei dazu essen.

Mittags

NUDELN MIT BROKKOLI UND KÄSESOSSE

Zutaten
200 g Brokkoli
75 g rosa Champignons
½ kleine rote Zwiebel
1 TL Olivenöl
100 ml Gemüsebrühe
1 EL Biosahne
50 g Blauschimmelkäse
Gekochte Dinkelnudeln vom Vortag
1 EL Walnüsse

Zubereitung
Brokkoli waschen, putzen und zerkleinern, in einem kleinen Topf in Salzwasser 5 Minuten blanchieren. Abtropfen und abkühlen lassen.

Pilze putzen und vierteln. Zwiebel abziehen und würfeln. Öl in einem kleinen Topf erhitzen. Beides im Öl 5 Minuten andünsten. Mit der Brühe ablöschen, Sahne zugeben und einmal aufkochen. Blauschimmelkäse in Würfel schneiden und zugeben. Rühren, bis sich der Käse aufgelöst hat. Jetzt nicht mehr kochen.

Die Hälfte des Brokkolis und die Hälfte der gekochten Nudeln vom Vortag in die Käsesoße geben und darin 5 Minuten leicht erhitzen. Die andere Hälfte Nudeln und Brokkoli aufheben und kaltstellen.

Nudeln mit Soße auf einem Teller anrichten. Nüsse hacken und darüberstreuen.

Abends

BUNTER GEMÜSEEINTOPF

Zutaten

½ Bund Suppengrün (Möhre, Sellerieknolle, Lauch)
1 Knoblauchzehe
1 Stange Sellerie
½ kleine Zucchini
1 Tomate
1 EL Olivenöl
400 ml Gemüsebrühe
2 Stiele Petersilie
1 Scheibe Vollkornbrot mit Hafer

Zubereitung

Suppengrün waschen, putzen und klein schneiden. Knoblauch abziehen und fein schneiden. Sellerie putzen und in feine Scheiben schneiden. Zucchini in halbe Scheiben schneiden. Tomate waschen und vierteln.

Öl in einem Topf erhitzen, Knoblauch darin anschwitzen. Vorbereitetes Gemüse, bis auf die Tomaten, zugeben und unter Rühren kurz andünsten. Mit der Brühe aufgießen, zum Kochen bringen und 15 Minuten zugedeckt köcheln lassen. Tomatenviertel zugeben, kurz mitkochen.

Petersilie waschen, hacken und vor dem Servieren über die Suppe streuen. Dazu gibt es eine Scheibe Brot.

Tag 3

Morgens

EXOTISCHES OVERNIGHT-MÜSLI

Achtung: Am Vorabend vorbereiten!

Zutaten

2 EL Reisflocken
1 EL Haferflocken
1 EL Walnüsse
100 ml Kefir
100 g frisches Ananasfruchtfleisch
1 EL Mandelblättchen

Zubereitung

Flocken mischen und in ein verschließbares Gefäß geben. Nüsse hacken und untermischen. Mit dem Kefir übergießen und verrühren. Über Nacht im Kühlschrank ziehen lassen.

Am nächsten Morgen Ananas aufschneiden, Fruchtfleisch abwiegen und in mundgerechte Stücke schneiden. Ananas und Mandelblättchen über das Müsli geben.

Mittags

THUNFISCHSANDWICH

Zutaten

75 g Quark (20 % Fett i. Tr.)
1–2 TL Sojasoße
½ Biolimette
2 EL Erdnüsse
50 g Gurke
2 Scheiben Vollkornbrot mit Hafer
½ Dose Angel-Thunfisch im eigenen Saft
1 Frühlingszwiebel

Zubercitung

Quark mit Sojasoße glattrühren. Limettenschale mit einer feinen Reibe abraspeln, Saft auspressen. Nüsse fein hacken. Gurke schälen, ein paar Scheiben zur Deko abschneiden, Rest fein hobeln oder in Stifte schneiden. Nüsse und Gurke unter den Quark ziehen. Mit Limettensaft, -schale und Sojasoße abschmecken.

Quark auf den Broten verteilen. Thunfisch zerzupfen und auf dem Brot anrichten. Frühlingszwiebel waschen, putzen, auf dem Sandwich verteilen. Mit Gurkenscheiben dekorieren.

Abends

GEMÜSESALAT MIT ZWEIERLEI TOMATEN

Zutaten

½ kleine Zucchini
1 Frühlingszwiebel
3 Tomaten
5 Softtomaten
Blanchierter Brokkoli vom Vortag
1 EL Balsamico
2 EL Olivenöl
Meersalz
Schwarzer Pfeffer aus der Mühle
1 EL Mandelblättchen

Zubereitung

Zucchini waschen und in Stücke schneiden. Frühlingszwiebel putzen, waschen und in feine Ringe schneiden. Tomaten waschen und vierteln. Softtomaten klein schneiden. Vorgekochten Brokkoli in mundgerechte Stücke zerteilen.

Für das Dressing Essig, Öl, Salz, Pfeffer und zwei Esslöffel Wasser verquirlen. Vorbereitetes Gemüse in einer Schüssel anrichten. Dressing damit vermischen. Mandelblättchen darüberstreuen.

Tag 4

Morgens

ANANASKOMPOTT MIT VANILLEQUARK

Zutaten
100 g Ananasfruchtfleisch
1 Kiwi
½ Vanilleschote
½ Biolimette
200 g Quark (20 % Fett i. Tr.)
2 EL Biosahne
1 TL Agavendicksaft

Zubereitung
Ananasfruchtfleisch abwiegen und in mundgerechte Stücke schneiden. Kiwi schälen und sechsteln. Vanillemark aus der aufgeschnittenen Schote herauskratzen. Die Limettenhälfte auspressen.

Früchte mit Vanillemark und einem Esslöffel Limettensaft in einen kleinen Topf geben. 100 Milliliter Wasser zugießen. Zum Kochen bringen und zugedeckt bei schwacher Hitze 5 Minuten köcheln. Etwas abkühlen lassen.

Quark mit Sahne und Agavendicksaft verrühren. Mit Limettensaft abschmecken und zum Kompott servieren.

Mittags

MEDITERRANE LINSENSUPPE

Zutaten

1 Knoblauchzehe
1 EL Olivenöl
150 g Linsen aus der Dose
5 Softtomaten
½ Bund Suppengrün
300 ml Gemüsebrühe
2 Stiele Petersilie
1 EL Balsamico
Schwarzer Pfeffer aus der Mühle

Zubereitung

Knoblauch abziehen und fein schneiden. Olivenöl in einem Topf erhitzen. Knoblauch darin andünsten.

Linsen abtropfen lassen und abwiegen. Softtomaten in feine Streifen schneiden. Suppengrün waschen, putzen und klein schneiden. Linsen, Softtomaten und Gemüse mit in den Topf geben. Kurz unter Rühren anschwitzen und mit der Brühe ablöschen. Zugedeckt 10 Minuten köcheln lassen.

Petersilie waschen und fein hacken. Suppe mit Balsamico und Pfeffer abschmecken, Petersilie darüberstreuen.

Abends

GRÜNER NUDELSALAT MIT RADIESCHEN

Zutaten

Vorgekochte Dinkelnudeln
30 g Rucola
1 Frühlingszwiebel
100 g Gurke
1 Stange Sellerie
Restliche Radieschen
1 EL Olivenöl
50 ml Gemüsebrühe
Schwarzer Pfeffer aus der Mühle
1 EL Kresse
1 EL Schnittlauchröllchen
1 EL Walnüsse

Zubereitung

Vorgekochte Nudeln aus dem Kühlschrank nehmen und auf Zimmertemperatur anwärmen lassen.

Rucola verlesen und waschen. Frühlingszwiebel putzen, waschen und in feine Ringe schneiden. Gurke waschen und würfeln. Sellerie waschen, putzen und in Scheiben schneiden. Radieschen waschen, putzen und in Stifte schneiden.

Nudeln mit Olivenöl und Gemüsebrühe vermischen. Mit Pfeffer würzen. Kresse und Schnittlauchröllchen untermischen. Dann Rucola, Frühlingszwiebel, Gurke, Sellerie und Radieschen untermischen. Nüsse hacken, darüberstreuen.

Tag 5

Morgens

KÄSESCHNITTE MIT RUCOLA UND WALNUSS

Zutaten

1 Scheibe Vollkornbrot mit Hafer
50 g Blauschimmelkäse
30 g Rucola
1 Stange Sellerie
2 EL Walnüsse
1 EL Kresse

Zubereitung

Brot mit dem Käse bestreichen. Rucola verlesen, waschen, wenn nötig, die Strünke abschneiden. Sellerie waschen, putzen und in feine Ringe schneiden. Nüsse hacken.

Käsebrot mit Rucola, Sellerie und Nüssen anrichten. Kresse direkt aus dem Kästchen darüberschneiden.

Mittags

PIKANTES WOKGEMÜSE

Zutaten

100 g Chinakohl
½ rote Spitzpaprika
1 Knoblauchzehe
½ kleine rote Chilischote
½ kleine rote Zwiebel
50 g Ananasfruchtfleisch
1 EL Erdnüsse
1 EL Kokosöl
50 g Instantcouscous
150 ml Gemüsebrühe

Zubereitung

Vom Chinakohl die äußeren Blätter entfernen und in sehr feine Streifen schneiden. Paprika waschen, putzen und in Streifen schneiden. Knoblauch abziehen und fein hacken. Chilischote in sehr feine Ringe schneiden. Zwiebel fein würfeln. Ananas abwiegen und fein würfeln. Erdnüsse hacken.

Kokosöl in einem Wok oder einer Pfanne erhitzen. Knoblauch, Zwiebel und Chili darin andünsten, Gemüse zufügen. Couscous, Brühe und Ananas zugeben und zugedeckt 5 Minuten garen. Auf einem Teller anrichten, Erdnüsse darüberstreuen.

Abends

KRÄUTER-RÜHREI MIT GURKENSALAT

Zutaten

100 g Gurke
50 ml Kefir
1 EL Walnussöl
Meersalz
Schwarzer Pfeffer aus der Mühle
2 Eier
2 EL Sahne
Je 1 EL gehackte Petersilie, Kresse und Schnittlauchröllchen
1 Scheiben Vollkornbrot mit Hafer

Zubereitung

Gurke waschen, schälen, fein hobeln und in ein Schälchen füllen. Kefir mit Walnussöl, Salz und Pfeffer verquirlen und mit der Gurke vermischen.

Eier mit Sahne, Salz, Pfeffer und fein geschnittenen Kräutern verquirlen. In eine kleine beschichtete Pfanne geben und unter Rühren anbraten. Auf der Brotscheibe anrichten.

Gurkensalat zum Rührei essen.

Tag 6

Morgens

MANGOMÜSLI

Zutaten

1 EL Walnüsse
4 EL Haferflocken
1 EL Mandelblättchen
1 Pflaume
½ kleine Mango
100 ml Kefir
1 EL Biosahne
1 TL Agavendicksaft

Zubereitung

Walnüsse grob hacken. Flocken, Mandeln und Walnüsse in ein Schälchen geben. Pflaume waschen, abreiben, entsteinen und in Spalten schneiden. Mango schälen, Fruchtfleisch vom Stein schneiden und in Würfel schneiden.

Kefir und Sahne zum Müsli geben, mischen. Früchte darauf anrichten. Agavendicksaft darüberträufeln.

Mittags

PILZSUPPE

Zutaten

½ kleine rote Zwiebel
75 g rosa Champignons
1 EL Kokosöl
20 g Instantcouscous
250 ml Gemüsebrühe
2 Stiele Petersilie
1 Mini-Naanbrot
100 g kernlose Bioweintrauben

Zubereitung

Zwiebel abziehen und fein würfeln. Pilze putzen und fein würfeln. Kokosöl in einem kleinen Topf erhitzen. Zwiebel und Pilze darin 5 Minuten unter Rühren andünsten.

Couscous zugeben und unter Rühren kurz mit dünsten. Brühe zugießen und zum Kochen bringen. Zugedeckt 5 Minuten köcheln lassen.

Petersilie waschen, trocken schütteln und fein schneiden. Suppe in einen tiefen Teller füllen, Petersilie daraufstreuen. Brot dazu essen. Zum Nachtisch die Trauben abspülen, trocknen und essen.

Abends

SUSHI MIT GURKE UND AVOCADO-DIP

Zutaten

100 g Lachs in Sushi-Qualität
1–2 EL Sojasoße
50 g Gurke
½ Avocado
½ Biozitrone
Schwarzer Pfeffer aus der Mühle
1 EL Kresse
2 getrocknete Datteln

Zubereitung

Lachs abspülen und trocken tupfen. Mit einem scharfen Messer in circa 4 Millimeter breite Streifen schneiden. Gurke schälen, entkernen und ebenfalls in mundgerechte Stücke schneiden. Beides auf einer Platte anrichten. Sojasoße in ein Schälchen füllen, dazustellen.

Avocadofruchtfleisch auslösen und in ein Mixbehältnis oder einen Blender geben. Zitrone auspressen. Einen Esslöffel Saft zur Avocado geben und pürieren. Dip mit Zitronensaft und schwarzem Pfeffer abschmecken. Zum Lachs servieren, mit Kresse bestreuen.

Getrocknete Datteln zum Nachtisch essen.

Tag 7

Morgens

SCHLEMMERSCHNITTE MIT AVOCADO UND SPIEGELEI

Zutaten

½ Avocado
½ Biozitrone
Meersalz
Schwarzer Pfeffer aus der Mühle
1 Scheibe Vollkornbrot mit Hafer
1 EL Schnittlauchröllchen
1 Ei

Zubereitung

Avocadofruchtfleisch auslösen. Mit Zitronensaft, Salz und Pfeffer pürieren, abschmecken. Gleichmäßig auf dem Brot verteilen. Schnittlauchröllchen daraufstreuen.

Ei aufschlagen und in einer beschichteten Pfanne ohne Fett als Spiegelei braten. Ei mit wenig Salz und Pfeffer würzen, zum Brot essen.

Mittags

ASIATISCHER KOHLSALAT

Zutaten
100 g Chinakohl
1 Stange Sellerie
30 g Rucola
½ kleine Mango
½ Biolimette
2 EL Sojasoße
1 EL Sesamöl
Schwarzer Pfeffer aus der Mühle
1 EL Erdnüsse
1 Mini-Naanbrot

Zubereitung
Chinakohl in sehr feine Streifen schneiden. Sellerie waschen, putzen und in feine Scheiben schneiden. Rucola waschen und verlesen. Mangofruchtfleisch vom Stein schneiden und würfeln.

Für das Dressing Limette heiß abwaschen, etwas Schale abraspeln, dann den Saft auspressen. Limettensaft mit Sojasoße und Sesamöl verquirlen. Schale und Pfeffer unterrühren.

Vorbereitete Zutaten in einer Schüssel mischen. Dressing und Erdnüsse darübergeben. Naanbrot auftoasten und zum Salat essen.

Abends

LACHSFILET AUF TOMATEN-KARTOFFEL-GEMÜSE

Zutaten

150 g Lachsfilet
3 Kartoffeln
2 Tomaten
4 Softtomaten
½ kleine rote Zwiebel
2 TL Olivenöl
Restliche Dosentomaten
Meersalz
Schwarzer Pfeffer aus der Mühle
½ Biolimette

Zubereitung

Lachsfilet abspülen und trocken tupfen. Kartoffeln schälen und in Würfel schneiden. Tomaten vierteln. Softtomaten in Streifen schneiden. Zwiebel in Spalten schneiden.

Einen Teelöffel Öl in einem Topf erhitzen. Zwiebel andünsten. Kartoffeln, Tomaten, Softtomaten und Dosentomaten zugeben und zugedeckt 15 Minuten garen.

Restliches Öl in einer Pfanne erhitzen. Lachs darin circa 5 Minuten pro Seite braten. Gemüse mit Salz und Pfeffer abschmecken. Mit dem Lachs anrichten. Lachs mit Limettensaft beträufeln.

Einkaufsliste Woche 3

Von der Vorwoche vorrätig
Feine Haferflocken, Reisflocken, Instantcouscous, Oliven-, Sesam- und Walnussöl, Balsamicoessig, Chai-Gewürz, Gemüsebrühe, Meersalz, schwarzer Pfeffer aus der Mühle, Sojasoße, Agavendicksaft, getrocknete Datteln, Walnüsse.

Obst
1 Apfel
1 kleine Ananas (ca. 600 g)
2 Biolimetten
1 Biozitrone
1 Kiwi
1 kleine Mango
1 Pflaume
100 g kernlose Bioweintrauben

Gemüse
1 Avocado
200 g Brokkoli
150 g rosa Champignons
1 kleine rote Chilischote
1 kleiner Chinakohl
3 Frühlingszwiebeln
1 Biogurke
3 Kartoffeln
1 Knolle Knoblauch
1 kleine Dose Linsen (Zutaten: nur Linsen, Wasser, Salz)
1 großes Bund Radieschen
1 kleiner Römersalat (Salatherz)
90 g Rucola
1 rote Spitzpaprika
4 Stangen Staudensellerie
1 kleines Bund Suppengrün
1 kleine Dose Tomaten (ohne Zusätze)
6 Tomaten
1 kleine Zucchini
3 kleine rote Zwiebeln

Kräuter
1 Beet Kresse
1 großer Bund Petersilie
1 Bund Schnittlauch

Getreide

1 Vollkornbrot mit Hafer
1 Packung Vollkorn-Dinkel-nudeln
1 Packung Mini-Naanbrote (4 Stück)

Nüsse

1 Päckchen Mandelblättchen (ca. 100 g)
1 Päckchen Erdnüsse (ungesalzen, ca. 100 g)

Milchprodukte/Eier

1 Becher Biosahne
100 g Blauschimmelkäse (z. B. St. Agur)
2 Päckchen Quark (20 % Fett i. Tr.)
1 Becher Kefir
4 Bio-Eier

Fisch

1 Dose Thunfisch aus nachhaltigem Fischfang (Angelruten-Thunfisch) im eigenen Saft
250 g Lachs (Achtung: Sushi-Lachs erst am Verzehrstag kaufen; 6. Tag abends)

Sonstiges

1 Glas Bio-Kokosöl
1 Tüte Softtomaten
1 Vanilleschote

Zehn Zwischenmahlzeiten zum Aussuchen

Wer vom Heißhunger gepackt wird oder besser mit mehreren Mahlzeiten klarkommt, kann sich bis zu zwei Snacks am Tag aussuchen. Alle Zwischenmahlzeiten haben 100 Kalorien (kcal). Sie müssen also entsprechend dazugerechnet werden. In der ersten Woche bitte nur vegane Snacks auswählen!

Achtung:
Die Zutaten für die Zwischenmahlzeiten sind nicht in den Einkaufslisten der Experience enthalten!

Fünfmal vegan à 100 Kalorien

- **Tomaten-Snack:** Zwei Tomaten waschen und sechsteln. Mit zwei Teelöffel Olivenöl, Salz und Pfeffer marinieren.
- **Süßer Snack:** Drei getrocknete Datteln.
- **Knabber-Snack:** 20 Gramm Studentenfutter mit Nüssen und Trockenfrüchten (entspricht in etwa zwei Esslöffeln oder einer halben Handvoll).
- **Gemüse-Cocktail:** Ein Glas (200 ml) milchsauer vergorener Gemüse-Cocktail (aus der Flasche; Bioqualität) plus eine Scheibe Knäckebrot.
- **Süßer Smoothie:** Eine kleine Banane mit Wasser pürieren und mit einem Teelöffel Agavendicksaft süßen. Mit Zimt bestreuen.

Fünfmal vegetarisch à 100 Kalorien

- **Gurke mit Frischkäse:** Eine halbe Salatgurke längs aufschneiden, Kerne mit einem Löffel herausschaben. Einen halben

Becher Hüttenkäse in die Höhlung füllen, pfeffern und Schnittlauchröllchen darüberstreuen.

- **Beerenjoghurt:** 100 Gramm Vollmilchjoghurt mit 75 Gramm Heidelbeeren und etwas Zimt vermischen.
- **Käsehappen:** 50 Gramm Harzer Käse mit Senf bestreichen, mit einem halben Teelöffel Walnussöl beträufeln, 100 Gramm Salatgurke dazu essen.
- **Chicorée-Snack:** Einen Chicoréekolben vierteln. 75 Gramm Quark mit Sojasoße und Pfeffer abschmecken. Chicorée in den Quark dippen.
- **Süßes Knäckebrot:** Eine Scheibe Knäckebrot mit zwei Esslöffeln Quark bestreichen und einen Teelöffel Agavendicksaft darauf verteilen.

Clean Living: Entrümpele dein Leben!

Einige Aspekte der Clean-Eating-Philosophie lassen sich nicht nur auf die Ernährung, sondern auch auf unsere Lebensweise anwenden. Clean Living bedeutet zum Beispiel, dass wir Verantwortung für eine saubere Umwelt übernehmen. Oder uns vornehmen, Konflikte im Job zu klären, bevor sie die Atmosphäre vergiften. Clean Living hat auch etwas damit zu tun, wie wir unsere Freizeit nutzen. Statt uns vor dem Fernseher berieseln zu lassen, können wir selber aktiv werden und zum Beispiel einen ausgedehnten Spaziergang oder eine Radtour machen. Auch in Bezug auf unser Non-Food-Konsumverhalten kann der Clean-Living-Ansatz zu mehr Klarheit und bewussteren Entscheidungen führen. Was benötige ich wirklich? Was könnte sich als unnötiger Frustkauf herausstellen? Clean Living kann uns dabei helfen, klarer zu sehen, unsere eigenen Bedürfnisse besser einzuschätzen und bewusster zu leben. Bei näherer Betrachtung zeigt sich, dass es sich im Leben oft wie mit der Zutatenliste eines Nahrungsmittels verhält: Weniger ist mehr!

Zum Beispiel

- **Clean Phone:** Immer und überall erreichbar zu sein ist Stress und lenkt ab vom Hier und Jetzt. Einfach mal ausschalten!
- **Clean Mind:** Reizüberflutung macht uns auf Dauer krank. Entscheide selbst, welchen Einflüssen du dich aussetzt, und suche dir Ruheinseln in deinem Alltag.
- **Clean TV:** Fernsehen ist ein absoluter Zeitfresser. Tipp: Das Fernsehprogramm für die nächste Woche in Ruhe studieren und nur die Sendungen gucken, die man sich vorher als wirklich sehenswert herausgesucht hat. Oder sich beim

Online-Streaming-Dienst eine kleine Auswahl an Filmen für die Woche zusammenstellen beziehungsweise eine bestimmte Anzahl an Folgen der Lieblingsserie.

Clean Living ist …	
… ein gutes Buch zu lesen	statt vor dem Fernseher zu sitzen.
… auf dem Wochenmarkt einzukaufen	statt durch den Supermarkt zu hetzen.
… einen Konflikt anzusprechen	statt das Problem auszusitzen.
… mit dem Fahrrad zu fahren	statt das Auto zu nehmen.
… den Kleiderschrank auszumisten	statt shoppen zu gehen.
… Mahlzeiten in Ruhe zu genießen	statt in Hektik hinunterzuschlingen.
… bewusste Entscheidungen zu treffen	statt den Kopf in den Sand zu stecken.
… bei Erkältung erst mal Naturheilkunde	statt harter Geschütze einzusetzen.
… die Treppe zu nehmen	statt mit dem Fahrstuhl zu fahren.
… mit dem Zug oder dem Bus zu fahren	statt das Auto zu benutzen.
… das Handy mal abzuschalten	statt ständig erreichbar zu sein.
… Menschen zu meiden, die zu viel reden	statt sich von ihnen vollquatschen zu lassen.

So triffst du bewusste Entscheidungen

Häufig tun wir Dinge aus alter Gewohnheit, ohne viel nachzudenken und Alternativen einzubeziehen. Ein Beispiel: Wir schalten den Fernseher an, weil wir die Nachrichten gucken wollen. Schließlich wollen wir informiert sein, wissen, was in der Welt passiert. Doch schon ist der Wetterbericht gelaufen, und eine Show beginnt. Da bleiben wir dann hängen, und schon sind 1–2 Stunden Lebenszeit vergangen. Am Ende sind wir oft frustriert, denken, das hat sich eigentlich nicht gelohnt. Besser wäre es gewesen, eine bewusste Entscheidung zu treffen, und die wäre dann vielleicht zugunsten eines interessanten Buches ausgefallen, das wir schon seit längerem weiterlesen wollten.

Clean-Living-Tipps für den Alltag

- **Das Problem:** Du magst es nicht, den Tag unter Zeitdruck zu beginnen – schließlich ist dein Alltag hektisch genug.
  Die Lösung: Steh an Wochentagen morgens einfach eine halbe Stunde früher auf. So startest du entspannter in den Tag und wirst deine Aufgaben besser meistern.
- **Das Problem:** Du leidest häufig unter Verspannungen und Rückenschmerzen.
  Die Lösung: Schon 10 Minuten am Tag, vor allem Dehnübungen, werden die Beschwerden lindern. Wer es etwas aktiver mag, springt einfach 10 Minuten auf dem Trampolin (da reicht auch schon ein kleines).
- **Das Problem:** Duschgels, Shampoos und Cremes enthalten oft unerwünschte Zusätze wie Duft- oder Farbstoffe, Mineralöle und Silikon.

Die Lösung: Erkundige dich nach Beauty-Produkten aus natürlichen Zutaten. Die gibt es inzwischen in jedem Drogeriemarkt.

- **Das Problem:** Das Mittagessen in der Kantine schmeckt dir nicht.
  Die Lösung: Du nimmst dir von deinem selbst gemischten Müsli mit (Rezept Kapitel »Clean Basics«) und rührst einen Joghurt und frische Früchte hinein.
- **Das Problem:** Du bekommst alltags nicht genug Bewegung.
  Die Lösung: Du lässt das Auto stehen und fährst mit dem Fahrrad ins Büro.
- **Das Problem:** Dein Chef ruft das Team zu einer kurzen Besprechung zusammen. Deine Kollegen »bewaffnen« sich mit Kaffee aus der Espressomaschine.
  Die Lösung: Du nimmst dir ein großes Glas und füllst es mit stillem Mineralwasser.
- **Das Problem:** Du musst eine wichtige Entscheidung fällen, bist jedoch unentschlossen.
  Die Lösung: Nimm dir ein Blatt Papier, falte es der Länge nach. Auf der linken Seite notierst du alle positiven Aspekte, auf der rechten die negativen. Anschließend führst du eine Gewichtung durch. Welche Aspekte des Für und Wider sind am wichtigsten? Jetzt fällst du deine Entscheidung.
- **Das Problem:** Du spürst, wie dir der Stress mal wieder über den Kopf wächst.
  Die Lösung: Nimm dir eine kurze Auszeit. Gehe an die frische Luft, atme ein paarmal tief und bewusst ein und aus. Sortiere die Aufgaben nach der Priorität, und arbeite sie Punkt für Punkt ab.

Clean Phone

Zugegeben: Wer im Stau steht und es nicht rechtzeitig zu seinem Termin schafft, kann anrufen und Bescheid geben – das ist praktisch, auch für denjenigen, der sonst unnötig gewartet hätte. Doch wir zahlen einen hohen Preis für diese permanente Erreichbarkeit. Wo wir auch sind, was wir auch machen, ständig klingelt das Handy. Außerdem meldet es sich, wenn SMS und E-Mails eingehen oder jemand auf Facebook ein neues Bild eingestellt hat. Und das gilt nicht nur für die private Kommunikation, auch berufliche Anfragen erreichen uns rund um die Uhr. In Cafés, Restaurants und Bars liegen die flachen Alleskönner vor ihren Besitzern auf dem Tisch und binden die Aufmerksamkeit, egal was in der Runde gerade Thema ist. Nicht selten beschäftigt man sich dann mehr mit dem Smartphone als mit seinem Gegenüber. Tausende mehr oder weniger sinnvolle Apps sorgen dafür, dass wir uns in jeder Lebenslage digital orientieren können.

Alles kein Problem, sagen vor allem die Jüngeren – schließlich können wir Multitasking, sind also in der Lage, uns gleichzeitig auf das Gespräch oder den Straßenverkehr zu konzentrieren und zu telefonieren oder SMS zu lesen. Dass das nicht stimmt, ahnten viele von uns schon länger, nun ist es durch mehrere Studien belegt. Multitasking, also die Fähigkeit, mehrere Dinge gleichzeitig zu tun – Frauen sollen sogar besonders gut darin sein –, funktioniert nicht. Wir können nicht mehrere komplexe Tätigkeiten gleichzeitig ausführen, dafür ist unser Gehirn einfach nicht gemacht. Jedenfalls nicht ohne erhebliche Leistungsverluste. So sank bei einem Test der US-Universität Utah die Leistungsfähigkeit der Probanden in einem Fahrsimulator um 40 Prozent, sobald diese während der Fahrt telefonierten. Gleichzeitig erhöhten sich die Stresswerte erheblich. Die Fehlerquote entsprach einem Promillewert von 0,8. Weitere Studien kommen zu ganz ähnlichen Ergebnissen und bestätigen das Sprichwort »Keine halben Sachen machen!«. Für die Clean-Living-Idee trifft das ganz besonders zu. Runterkommen, zurückschalten, bewusst wahrnehmen sind hier ganz zentrale Themen. Überforderungen, wie sie zum Beispiel durch den Mythos des Multitaskings entstehen, können leicht vermieden werden, wenn wir uns an ein paar einfache Regeln halten. Denn zum Glück haben all diese Geräte einen Knopf zum Ein- und Ausschalten!

Die Challenge: Überlege dir genau, wann du erreichbar sein musst. Zu allen anderen Zeiten wird das Handy ausgeschaltet. Sollte unvorhergesehen eine Situation eintreten, in der du es benutzen musst, kannst du es schließlich wieder einschalten. Pflichtruhephasen sind die Mahlzeiten inklusive der Zubereitung. Pro Tag sollte dein Handy mindestens 6 Stunden abgeschaltet sein und natürlich auch, sobald du ins Bett gehst.

Clean TV – Clean Internet

Fernsehgeräte und das Internet sind eine gute Informationsquelle. Durch Nachrichtensendungen, Reportagen, (Online-)Magazine, Blogs und Apps erfahren wir, was in der Welt geschieht, bilden uns eine Meinung und können mitreden. Auch gegen Unterhaltungssendungen, Natur- und Spielfilme ist nichts einzuwenden – solange die Dosis stimmt. Statistisch betrachtet ist unser Fernsehkonsum jedoch vollkommen aus dem Ruder gelaufen. Die so genannte »werberelevante Zielgruppe«, also die 14- bis 49-Jährigen, verbringt täglich 205 Minuten vor ihrem TV-Gerät. Hinzu kommen 107 Minuten Surfen im Internet und weitere 38 Minuten Zocken an Spielekonsolen. Tendenz steigend. Für den cleanen Lifestyle kannst du aber bewusst gegensteuern.

Mit manchen Sendungen verhält es sich wie mit künstlichen Aromen und Farbstoffen in der Nahrung: Die Charaktere sind stark überzeichnet, die Handlung übertrieben dramatisiert. Das trifft besonders auf so genannte Daily Soaps zu. Wir lernen darin Menschen kennen, die mit ihren Vorlieben, Stärken und Schwächen fast zu Freunden werden. Doch wir können keinen Kontakt aufnehmen, keine Gedanken austauschen. Die Kommunikation ist einseitig, geht nur in eine Richtung. Wir sitzen auf dem Sofa und konsumieren häppchenweise künstliche Realität, nehmen an dem imaginären Leben, den erfundenen Beziehungen und Konflikten teil. Alle 20 Minuten wird die Geschichte in einer möglichst spannenden Szene durch einen Werbeblock unterbrochen – eine gute Gelegenheit, sich daran zu erinnern, dass die Realität woanders stattfindet. Die echten *Aromen* und natürlichen *Farben* können wir nämlich nur erleben, wenn wir den Fernseher ausschalten und uns in das wahre Leben begeben – auf geht's!

Dic Challenge: Mindestens ein Tag in der Woche bleibt fernsehfrei. Außerdem gilt der Grundsatz: Während der Mahlzeiten bleibt die Glotze ausgeschaltet und der Laptop zugeklappt. Außerdem: Erst gucken, was mich interessiert, dann das Gerät anschalten, statt wahllos herumzuzappen. Am besten für die ganze Woche im Voraus das Programm scannen und nur die Sendungen schauen, die einen wirklich interessieren.

Tipp: Werbefrei Fernsehen ist ganz leicht. Ein Block dauert inklusive Eigenwerbung des Senders meistens zwischen 6 und 7 Minuten. Einfach die Stoppuhrfunktion des Handys oder den Küchentimer nehmen, Glotze ausschalten und was anderes machen. Sobald der Wecker klingelt, wieder einschalten. Viele nehmen die Sendungen auch auf, um dann in der Werbung vorzuspulen.

Clean Meat

Wir haben bereits dargestellt, dass Clean Living auch bedeutet, als Konsument Verantwortung für unsere Umwelt zu übernehmen. Dazu gehört die Frage, wie wir mit so genannten Nutztieren umgehen. Denn eines ist klar: Wenn es den Tieren dreckig geht, können keine cleanen Lebensmittel dabei herauskommen.

Jeder muss selber entscheiden, ob er sich lieber mit Fleisch, vegetarisch oder vegan ernähren will. Wer auf Fleisch und Fisch nicht verzichten möchte, sollte jedoch darauf achten, unter welchen Lebensbedingungen die Schlachttiere aufgezogen werden. Die Massentierhaltung mit all ihren Problemen ist unter Clean-Eating-Gesichtspunkten tabu. Wir wollen hier nur die wichtigsten Gründe nennen:

- Zu hohe Besatzdichte in klimatisierten Ställen ohne Tageslicht und Auslauf.
- Prophylaktische Verabreichung von Antibiotika.
- Stress beim Verladen und lange Transportwege zu den Schlachthöfen.
- Stress und Misshandlungen beim Schlachtvorgang.

Dass es auch anders geht, zeigen zahlreiche kleine Betriebe, die großen Wert auf artgerechte Haltung legen, ihre Tiere mit eigenem Futter versorgen und selber schlachten. Klar, dass wir für solche Qualität einen höheren Preis zahlen müssen.

Die Challenge: Fragen, die du deinem Metzger stellen solltest:

Von welchem Hof stammt das Tier bzw. das Fleisch?

Ein guter Metzger kann genaue Auskunft über die Herkunft seiner Waren ablegen.

Wie wurde es gehalten?

Offenstall- und Freilandhaltung sind wünschenswert.

Wie wurde es ernährt?

Am besten mit dem Futter, das der entsprechende Erzeuger selber angebaut hat. Mindestens ohne genverändertes Getreide.

Wie weit wurde es transportiert, um zum Schlachthof zu gelangen?

Idealerweise gar nicht. Einige Erzeuger schlachten direkt auf ihren Höfen. So entfällt der Stress beim Verladen und Transportieren der Tiere.

CLEAN SHOPPING

Fünf Regeln für cleanes Einkaufen:

- Wochenmärkte oder ab Hof als Einkaufsquelle bevorzugen. Lose Ware ist meist frischer und benötigt weniger Verpackungsmaterial. An vielen Ständen kannst du direkt beim Erzeuger einkaufen. Biohöfe in deiner Nähe findest du leicht im Internet. Die gute alte Biokiste ist auch eine sehr cleane Methode!
- Produkte aus der Region bevorzugen. So vermeidest du lange Transportwege und schonst die Umwelt.
- Obst und Gemüse kaufen, wenn sie Saison haben. Dann bieten sie die beste Qualität. Denn was gerade reif ist, muss nicht gelagert werden.
- Fleischprodukte und Eier aus artgerechter Tierhaltung beziehen und sparsam verwenden.
- Am besten zu Fuß oder mit dem Rad einkaufen gehen. Oder, wenn du das Auto brauchst, die Wege so kombinieren, dass du nicht für Bio-Eier 15 Kilometer fahren musst!

Clean Sports: Mach dich fit!

Bei Clean Sports stehen natürliche Bewegungen im Vordergrund, und das Training findet optimalerweise draußen an der frischen Luft statt. Es sollte nicht um die schickste Sportklamotte gehen, sondern um dich, deine Fitness und darum, dass du dich in deinem Körper wohlfühlst. Du willst den Kopf frei kriegen, runterkommen, Stress abbauen und anschließend so richtig schön entspannt und locker sein? Dann ist Clean Sports genau das Richtige für dich! Clean-Living-Sportarten haben folgenden Eigenschaften:

- Leicht zu erlernen
- Unkompliziert in der Ausführung
- Keine teure Ausrüstung
- In der freien Natur auszuüben
- Geringes Verletzungsrisiko
- Gelenkschonend
- Förderung der Fettverbrennung
- Positive Wirkung auf das Herz-Kreislauf-System
- Muskelaufbau
- Für Übergewichtige geeignet

Clean Sports besteht überwiegend aus Ausdauersportarten. Warum? Sie haben die besten gesundheitlichen Effekte und werden daher treffend als »Gesundheitssport« bezeichnet. Durch die gleichmäßige, schonende Beanspruchung ergibt sich ein optimaler Trainingseffekt bei geringem Verletzungsrisiko. Beste Voraussetzungen, um das wichtigste Ziel zu erreichen: dass du dauerhaft und kontinuierlich dabeibleibst und gesunder Sport zu deinem ständigen Begleiter wird.

So profitierst du von Clean Sports: Bei einem trainierten Menschen schlägt das Herz weniger häufig, dafür aber wesentlich kräftiger. Der Ruhepuls sinkt und schont damit das Herz und die Gefäße. Der Effekt: Längeres Leben und geringeres Risiko, an einem Herzinfarkt zu sterben. Weitere positive Auswirkungen sind:

- Besserer Schlaf, bessere Zellregeneration und effektivere Entgiftung
- Bessere Sauerstoffversorgung des gesamten Organismus
- Stärkung des Immunsystems
- Gelassenheit und Stressresistenz

Kein falscher Ehrgeiz – So trainierst du richtig

Der häufigste Fehler – besonders bei Männern – besteht darin, dass wir uns in der Anfangsphase überfordern. Verständlich, denn wenn wir uns erst mal überwunden haben und endlich Spaß am Sport gewinnen, möchten wir uns richtig auspowern, und es fällt uns schwer, die für uns geeignete Dosis einzuhalten. Aber Ausdauer kann nur durch eine langsame Steigerung der Trainingsintensität aufgebaut werden. Zu starke Belastung bewirkt eher das Gegenteil, nämlich:

- Keinen Trainingseffekt
- Schlechte Fettverbrennung
- Erschöpfung und Müdigkeit
- Muskelkater und Muskelkrämpfe
- Erhöhtes Verletzungsrisiko

Tipp: Wenn du dich während der sportlichen Betätigung noch locker unterhalten kannst, ohne ins Japsen zu geraten, trainierst du richtig. Der Grund: Je niedriger die Trainingsintensität, desto mehr Sauerstoff steht zur Verfügung. Du hast also noch genug »Luft« zum Sprechen.

Erst aufwärmen, dann starten

Auch Freizeitsport beginnt mit einer Aufwärmphase. Zwar sind die sanften Ausdauersportvarianten bei weitem nicht so verletzungsgefährlich wie zum Beispiel Fußball oder Tennis, dennoch solltest du dir die Zeit für ein kleines Warm-up nehmen. Dafür reicht es, das jeweilige Training mit deutlich verminderter Intensität anzugehen, um ganz langsam auf Touren zu kommen. Dafür planst du am besten 5 Minuten ein.

Anschließend folgendes Warm-up durchführen:

- Langsames Armkreisen vor- und rückwärts
- Beinkreise rechts und links herum
- Arme über den Kopf strecken, abwechselnd gen Himmel greifen, dabei hochschauen
- Arme und Beine ausschütteln
- Arme locker hängen lassen, Schultern hochziehen, zwei Atemzüge halten und mit dem Ausatmen wieder loslassen
- Hände im Nacken verschränken und mit den Ellenbogen leichte Spannung im Brustbereich erzeugen, zwei Atemzüge halten und mit dem Ausatmen wieder loslassen
- Beine dehnen: Abwechselnd auf einem Bein stehend das andere Bein erst hinten anwinkeln und mit gestrecktem Arm den Fuß oder Fußknöchel halten, dann bei 90 Grad gestreckt hochstellen. Jeweils vier Atemzüge halten und mit dem Ausatmen langsam wieder absetzen. Achte bei dieser Übung

auf einen sicheren Stand, und halte dich mit der freien Hand an einem geeigneten Punkt fest.

Trinken, trinken, trinken

Vergiss nicht zu trinken! Bei körperlicher Anstrengung werden über den Schweiß bis zu 2 Liter Flüssigkeit pro Stunde abgegeben. Diesen Verlust musst du rechtzeitig ausgleichen. Sorge schon vor dem Training für ausreichend Flüssigkeit in Form von kohlensäurefreiem Mineralwasser. Bei Ausdauereinheiten von über 30 Minuten Länge solltest du den Flüssigkeitshaushalt zusätzlich mit Fruchtschorle (vier Teile Wasser plus ein Teil Apfel- oder Traubensaft) ergänzen.

Nordic Walking

Nordic Walking ist eine ideale Anfängersportart, denn es erfüllt alle Voraussetzungen für einen sanften Einstieg. Es ist sehr leicht auszuführen, da es auf dem Bewegungsablauf des Gehens aufbaut und somit wenige Ansprüche an Koordination und Leistungsfähigkeit stellt. Dieser Sport kann von jedem sehr gut umgesetzt werden, ob trainiert oder untrainiert, niedrigere oder höhere »Gewichtsklassen«. Beim Nordic Walking werden zu den Beinmuskeln noch die Schulter-, Arm- und Brustmuskeln trainiert. Damit sind 90 Prozent aller Muskeln mit im Spiel, und der Fatburn-Effekt wird gesteigert. Das Verletzungsrisiko ist minimal, da die Stoßkräfte beim Aufsetzen der Füße viel geringer sind als zum Beispiel beim Joggen. So werden Sehnen und Gelenke geschont. Die Erfolgsquote beim Walking liegt mit 60 Prozent sehr hoch. Das heißt, wer mit dem Walken beginnt, bleibt diesem Sport überdurchschnittlich oft treu. Die Gefahr, sich am Anfang zu überfordern, ist sehr gering, und du kannst dein Training jederzeit und überall ausführen. Für Nordic Walking benötigst du lediglich lockere Sportkleidung, ein Paar Schuhe, ein Paar höhenverstellbare, leichte Stöcke und eine möglichst schöne Strecke – leichter und cleaner geht's nicht!

So geht's:

Nordic Walking trainiert viele und wichtige Muskelgruppen. Die Technik ist einfach und schnell zu erlernen, wenn du die folgenden Grundregeln beachtest:

- Der Oberkörper wird aufrecht gehalten, die Schultern bleiben locker. Der Blick ist nach vorn gerichtet. Die Bauchmuskeln sind leicht angespannt und verhindern so, dass du ins Hohlkreuz fällst.
- Setze die Füße mit der Ferse zuerst auf, und rolle über den Mittelfuß ab. In der Abrollbewegung geben die Zehen zusätzlichen Vorwärtsschub. Die Knie bleiben in der Aufsetzphase leicht gebeugt. Die Füße sollen in einer geraden Linie hintereinander aufgesetzt werden, so als ob du auf einem Seil entlanggehen würdest.
- Wichtig beim Stockeinsatz: Beine und Arme arbeiten gegenläufig, also linkes Bein plus rechter Arm und umgekehrt. Der Arm mit dem Stock pendelt locker nach vorn. Der Stock wird im spitzen Winkel nach hinten aufgesetzt. Beim Abstoß sind hinterer Arm und hinteres Bein gestreckt.

Meine Ausrüstung für das Walking

Die Grundausstattung besteht aus einem Paar guten Jogging- oder Walkingschuhen und der Witterung angepasster Sportkleidung. Dazu ein Paar höhenverstellbare, leichte Stöcke.

Wie oft soll ich trainieren?

- Untrainierte starten zu Beginn mit zwei- bis dreimal 15 Minuten pro Woche.
- Nach zwei Wochen steigerst du die Einheiten auf dreimal 30 Minuten pro Woche. Diese Intensität ist gut, wenn du bereits über eine leichte Ausdauerfitness verfügst.
- Ab der fünften Woche erhöhst du auf dreimal 45 Minuten, und ab der achten Woche kannst du dir dreimal 60 Minuten zutrauen.

Tipp: Schließe dich einem der zahlreichen Walking-Treffs an, oder gründe selber einen mit Freunden, Nachbarn und Kollegen. Walken in der Gruppe ist kurzweiliger und macht Spaß. Du kannst beim Training Erfahrungen austauschen, und die regelmäßigen Termine helfen, bei der Stange zu bleiben.

So viele Kalorien verbrennst du beim Walking*:

	10 min	20 min	30 min	45 min	60 min
70 kg	71 kcal	142 kcal	213 kcal	318 kcal	424 kcal
80 kg	80 kcal	161 kcal	242 kcal	363 kcal	484 kcal
90 kg	107 kcal	214 kcal	321 kcal	483 kcal	644 kcal

(*Circa-Werte bei einem mäßigen Durchschnittstempo von 6,5 km/h.)

Joggen

Joggen ist die natürlichste aller Sportarten, da der Mensch schon immer laufen musste, um zu jagen oder weitere Strecken zurückzulegen. Es ist optimal, wenn du fit bist und gesunde Gelenke hast (bei starkem Übergewicht wäre Walken besser). Hier ist allerdings das richtige Tempo wichtig. Eine große Studie der AOK zeigte vor ein paar Jahren, dass zwei Drittel aller Jogger zu schnell unterwegs sind und sich eher schaden, als sich etwas Gutes zu tun. Deshalb: Laufen, ohne zu schnaufen! Gute Sportgeschäfte bieten eine Laufstilanalyse, bei der man sich den optimalen Schuh verpassen lassen kann und sich zusätzliche Tipps zum individuellen Laufstil abholen kann. Joggen ist die Sportart, die du mit minimaler Ausrüstung jederzeit und überall praktizieren kannst, auch easy im Urlaub oder wenn du beruflich unterwegs bist. Wenn du die Strecke gut kennst, kannst du sogar im Dunkeln laufen.

So geht's:

Joggen ist ideales Herz-Kreislauf-Training, lockert die Schultern und Arme und fördert die Kondition. Schon ab der ersten Minute beginnt die Fettverbrennung. Die Technik ist nicht schwer, es ist einfach ein Dauerlauf in moderatem Tempo.

- Der Oberkörper wird gerade gehalten, die Schultern bleiben locker. Der Oberkörper ist nur leicht nach vorne gebeugt.
- Die Arme werden nah am Körper gehalten und schwingen gegenläufig mit.
- Fuß nicht zu weit vor dem Körper aufsetzen und gleichmäßig abrollen.
- Wichtig ist es, sein eigenes Tempo zu laufen. Gerade für den Anfang Gehpausen machen. Vor allem wenn es zu Seitenstechen kommt.

Meine Ausrüstung für das Joggen

Das Wichtigste sind ein Paar gute Joggingschuhe. Laufkleidung für warme und kalte Witterung gibt es inzwischen nahezu überall zu günstigen Preisen.

Wie oft soll ich trainieren?

- Untrainierte starten zu Beginn mit zwei- bis dreimal 15 Minuten pro Woche und legen nach Bedarf Gehpausen ein.
- Nach drei Wochen steigerst du die Einheiten auf dreimal 30 Minuten pro Woche. Mit dieser Intensität kannst du beginnen, wenn du bereits über eine leichte Ausdauerfitness verfügst.
- Ab der sechsten Woche erhöhst du auf dreimal 45 Minuten, und ab der zehnten Woche kannst du dir dreimal 60 Minuten zutrauen.

So viele Kalorien verbrennst du beim Joggen*:

	10 min	20 min	30 min	45 min	60 min
65 kg	88 kcal	177 kcal	265 kcal	398 kcal	530 kcal
75 kg	101 kcal	202 kcal	303 kcal	457 kcal	610 kcal
85 kg	115 kcal	230 kcal	345 kcal	517 kcal	690 kcal

(*Circa-Werte bei gemäßigtem Lauftempo/etwa 7 Minuten pro gelaufenem Kilometer.)

Schwimmen

Schwimmen ist der schonendste Ausdauersport überhaupt und einer der effektivsten. Denn der Körper verbrennt nicht nur viele Kalorien, weil alle Muskelgruppen beteiligt werden, er muss zusätzliche Energie aufwenden, um die Körpertemperatur aufrechtzuerhalten. Zwischen den circa 23 Grad Wassertemperatur und circa 36 Grad Körpertemperatur liegt eine Spanne von 13 Grad. Besonders schonend ist das Schwimmen, weil wir durch den Auftrieb im Wasser nur einen Bruchteil unseres Körpergewichtes »tragen« müssen. Diese Leichtigkeit wirkt extrem gelenkfreundlich und macht das Schwimmen für jeden, unabhängig vom Körpergewicht, so geeignet.

So geht's

Die Technik des Brustschwimmens

- **Beinarbeit:** Der Beinrhythmus besteht aus drei Phasen. Zuerst werden die Beine in Richtung Gesäß angezogen. Dann erfolgt die Schubphase durch schnelle Streckung nach hinten und außen. Nun werden die gestreckten Beine bei geöffneten Knien wieder geschlossen.
- **Armarbeit:** Die Arme liegen in der Ausgangsposition gestreckt nebeneinander, die Handflächen zeigen nach unten. Nun werden die Arme mit angewinkelten Ellenbogengelenken unter dem Körper kreisförmig nach außen geführt. In Höhe des Bauchnabels werden die Ellbogen wieder zusammengeführt und die Unterarme ruckartig nach vorne in die Ausgangsposition gestreckt.
- **Atmung:** Der Kopf taucht bei der Vorwärtsstreckung der Arme ins Wasser ein. Dabei atmest du unter Wasser aus. Während du in der Zugphase die Arme anwinkelst, kommt der Kopf wieder aus dem Wasser, und du atmest ein. Versuche nicht den Kopf krampfhaft über Wasser zu halten, dies führt zu Verspannungen im Schulter-Arm-Bereich und zieht die Halswirbelsäule in Mitleidenschaft.

Meine Ausrüstung für das Schwimmen

Neben einem Badeanzug oder einer Badehose und rutschfesten Badelatschen gehört eine Schwimmbrille und ein Handtuch zur Grundausstattung des Schwimmers. Der Brille kommt dabei besondere Bedeutung zu. Sie soll die Augen wirkungsvoll vor dem chlorhaltigen Wasser schützen und so gereizte Bindehäute vermeiden. Sie ist der wichtigste Bestandteil der Ausrüstung, muss perfekt sitzen, ohne zu drücken, und sollte daher im Fachgeschäft sorgfältig ausprobiert werden.

Wenn du häufiger Schwimmen gehst, verwende lieber eine rückfettende Körperlotion, um dem Austrocknen der Haut vorzubeugen.

Wie oft soll ich trainieren?

- Das Schwimmtraining solltest du mit zwei 20-Minuten-Einheiten pro Woche beginnen und frühestens nach vier Wochen auf zweimal 30 Minuten steigern. Schwimme einfach locker deine Bahnen, ohne auf die Geschwindigkeit zu achten.
- Nach acht Wochen kannst du bereits zweimal pro Woche 45 Minuten trainieren und nach drei Monaten einen dritten Termin pro Woche einplanen.

Tipp: Wähle nach Möglichkeit einen Trainingstermin, an dem das Schwimmbad nicht zu voll ist. Du hast es so leichter, im Rhythmus zu bleiben, und kannst dich besser auf die Bahn konzentrieren.

So viele Kalorien verbrennst du beim Schwimmen*:

	10 min	20 min	30 min	45 min	60 min
70 kg	73 kcal	146 kcal	219 kcal	329 kcal	438 kcal
80 kg	84 kcal	168 kcal	252 kcal	378 kcal	504 kcal
90 kg	95 kcal	190 kcal	285 kcal	428 kcal	570 kcal

(*Brustschwimmen, mittlere Intensität, Circa-Werte.)

Yoga

Yoga entspringt einer uralten indischen Weisheitslehre. Die Übungen sind sowohl Entspannungsprogramm als auch Beweglichkeitstraining. Auch der Muskelaufbau wird durch Yoga gefördert. Am besten wirkt Yoga, wenn du es gleich am Morgen und mit leerem Magen praktizierst. Es reinigt und stärkt Körper und Geist. Es wirkt harmonisierend und lenkt die Energie in schöpferische Bahnen. Ganz nebenbei werden sämtliche Muskeln trainiert, die Beweglichkeit verbessert und der Stoffwechsel angeregt. Regelmäßiges Yoga strafft das Bindegewebe, macht einen festen Bauch und eine schlanke Taille.

Wenn du noch keine Erfahrung damit hast, solltest du als Einstieg einen professionellen Yogakurs besuchen. Yogalehrer findest du zum Beispiel unter www.bdy.de. Erkundige dich bei den Anbietern nach Anfängerkursen, und vereinbare eine Probestunde. Besonders entspannend und erfrischend: Yoga in der freien Natur!

1. Du trägst bequeme Kleidung, bist barfuß und beginnst im Stehen. Du atmest tief ein. Beim Ausatmen führst du deine Hände vor dem Brustkorb zusammen.
2. Einatmen, dabei Arme über den Kopf heben und strecken. Die Handflächen zeigen nach vorn.
3. Ausatmen, Oberkörper nach vorne beugen, dabei Knie ebenfalls leicht beugen, die Hände neben den Füßen aufsetzen.
4. Einatmen, dabei rechtes Bein nach hinten nehmen, Schienbein liegt am Boden auf, Fuß gestreckt. Rücken, Hals und Kopf bilden eine Linie.
5. Atem anhalten, dabei linkes Bein nach hinten nehmen. Du befindest dich nun im Vierfüßlerstand.
6. Mit dem Ausatmen nach vorn auf den Boden legen. Stirn,

Brust, Bauch und Knie berühren den Boden. Die Handflächen befinden sich parallel zur Brust und sind flach aufgesetzt.

7. Einatmen, dabei Brustkorb und Kopf heben. Pomuskeln anspannen.
8. Ausatmen, dabei Becken heben, Arme durchdrücken, Fersen in den Boden drücken. Dein Körper bildet dabei ein umgekehrtes »V«.
9. Einatmen, Po runter, Kopf hoch. Dabei rechten Fuß nach vorne ziehen und zwischen die Hände stellen.
10. Ausatmen, Po hoch, Kopf herunter, beide Beine gebeugt nach vorne nehmen.
11. Einatmen, dabei mit gebeugten Knien und geradem Rücken aufrichten. Beide Arme gestreckt nach oben, Handflächen zeigen nach vorn.
12. Ausatmen, Arme senken. Anfänger beginnen mit drei Durchgängen. Später kannst du den Gruß an die Sonne ruhig öfter wiederholen.

Meine Ausrüstung für das Yoga

Du brauchst lockere Trainingskleidung und eine geeignete Matte. Je nach Yogastil, den du praktizieren willst, und nach persönlicher Vorliebe eine rutschfeste Kunststoffmatte oder eine flauschige Lammwollmatte.

Wie oft soll ich praktizieren?

- Ein- bis zweimal pro Woche 1 bis 1,5 Stunden Yoga sind schon sehr effektiv.
- Ideal wäre zusätzlich ein tägliches Yogatraining mit Basisübungen von 15–30 Minuten.

So viele Kalorien verbrennst du beim Yoga*:

	10 min	20 min	30 min	45 min	60 min
70 kg	38 kcal	76 kcal	114 kcal	171 kcal	228 kcal
80 kg	43 kcal	87 kcal	130 kcal	195 kcal	260 kcal
90 kg	49 kcal	98 kcal	147 kcal	221 kcal	294 kcal

(*Hatha-Yoga, mittlere Intensität, Circa-Werte.)

Workout mit dem Theraband

Das Theraband ist das kleinste und preiswerteste Fitness-Studio der Welt. Das Geheimnis der bunten Bänder ist der Widerstand, gegen den man arbeitet. Je stärker man zieht, desto schwerer wird es. Die Fitnessbänder sind in acht verschiedenen Stärken erhältlich. So kann jeder das passende Band finden, das seiner Muskelkraft und seinem Trainingsziel entspricht. Wichtig ist, dass das Band nicht zu fest ist, so kann man die Übungen korrekt ausführen und kommt nicht aus der Balance. Ideal auch zum Mitnehmen: Ein Theraband passt in jede Reisetasche!

So geht's:

Auch mit dem Theraband kann man einiges falsch machen. Wer zu sehr zerrt, verliert die korrekte Haltung während des Trainings.

- Wichtig: Bereits bei Beginn der Übung muss das Band leicht gespannt sein.
- Durch das Strafferfassen des Bandes kannst du die Spannung und die Anstrengung erhöhen.
- Übe zunächst mit einem Coach in entsprechenden Kursen oder mit Anleitung aus dem Internet, später kannst du auch

allein überall bequem und einfach trainieren. Wenn du einen Widerstand brauchst, kannst du das Band auch um Türgriffe oder Tischbeine schlingen.

Meine Ausrüstung für das Therabandtraining

Für das Muskeltraining mit dem Theraband brauchst du nichts weiter als lockere Sportkleidung, die gute Bewegungsfreiheit erlaubt, und das entsprechende Band. Beratung gibt es im Sport- oder Sanitätsfachgeschäft.

Wie oft soll ich trainieren?

- Um einen Muskeleffekt zu erzielen, solltest du wenigstens dreimal 30 Minuten pro Woche trainieren.
- Wenn du das Theraband zum Ausgleich für einseitige Belastung und als Schutz vor Verspannung einsetzt, am besten täglich 15–30 Minuten.

So viele Kalorien verbrennst du beim Training mit dem Theraband*:

	10 min	20 min	30 min	45 min	60 min
65 kg	36 kcal	72 kcal	108 kcal	161 kcal	215 kcal
75 kg	41 kcal	82 kcal	123 kcal	186 kcal	248 kcal
85 kg	47 kcal	94 kcal	140 kcal	211 kcal	281 kcal

(*Circa-Werte für ein Ganzkörper-Workout.)

Literatur und Links

Herbst, Monika: »Paleo, Clean Eating, Vegan – Die Mischung macht's«. In: *Frankfurter Allgemeine Zeitung* 14.05.2015.

Heseker, Beate und Helmut: *Nährstoffe in Lebensmitteln. Die große Energie- und Nährwerttabelle.* Umschau-Zeitschriften-Verlag 2013.

Jacobi, Dana: *Superfoods für jeden Tag. Von Süßkartoffel bis Kichererbse.* Christian Verlag 2015.

Müller, Sven-David: *Kühe würden Margarine kaufen. Gesünder leben mit pflanzlichen Fetten und Ölen.* Verlag Schlütersche 2015.

N.N.: »Detox – fit ins Frühjahr«. In: *FIT FOR FUN* 4/2015.

N.N.: »Fitte Fette«. In: *FIT FOR FUN* 6/2015.

N.N.: »Superfoods – Auswärtssieg oder Heimvorteil?« In: *FIT FOR FUN* 9/2015.

N.N.: »Süßstoffe machen dick und krank«. In: *Frankfurter Rundschau*; 29.09.2014.

N.N.: »Health-Living-Blogs im Netz, Ernährungstrend aus den USA: Clean Eating«. In: *Neue Osnabrücker Zeitung* 29.03.2014.

Pollmer, Udo: *Zusatzstoffe von A bis Z. Was Etiketten verschweigen.* Hg: Deutsches Zusatzstoffmuseum Hamburg. Verlag Helmer Pardun 2014.

Schobert, Astrid: *Zusatzstoff-Ampel. E-Nummern, Farbstoffe & Co. Schädlich oder unbedenklich: was das Etikett verrät.* Knaur Verlag 2007.

Wilke, Dörte und Jesko: *Die neue Fit For Fun-Diät.* Südwest Verlag 2005.

Wilke, Dörte und Jesko: *Die Wellness-Diät.* Südwest Verlag 2003.

Wilke, Dörte und Jesko: *Feel Good Food. 5 einfache Schritte für eine gute Ernährung.* Christian Verlag 2015. Amtsblatt der Europäischen Union, VERORDNUNG (EG) Nr. 1333/2008 DES EUROPÄISCHEN

PARLAMENTS UND DES RATES vom 16. Dezember 2008 über Lebensmittelzusatzstoffe

www.aerzteblatt.de/nachrichten/60139/Suessstoffe-Studie-belegt-Stoerung-von-Darmflora-und-Glukosestoffwechsel
www.bfr.bund.de – Bundesinstitut für Risikobewertung
www.coconutresearchcenter.org/article10147.htm (Kokosnussöl)
www.das-ist-drin.de
www.dge.de – Deutsche Gesellschaft für Ernährung e. V. (DGE)
www.dge.de/ernaehrungspraxis/vollwertige-ernaehrung/10-regeln-der-dge
www.dge.de/presse/pm/fettzufuhr-und-ernaehrungsmitbedingte-krankheiten
www.ewg.org/foodnews/list.php (Pestizide in Obst und Gemüse)
www.lebensmittelklarheit.de – Lebensmittelklarheit, ein Angebot der Verbraucherzentralen
www.nu3.de – Michael Divé, Nu3, Nährstoffversand
www.orac-info-portal.de
www.sevenonemedia.de – Daten zur Mediennutzung 2012, bezogen auf Zielgruppe 14–49 Jahre
www.sueddeutsche.de/gesundheit/ernaehrung-her-mit-dem-salat-1.1065668
www.ugb.de/lebensmittel-im-test/naehrwert-superfoods/ – Verband für Unabhängige Gesundheitsberatung e. V.
www.uni-hohenheim.de/wwwin140/info/interaktives/uebersicht.htm – Nährwertberechnungen
www.vzhh.de/presse/79791/link.aspx
www.zusatzstoffe-online.de – Die Funktionsklassen der Lebensmittelzusatzstoffe
http://eur-lex.europa.eu/LexUriServ/LexUriServ.do?uri=OJ:L:2008:354:0016:0033:de:PDF

Register

Rezeptregister